JN055366

英語授業の「幹」をつくる本

上智大学文学部英文学科　愛知淑徳大学交流文化学部　非常勤講師

北原延晃

大学教職課程授業編 上巻

開隆堂

まえがき

「北原メソッド」完成後の2004年、現職の先生方の授業力アップを目指して「英語基本指導技術研究会」（北研）を起ち上げた。毎月第3土曜日の午後2時30分から5時まで、その時々のテーマで勉強会を開いてきた。全国から新幹線や航空機を使って熱心な先生方が集まった。地方在住で月例会に頻繁に参加できない先生方のために夏休み（2007年まで）と冬休み（2009年まで）に1泊2日の特別講座を実施した。メーリングリストも完備して参加者がレポートを発信したり、悩み事や指導成功例をシェアするシステムも整った（18年間で16,000通）。夏冬の特別講座を除いて月例会は2022年11月で200回を数えた。

2018年から現職でありながら、上智大学・愛知淑徳大学で非常勤講師として英語教師を目指す学生たちに北原メソッドを教え始めた。第1回目の授業で学生の中高時代の英語授業についてレポートを求めたところ、驚くべきデータが集まった。英語力では日本でトップクラスと思われる上智大学英文学科の学生が毎年口をそろえて言うのは、「力をつけてもらったが、楽しいと思ったことはなかった」という事実である。ある時に「君たちは『英語教育の勝者』だ」と話したところ、その日のレポートには「そんなこと考えたこともありません」「自分の英語力が上がっても常に上（帰国子女など）がいる、と劣等感ばかり感じていた」という意見が殺到した。また、「いじめられない（イジられない）ためにわざとカタカナ発音をしていた」という学生も毎年何人もいる。

そんな学生たちの様子を見ているうちに「現職の先生方だけでなく、教職を目指す大学生、高校生、いや中学生にもコスパの良い英語学習を教える北原メソッドを伝えなければだめだ」と思うようになった。2022年からは北海道教育大学、岐阜大学、熊本大学に出向いて大学生、高校生に北原メソッドを教えることを始めた。同時に私がいなくなった後でも「生徒に優しい」北原メソッドを引き継いで生徒を救い、笑顔にしてくれる先生方が全国にあふれるように北原メソッドのすべてを活字に残しておくことにした。

上智大学・愛知淑徳大学の教職課程の授業で使ったハンドアウト、15回にわたる「北研大学教職授業シリーズ」、学生のレポートを中心に日本の英語教育を根底から変える learner-friendly な北原メソッドをお届けする。

北原　延晃

目　次

＊本書中の引用文、感想、配付物などは基本的に原文のまま掲載しています。

第1章 「北原メソッド」の効果

1−1 幹本4部作

1.「英語授業の『幹』をつくる本（上巻）」
（2010年3月ベネッセ・コーポレーション）

主に技能別に構成。上下巻同時発売。北原メソッドの大部分が理解できる。主な内容は次の通り。

第1章 「北原メソッド」の効果
第2章 小学校英語活動とのスムーズなつながり
第3章 発音指導
第4章 辞書指導
第5章 語彙指導
第6章 音読指導
第7章 リスニング指導
第8章 スピーキング指導

2.「英語授業の『幹』をつくる本（下巻）」
（2010年3月ベネッセ・コーポレーション）

主に技能別に構成。上下巻同時発売。北原メソッドの大部分が理解できる。主な内容は次の通り。

第1章 授業におけるしつけと生徒指導、ペア学習
第2章 文法指導
第3章 リーディング指導
第4章 ライティング指導
第5章 英語の歌
第6章 評価
第7章 少人数習熟度別授業
第8章 教師の研修
第9章 英語教室を作ろう
巻末付録 年間評価／指導評価

3.「英語授業の『幹』をつくる本（テスト編）」
（2012年4月ベネッセ・コーポレーション）

北原メソッドの効果を大きく担う定期テスト（リスニングテスト含む）・パ

フォーマンステスト（スピーキングテスト）の全類型を網羅。現役教師が書いたテスト本で類書なし。上下巻発刊以降の新しい指導実践も記載。主な内容は次の通り。

第1章　北原メソッドの最新成績
第2章　評価
第3章　１年生の定期テスト
第4章　２年生の定期テスト
第5章　３年生の定期テスト
第6章　その他の形式の定期テスト
第7章　パフォーマンステスト
第8章　音読テストとその他のテスト
第9章　実録・北原メソッドの授業の流れ

4.「英語授業の『幹』をつくる本（授業映像編）」
　　（2014年３月ベネッセ・コーポレーション）

北原メソッドのAパターン（新出文法の導入など）とBパターン（本文の扱いなど）の２種類の授業を北研会員を生徒役に見立てて臨場感ある画像で再現。字幕での解説付き。本課以外の扱いにも言及。さらに最新の指導実践と最新のテスト類型も収録。

第1章　北原メソッドの最新データ
第2章　Aパターンの授業
第3章　Bパターンの授業
第4章　その他の授業
第5章　最新の授業実践
第6章　最新のテスト実践
第7章　北研 ML から
巻末付録　北原アーカイブズ

1－2　北原メソッドが大事にするもの

①家庭学習（自学）と授業の連動
②量の確保（４技能と語彙、発音）
③赤ちゃんが言葉を覚える過程を大事にする（脳科学理論に立脚）

・発音の重視（英語脳の構築）

・和訳の排除（英語脳の構築）

・「テキトー」に「何回も」（ストレスを与えない、飽きない繰り返し）

・徹底的な音声重視

④豊富でていねいな語彙指導

・単語単体でなく collocation を重視

・発信語彙、受容語彙と軽重をつける

⑤音読の徹底

・1年生は最終的には各ページを50回音読する。

・1年生3学期には全員が教科書の暗写ができる。

⑥豊富な楽しいアウトプット活動（使うから身につく）

⑦授業と連動した定期テスト

⑧バラエティ豊かなスピーキング（パフォーマンス）テスト

⑨教師も生徒も圧倒的な時短（余計なプリント作り不要）

⑩教師も生徒も楽しい授業

1-3　The Kitahara Method really works!

・誰がやっても生徒は伸びる！

・つまらない単語テスト、和訳、問題演習をやらなくても本当の英語力が
　身につく！

・英検準2級以上取得率56％（公立中学校日本一）

・発音は全国一、スピーキング能力も全国一！（授業参観者1,000人の言葉）

・音声を大事にしてやっても作文力も伸びる！

・楽しいし力がつくのがわかっているから、生徒が自分で勉強するようにな
　る！

・2021年度の学習指導要領にも対応できている！

1-4　北原が生徒にずっと言ってきた4つの言葉

1．Learn from your friends.

　英語は友達からもたくさん学ぶことができます。先生が教えてくれたことは

すぐには使えないこともありますが、友達が使っている語彙・表現はすぐにでも自分のものになります。

2．Contribute to the class.

全員が何らかの形で授業に貢献しなさい。英語ができる人、アイデア豊富な人、ジェスチャーが上手な人、発音が上手い人、声の大きな人、面白いことを言う人…。

3．Share your knowledge.

自分が知っていることは授業でどんどん言ってください。そして知識を共有しましょう。

4．Try to be different.

英語だけできてもだめです。人と違った発想で考えるようにしなさい。

1−5　大学で教えるようになって　〜学生たちは中高時代に英語の授業でいかに痛めつけられてきたか〜

　2018年（平成30年度）から上智大で教職課程の授業（PRINCIPLES OF ENGLISH LANGUAGE TEACHING 2　2単位）を担当するようになった。文部科学省の指導による「実務家教員」枠である。2019年までの２年間は中学校で勤務しながらだったので、本務を終えてからの一番最後の６限の授業であった。春学期は英文学科以外の学生、秋学期は英文学科の学生対象である。

　１年目の春学期は講師控室から近くて、視聴覚からPCまで機材は何でもそろっている素晴らしい教室をあてがわれた。初めての授業の日にはこんなことがあった。７名の学生が集まっていてオリエンテーションがスタートした。全員に出席カードを配って氏名・所属学部・学科・学籍番号を書いてもらった。その中に「外国語学部英語学科」と書いた男子学生が２名いた。「おれも受けた英語学科か」。授業が終わってその２人が「先生、お話があるんです」と言って私のところに来た。「実は僕たち上智の学生じゃないんです…僕がアルバイトをしている予備校の先生が北原先生の本を読んでいて『英語教師になるならこの本は読んでおきなさい』と言ったんです。今年度になってたまたま上智の友達が『北原先生なら今年授業を持つよ』と教えてくれたので今日来ました。

どうか授業を受けさせてください」。なんと、平成の世にニセ学生か。感激したものの私では判断できない。メールに返事を書くからと言ってその場は引き取ってもらった。（後で知ったのだが、外国語学部英語学科の教職の授業は外国語学部の中で行うそうである。）その夜、学科長である教授に連絡した。「そうですか。昔はそういうニセ学生がいたもんです。かえって一般学生より一生懸命勉強したものですよ。大教室の授業なら1人2人そういう学生がいてもわからないけれど、先生のところは人数が少ないですからね。また正規に授業料を払っている学生の手前もあるし…」。予想したより好意的な反応が返ってきたが、私が許可するわけにもいかない。すると件の学生からリアクションペーパー（授業レポート）が送られてきた。「北原先生、今回の授業では先生の方法で教えられた生徒たちの英語力の高さが映像からも、そして英検の取得率などからもわかり、先生の教え方とはどのようなものなのかということがとても気になる初回の授業となりました。公立の生徒なので特に選抜の試験などもないはずなのに、なぜ全国の平均とは一線を画した結果が出せるのかということは、将来、英語教員を目指すものとして是非ともお教えいただきたいものだと感じました。決して先生にご迷惑がかからないようにいたしますので、次回からも是非とも受けさせていただきたいです」。この文面に心が動かされそうになったが、次のような返信をした。「リアクションペーパーをありがとうございました。先週の授業後に『実は上智の学生ではありません』と聞いた時にはびっくりしました。さらにアルバイト先の予備校で知った『幹本』で私の講義を聞きたいという思いに感動しました。あなたのような学生と半年一緒に勉強できたら、上智の学生もたくさん inspire されると思います。しかし、残念ですが私の立場ではやはり許可することはできません。本当に申し訳ありません。今後は4冊ある『幹本』で勉強され、北研例会で学んでください。私が全国あちこちの研修会に行く時、その情報をつかんでいれば、参加費を無料にできるように事務局に働きかけたいと思います」。

　最初の授業では学生の中高時代の英語の授業について尋ねることにしている。時間の関係で詳しいことはリアクションペーパーに書かせるわけだが、それが驚きの連続なのだ。昭和の時代の文法訳読方式で教わってきた学生ばかりである。中学校ではわずかに CLT で教わってきた学生も高校となると100％文法訳読方式、問題演習方式の授業ばかりになる。上智大の学生は地方の私立中高一貫校出身者が多いようだ。そういう学校では「どこの大学にどれだけ入れたか」が経営に直結するので、大学入試突破を第一目的とするからなのだろうか。2021年度のリアクションペーパーからいくつか紹介してみよう。最初の

授業レポートなので、北原メソッドと比較して自分が受けた英語授業を嘆くとか呪うとかいった論調ではなく比較的穏やかな内容になっているが、それでも「使えない英語」「楽しくない授業」の記述はよくわかると思う。（＊**下線は北原**）

◆北原メソッドと比べると、私自身の受けた英語教育は全く異なっていたものだったと感じます。中学1年の時の先生は、教科書に忠実に文法訳読法中心に進める教え方でした。全体的にその時はレクチャーが多かった印象で、生徒の中でも集中力が切れる、理解度が高まらずテストの成績が奮わない、などと問題になることが度々ありました。高校では特進コースだったこともあり、ほとんど文法訳読法の授業でした。読解の授業の中での最低限の音読を除いて、アクティブな活動を行った記憶はほぼありません。教科書の文章を文法的に分解・理解・訳出することが予習の作業で、授業ではその確認、というのが基本的な進め方でした。高校では「システム英単語」という単語帳を3年間通して使っており、この単語帳に沿って放課後などに200問程度のテストを月2回ほど行っていました。中高6年間の英語教育では、とにかく机上での暗記の作業と、その文章に限定した文法理解という勉強の繰り返しだったように感じます。

◆私が受けてきた授業は文法訳読法を中心にしたものであり、音読をすることがあってもそこまで重視されていたもののようには感じない。ALTの先生による授業があっても、みな積極的には英語を話そうとはせずに受動的になっていたように感じる。発音についての指導がなされたこともなかった。受験のために必要だからという外発的動機づけで勉強していた人が多かったと思う。受動的な気持ちで望んでいたから、伝えようという気持ちが希薄になってしまっているのではないのかと思った。

◆私が中学校時代に受けてきた英語の授業の形態についてですが、基本的には教師が黒板に英文の例文を書き、その文の文法やキーポイントを解説する訳読型と呼ばれるものだったと記憶しています。やはり訳読型ということもあり、生徒の授業に対する関心がそれぞれであり、やはり勉強ができる子たちとそうでない子たちの間でモチベーション、成績の面で大きな差が生じていました。そして高校時代ですが、実は私が高校生の時代は普通科ではなく国際コースというくくりの中で3年間過ごしました。そのため普通科の生徒が学ぶような一般的な訳読式のアクティブな要素が全くない授業に加え、ネイティブの外国人による授業が毎年必修でした。

◆私は中学1年生の時に初めて教科としての英語に触れたが、その複雑さや日本語からあまりにもかけ離れている表現や文字、音、語順、そのすべてに戸惑った。教師は

海外に長く滞在していたらしい日本人の方であったが、何もわからない中、その教師は小テストを用いて、いきなり教科書にある文法や単語をすべて暗記させようとしたことを覚えている。毎日楽しくないことに向き合うことでやる気もなくなり、しかしどうしたらいいかわからないといった状況の中、次第に学校生活自体も楽しくないような気がしていた。高校生になってからは何とか自力で学習をし、長期の留学に行くこともできたが、あのまま日本の学校の中に居続けたら、英語に限定せず外国語で表現をするということの楽しさを知ることがなかったと思う。もちろん受験のための勉強も重要だが、学び、その知識を活かすことの楽しさを知らなければ、それは真の学びとは言えないだろう、という思いを抱いていた。

◆私自身が受けてきた英語の授業では、とてもお恥ずかしいですが、みんな英語で「伝えよう」という意思があるという以前に「英語を口に出そう」とする意欲さえない生徒が多かったです。例えば、先生が「ここの問題～さんわかりますか。英語で答えてください」と尋ね、その生徒は「I don't know.」と答えればその生徒の後ろの人に必然的に解答権が移り、その生徒がまた「I don't know.」と答えればまた移り、結局英語が得意な生徒が毎回答える、というある種のルーティーンができていました。そもそも、「英語で答えない」「何も答えない」生徒が多く、先生もそれを許していました。

◆まず、中学校ですが、いわゆる教科書ベースの授業だったように思われます。もっと言うと、定期テストからの逆算的授業だったと言えるかもしれません。授業冒頭に、ちょうど流行った時期だったので、"Let It Go" を歌ったことは記憶によく残っていますが、後は単なる知識の伝達系の授業、及び、"Repeat after me" といったcontrolled practice が主だったと思います。高校はもっとインプット色が強かったように感じます。いわゆる「受験勉強」のための授業という感じで、Grammar 重視のReading 重視が闊歩していたため、特に Speaking は蚊帳の外でした。
　私がいた学校では、発音が綺麗だとなぜかからかわれるといった風潮がありました。そのため、音読する時などはカタカナでの発音をひどく意識していました。全くもって変な方向にベクトルが行っていますが、いじめられたり目立つことを避けるには最適な手段でした。

◆私が通っていた公立中学校では、教科書ベースに授業が進み、単語を確認して、暗記し、本文の日本語訳をひたすら行う Grammar Translation Method 重視の授業でした。クラス全員の参加型授業ではなかったため、居眠りや他のことをしている生徒が何人かいました。高校では、より教科書重視の授業だった。予習の段階で本文を読み、

内容を理解し、単語や熟語を調べた上で授業に臨んでいた。高校1年生の時にスピーチ大会、高校2年生の時にプレゼンテーション大会があった。高校3年生の時にディベートを行ったが、自由に討論を行うというよりかは、ディベートの仕方を学ぶことが目的となった形式的なものであった。

◆私は上智と同じカトリック系の中高一貫の女子校に通っていました。中高の授業では、コミュニケーション英語というリーディングを中心とした授業が週に2〜3回程度、英語表現という文法の授業が週に2回、そして英会話というネイティブ教員の担当する授業が週1回と、主にこの3つに分かれていました。コミュニケーション英語では、主に与えられた英文に対して、先生が席順に指名し、音読、単語の確認、日本語訳に基づく英文解釈が行われていました。文章読解能力はある程度身についたと思いますが、「コミュニケーション英語」という授業名にもかかわらず、「コミュニケーション」が一切行われていなかったことは学生時代からずっと疑問に思っていました。英語表現の授業では、ひたすらに文法の問題演習をしていました。複数の選択肢から英文に当てはまるものを選び、なぜその選択肢を選んだのか適切な説明ができるまで先生に徹底的に問い詰められるというとても緊張感のある授業でした。間違えたり、説明ができなかったりすると、予習が足りていないと先生に指摘されてしまうため、毎授業本当にドキドキしていて息が詰まりそうでした。英会話の授業の多くはスピーキングが中心に行われていました。クラスの雰囲気としては、英語を話すのは少し恥ずかしいという雰囲気があり、私も積極的に話すということは少なかったと思います。

◆そもそも私が今まで経験してきた授業は、授業についていくことができる生徒しか相手にされていなかったように思います。そうした授業の中で生徒に変化が見られないのは、ある意味当然のことだったのかもしれません。教師も生徒も、授業に集中していない人や寝ている人に対して、授業を妨害する邪魔者のように扱っていました。また、積極的に発言や質問をする学ぶ意欲が前面に出ている生徒は、先生に媚を売っていると考える風潮があったため、私の学校では授業を真面目に静かに聞き、目立たずにやり過ごし、テストで良い点をとるのが「良い生徒」であり、皆から馬鹿にされない生徒でした。

◆私が中学3年の頃の英語の授業では受験英語ということに当時の英語の先生方が固執していた印象があり、英単語や長文読解を中心に行っていたので、実用的な英語を学べるか不安でした。

◆中学、高校と、テストはリーディングの比重が高く、心のどこかで英語の勉強といえば文法や読解が中心、その次にリスニングとライティングという意識があり、気がつけばスピーキングはおろそかになりがちでした。高校時代はひたすら逐語訳をやっていたので、先生のお話は耳が痛かったです。

1−6　北原メソッドを学んで①　〜北原メソッドのここがいい〜

　毎年、最後のリアクションペーパーは「北原メソッドを学んで」をテーマに半年を振り返るレポートを課している。2021年度の学生の最優秀リアクションペーパーを紹介しよう。（＊下線は北原）

2021年度　上智大学北原講座履修生優秀リアクションペーパー
春学期【北原メソッドを学んで】外国語学部ドイツ語学科

　まず初めに、1学期間という短い間ではありましたが本当にありがとうございました。初回授業で赤坂中学校の生徒が英語を話しているビデオを見た時の衝撃が今でも忘れられない。中学生とは思えないほどの発音の良さで、英語が自然に口から流れるように出てきていて、何よりも本当に楽しそうに英語を話していた。その時は中学校で3年間、北原メソッドで英語を習うだけで、これまでの日本の英語教育を受けてきた生徒となぜここまでの違いが生まれるのかと疑問だった。しかし、14回の授業を受けていく中でその疑問は納得に、そして確信に変わっていった。「日本の英語教育を変えるのは間違いなく北原メソッドだ」と。初回でも書いた通り、私は英語教育が始まるまでは純粋に英語が大好きだった。中学時代もクラスの中では英語ができる方だったので、楽しんできていたと思う。しかし、それは純粋に楽しんでいたいというわけではなかったように今では感じる。この頃から徐々に、周りの目を気にするようになってきたのだ。英語特有の発音を試みようとするとなんとなくクラスがクスクス笑い、間違えるとクラスが静まり返ってしまう、そんな空間があったからだろう。特に高校には帰国子女や小さい頃から英語を習っていた人が多かったため、「間違えて笑われたらどうしよう」「発音が変ではなかったかな」といっそう気になるようになった。終いには、間違えたら嫌だから自信のある解答しか答えたくないという考えに、知らず知らずのうちになっていた。このように感じている生徒は私だけではなく、かなり多かったと思う。北原メソッドを受けてきた生徒にそのような様子は全く見受けられなかった。なぜか？　それは北原メソッドでは、英語を教えるだけではなく「人として大事なこと」を教える指導も同時にしているからだと考える。つまり、他の生

徒への思いやりの心を北原メソッドでは学べる。例えばＡパターンの授業では、空欄を埋め終わった人から立ち上がるという場面があるが、その立ち上がる際に後ろの人が見えなくならないように考慮して立つようにと指導する。本当に小さなことだと思う。それでも「人に優しくしなさい」「自分がされて嫌なことは人にもしてはいけない」といった道徳で習う文言よりも、実用的で実践的である。こうした一つひとつの指示にまで意味を持たせることで、次第に生徒は言われなくても自分で考えるようになっていく。北原メソッドを受けていた赤坂中学校の授業の様子を見せていただいた際には、誰に言われたわけでもないのに答えがわからない生徒のところにすでに答えがわかっている生徒が集まり、ジェスチャーを使いながらたくさんのヒントを出していた。ここで答えを言うわけではなく、ヒントを出すというのもポイントだと思う。自分でわかることの喜びを知っているからこそ、答えを言ってしまうとその人のためにはならないとわかっているように見受けられた。そして、「なんでわからないの」という生徒は一人もおらず、わからない生徒が悪いのではなく、わかるようなヒントを出せない自分たちが悪いのだと考えているように感じた。これは北原先生が授業中に何度もおっしゃっていたように「わからないのは生徒が悪いわけではなく教え方が悪いのだ」という教師の真摯な向き合い方が生徒にきちんと伝わっていたからこそ、生徒が教師を尊敬し同じ行動をとるようになったのだと考えられる。このように教師が真剣に向き合った分、生徒もそれに応えてくれる（意識的にというより無意識的に英語を楽しむ、あるいは他の生徒に協力するという形で）という部分が北原メソッドの軸ではないかと感じている。現に、特別寄稿の生徒からのメッセージ（註：北研会員の高校のＴ先生の生徒たち）からは生徒の教師に対する熱い思いが感じられる。英語が好きになったというよりもむしろ先生が大好きで、その先生が楽しそうに教えてくれる英語を好きになったと感じ取れる。そうでなければ、生徒は成績に関係なくこんなにメッセージを書いてくれないと思うからだ。これは北原先生の生徒も同じだった。3年の学期末に書いた、しかも英語での手紙に教師に対する思いが溢れていた。それは教師が個人個人ともしっかり対話を積み、関わりを持ってきた証拠なのだろうと思う。クラス全体への指導に加えて、北原メソッドでは個人への指導もかなり手厚い。例えば、テストの返却後には生徒に自己評価カードを書かせ、教師が個人カルテを作成する。それを元に一人ひとりにアドバイスをしていく。とてつもない時間がかかると思う。それでも生徒を思い、生徒のために、そしてこの生徒は絶対にできると信じているからこそできることである。北原メソッドの信念でもある「落ちこぼれを出さない授業」「どんな生徒も楽しく英語力を身につけることができる」は、生徒を信じ、生徒のためにするすべての指導があるからこそ成り立つのだと思う。個人は教師のアドバイスからそれぞれ自分の強みと弱みを知り成長していき、クラスの仲間と協力しな

がら集団としても成長していく。その中でまた個人も成長できるといった好循環が北原メソッドでは生まれる。こういった安心して成長できる場は教育の場として理想的であり、本来すべての教師が提供すべき場でもある。だからこそ日本の英語教育、あるいは教育自体を変えていくのが北原メソッドだと信じてやまない。上記のように教師の働きかけの大切さが1学期間で痛いほどわかったのだが、実際にマイクロ・ティーチングをやってみると北原先生のように上手くいかない。練習不足だったかと言われるとそうかもしれないが、どちらかといえば経験不足だと感じた。ここでの経験不足とは教師としてもそうだが、自分が受けてきた英語教育にも由来する。それは北原先生が私の最初のリアクションペーパーに返信してくださった「人は教わったように教える」という言葉がまさに当てはまっていると思う。新しいことをやることはどんな人にとっても簡単なことではなく、慣れ親しんだことをやっている方が楽である。だから、「今の日本の英語教育はダメだ」と文句を言いながらも従来の授業を続けてくる人が多かったのだと思う。北原先生はそれを打破しようとご尽力されて、メソッドまで確立している。そのメソッドは従来の英語教育を受けてきた、つまり、ぬるま湯に長い間つかってきた私たちには突然やろうとしても簡単にできることではない。しかし、そこで諦めてしまっては結局日本の英語教育は変えられないままだろう。北原先生が最初の授業でおっしゃっていたように今の英語教育は「害悪の大量生産」を続けているだけだ。自分の受けてきた教育と違うからこそ、これからの英語教育を変えるチャンスだとプラスに捉え、習ったことを少しずつ実践し、英語教育の「幹」をしっかりさせていきたい。

1-7　このリアクションペーパーを読んだ北研会員の感想

◆北原先生、上智大学の春学期生のリアクションペーパー「北原メソッドを学んで」を読ませていただきました。学生の皆さんは本当に北原メソッドをよく理解してくれたのですね。感動しました。こうして、学生の皆さんのリアクションを知ることができ、このメソッドの良さを改めて確認できます。そして、最後の学生さんは北原先生も言われるように、「心から理解」し、「的確に解釈」したことを私も嬉しく、また励まされました。北原メソッドで授業をしていると、自然に「生徒指導」につながっていることを知らされます。心が整っていなければ、吸収、学び取ることはできないと実感するからです。このメソッドに助けられた経験は振り返ると多くの場面で見られます。何より、自分自身が楽しんでいる。今年度、他校へ転出していかれた教頭先生が去年の私とAETの授業をAETの派遣会社のコーディネーターが来られて授業参観された

時に「久しぶりに宮根先生の授業を見たけれど、相変わらず生徒が活発に動いていて、何より、先生自身が楽しそうにやっているのを見て嬉しかった、自分も楽しかった」という感想をおっしゃってくださいました。このメソッドで授業をしていなかったら、1年の2学期あたりにはすでに寝ている子や、それを見ていてストレスを感じる自分がいたでしょう。数学では寝ていても、この英語の授業では寝ている子が一人もいないのが事実ですから。そして他人を思いやれる優しい子をもっと増やしていけるように、私自身も焦らずに生徒と楽しみながら英語の学習を続けていけたらと思いました。

◆この学生さんのペーパーにビックリしました。まず自分の学生の頃の話があり、これはよくある話と思いましたが、北原先生の指導、実践をまるで教員のように書いています。そして長年、北原先生の実践を読んだり、見たりした私以上に書いています。私にはこのような深い文を書けません。昔、関西外国語大学の中嶋洋一先生のワークショップに行った時、ワークショップは中嶋先生の生徒の授業の感想を読むところから始まりました。そして、生徒の感想を読んで、ハッとしたところを蛍光ペンでアンダーラインを引いて、近くの人とアンダーラインを引いたところについて話し合う、という形で何度かワークショップは始まりました。この学生のペーパーを読むと、アンダーラインを引きたいところだらけです。私はこの部分をこう思いましたと、コピーアンドペーストしてコメントしたいのですが、パソコンでなくiPhoneの小さな画面でこれを打っているので、ちょっとそれは難しいです。この学生さんが、今の思いで教員になったら、北原メソッドを継承して、さらに発展させられるのではないかと思いました。この学生さんが教員になったら、すごいことになるのではないかと思いました。私は北原先生の授業を赤坂中の教室で2回見たことがありますが、この学生さんの書いている通り、生徒指導が行き届いていて、英語だけの指導にとどまらず、生徒の温かい気持ちや行動に溢れていて、私はその場にいるだけで幸せな気持ちになれる空間でした。この学生さんは北原先生の授業をライブで見たわけではないのに、そこまで見ることができていました。また、マイクロ・ティーチングが上手くいかなかったけど、それは経験不足と自分が英語を教えられてきた経験との重なりと分析し理解されていました。それもすごいと思いました。理解と実践は違うのだと思います。私は十数年前に、サッカー指導のC級ライセンスのテストを受けに行った時、あまり指導されていない気がしますと言われました。それは、まさしくその通りでした。当時一緒に部活を見ていた顧問は県選抜の指導者で、その良い指導を毎日見ているのに、自分が指導をしていない、その経験がないことをすぐに見通されました。実践を積むことの大切さを感じました。私は知的障がい特別支援学級の担任をしていて、通常学級で英語を教えていませんが、これを書いていて、今のクラスを思いやり溢れるクラスにしたいという気持ちになりました。素敵なレポートを

読ませていただいて、ありがとうございました。付け足しです。私は、一流の人の情熱ってすごいと思います。北原先生が、エッセイを始められて、本にまでするという情熱や他の北研の皆様の情熱、教育への情熱、生徒への愛。今年同僚のサッカー部の顧問を見てても思います。そして、情熱をしっかりと実践につなげている。私には、これがないと思います。でも私なりにゆっくり焦らず自分のペースでぼちぼちといきたいと思います。

◆北原先生、素晴らしいレポートを共有していただき、ありがとうございます。何度も読み返して、拝読しました！　朝、一番に北原先生の清々しい発信を拝見し、心にズキュンと響き、今日の一日を感慨深い、教師としてのありよう、生き様を考える特別な一日にしてもらいました。北原先生は、いまも変わらず、全力のエネルギーで、英語教育に挑戦し、全力ですべてを若い学生さんたちに伝えてくださっているのですね。そして、この学生さんも、やわらかなみずみずしい感性で、先生と直に接して、知性とともに心意気、教師、人として一番大切なこと、北原メソッドの気概を日々学ばれているのですね。細胞のすべてで、北原メソッドを受け止めていらっしゃる様子がうかがえます。うらやましくもあり、日本の未来を思うと、まだまだ日本は頑張れる！　と頼もしく思います。

◆私も初めて北原先生の生徒のパフォーマンス映像を見た時は同じような感想を持ったので、きっと現役教師でも、みんな同じような感想を持ち、衝撃を受けると思います。やはり、あの発音の良さは衝撃的ですよね。あの映像を見るまでは、私の中では、カタカナ英語が中学生の英語のスタンダードでした。あの映像が、私の中の常識を崩してくれました。私も教師になる前にあの映像を見ておきたかった。

◆北原メソッドは英語力だけでなく、人間力を育ててくれると私も思います。「間違いを恐れるな」「発音に気をつけろ」と生徒に言う教師は多くいるかもしれませんが、言うで終わっています。それを実践して、そのことができている教室をつくれる教師は多くはいません。私も北原先生の授業を見るまでは子どもたちが支え合い、お互いに認め合っている教室のイメージがなかったです。言うは易しですが、実際にやるとなると大変難しいです。私は北原メソッド実践10年を越えていますが、子どもたちの活動の様子を見るとまだまだ道半ばだと感じます。

◆教えるで終わらせることなく、実際に生徒に行動させることで身につけさせるまでやり切る北原メソッドは本当にすごいですね。こういう実用的で実践的な面は英語教育に留まることなく、いろんな教育の場面に活かしたいと教師をやっていて思います。

◆北原メソッドはパッと見るだけでは機械的に授業が進んでいるようにも見えますが、学べば学ぶほど深みを知ります。一つひとつの活動に目的がしっかりとあり、書いているように指示の一つひとつにまできちんと意味があります。だからこそ、学び甲斐があり、学べば学ぶほど授業が改善されてきます。

◆北原先生の授業では生徒の雰囲気が温かいですよね。わからないが悪ではなく、わかりやすく教えられないことが悪である。こんなこと教師でも考えていない人がたくさんいます。問題を他人の中でなく、自分の中に求められる生徒を育てるためには、教師自身が自分を良く見つめられるようになる必要があると思います。よく「なんであの子たちはできないんだ」と生徒を責めている教師の言葉を聞きますし、かつて私も言っていましたが、北原メソッドを知ってからそのようなことは言わなくなりました。

◆あのような生徒からのメッセージはすべての教師が求めていることだと思う。しかし、生徒に良く思ってもらいたいと思っているだけで、生徒から尊敬される行動をしていない教師もたくさんいると思う。私もいまだにそのような教師であるかと自らを振り返ってみると、自信がない。しかし、北原先生と出会っていなければ、北研の仲間の実践に触れていなければ、そのように自分を振り返ることすらなかったと思う。

◆担任でもない教師が、一人ひとりの生徒と話すなんてことは普通ないと思います。一人ひとりと話し、向かい合うからこそ、指導が深く生徒に入っていくのだと思います。すべての生徒の可能性を信じるということは、こういう地道な活動から生まれてくるのだと思います。私も一人ひとりときちんと向き合うようになってから、子どもの悪口を言うことはなくなりました。

1－8　北原メソッドを学んで②　〜北原メソッドのここがいい〜

さらに最優秀級リアクションペーパーをいくつか紹介する。（＊下線は北原）

春学期【北原メソッドを学んで】総合人間科学部教育学科

　初めの授業で、北原メソッドでは、「どのレベルの生徒も英語力が向上し、落ちこぼれを生まない」と聞いた時、正直に言うと、どうやって？　と疑ってしまったと同時に、できたとしても低いレベルに合わせているのだろうと思ってしまっていました。しかし、授業や発表の映像を見せていただき、生徒さんたちが本当に英語を流暢に話

していて、全員が"ハイレベル"であることに驚きました。そして、北原メソッドを半年間学んだ今、初めに聞いた「どのレベルの生徒も英語力が向上し、落ちこぼれを生まない」という言葉に非常に納得しました。

　まず、Bパターンの授業についてです。Bパターンの授業は、まさに「主体的な学習者」を育てる授業だと感じました。先生の指示は最低限で、常に生徒が主体的に活動できる構造になっています。例えば、Picture Describing では、生徒が自ら手を挙げ、自分が知っている語彙や表現をフル活用し、正確な発音で話す、発表後も、常に生徒が英語表現を考え続ける、"主体的に"学習する授業です。また、New Words も、フラッシュカードを用いて、"生徒から"発音させます。また、フォニックスのルールで同じ発音の語を尋ねる、ジェスチャーをさせる、カードを少しだけ見せて反射的に答えさせる、空中でスペルを書かせるなど、"飽きない繰り返し"が行われるからこそ、どのレベルの生徒でも確実に身につけられるようになっていました。最も驚いたことは、教科書の本文を指導する際、和訳は全くしないということです。ずっと日本で英語教育を受けてきた私にとっては、和訳をしないでどうやって教えるのかと、聞いた時は不思議でたまりませんでした。しかし、"ジェスチャー"が大きなカギだと知り、納得しました。生徒が自分の思うジェスチャーを単語ごとに細かく取り入れることで、和訳なしで意味を完璧に理解できるようになっていました。日本語を介さずに楽しくジェスチャーをすることで、生徒が苦戦することなく、英語表現を自分のものにできるという授業となっていて、本当に感銘を受けました。

　Aパターンの授業に関しても、驚くことばかりでした。文法事項についての授業と言うと、生徒は座ってばかり、日本語で教師が説明する以外に方法がないと思っていたからです。しかし、北原メソッドでは、Teacher Talk が少なく生徒中心、ほとんど英語のみで進められます。英語で展開されるとなると、生徒に無理をさせていると思いがちですが、北原メソッドは、すべての生徒が無理なくついてこられるようになっています。それは、新しい文法事項の前に既習事項を生徒に思い起こさせることから始まるからです。既習事項から入ることで、復習にもなりますし、新出事項との違いを理解して、スムーズに新出事項を理解することができるようになっているのです。さらに驚いたことは、「全員がわかるまで待つ」ことです。通常は、答えられる生徒が答えたら次に進むということが多いですが、北原先生は全員がわかるまで「絶対に待つ」ことを徹底しています。この全員を待つことが、落ちこぼれを生まないことにつながっているのだと感じました。全員解き終わることで、全員が既習事項を理解していることを教師が把握できますし、生徒全員が解けた！　という達成感を得ること

ができるようになっています。こうすることにより、難しいと錯覚しがちな新出文法に対しても、生徒が抵抗なく取り入れられるようになっていました。さらに、どの場面においても「クラス全体で助け合う」というところも北原メソッドの大きな特徴だと思います。早く解けた生徒は、まだ解けていない子を助けていて、授業に一体感があり、とても明るい雰囲気で授業が進められていました。自分だけで完結せず、クラスメイトと助け合い、協力するという人間性の形成にもつながっていると感じました。

このように、Aパターン、Bパターンどちらの授業でも、どのレベルの生徒さんも無理なく積極的に取り組むことができる授業構成になっています。それは、授業内容自体が面白く、構成がスムーズになっているからなのですが、私の中では、やはり北原先生が「間違ってもいいよ」とおっしゃっていることが大変印象的でした。日本の英語の授業では、間違えたら怒られる、できる子しか発言してはいけないという風潮があるように感じます。恥ずかしいのですが、私は大学生ながらに英語で発言をすることに少し恐怖心がありました。手を挙げないでおこう、カタカナ英語を使おう、誰かに任せようと、英語の表現を考えるよりも、そのような感情ばかりが生まれてきてしまっていました。しかし、北原メソッドを学んでからは、そのような感情が不思議なくらい全くなくなりました。中学生なら、なおさら英語で発言することに対して、恐怖心や恥ずかしさがあると思います。しかし、北原メソッドでは、そのような余計な感情を生むことなく、むしろ積極性が身につき、自己肯定感が高まる授業です。とにかく楽しく真剣に取り組んでいたら認めてもらえる、だからこそ、正確な発音、文法で話せるようになっていて、英語を使うことが楽しくなっている、そして、自信がつき、授業にさらに積極的に取り組むことができるという、いい循環を生んでいると思います。このような授業のやり方の効果が、スキットのパフォーマンスに完璧に反映されていました。映像を見せていただいた時、その発音、文法の使い方、表現の幅の広さ、クリエイティブさに驚きの連続でした。まず、シチュエーションが、まさに"authentic"でした。外に出たり、洋服を用意したりと、究極まで現実に近いセットを用意していました。また、学年が上がるにつれてそのようなセットや小道具もすべて生徒が準備していて、尚且つ笑いまで起こしていたことが衝撃的でした。習った表現を応用し、自分のものにして使う、英語を楽しむというのは、こういうことかと思いましたし、これは、普段の授業が形作っているのだと感じました。また、このスキットもそうですが、北原先生の授業には、現実世界と結びついているものを扱うことが多いからこそ、生徒が英語を"使う"ことができるのだと思います。例えば、じゃれマガは、英語以外の他科目と関連している内容であるため、読み終わった後に知識が身につくようになっている"CLIL"であり、日常と密接に結びついています。また、スー

パー・ペアワークでは、内容がすべて面白いことに加え、日常でよく使用できる表現を楽しく学ぶことができるようになっていました。さらに、英語の歌や洋画を使用することで、教科書では学ぶことのできないような日常表現やフランクな表現を身につけることができるようになっています。このように、北原メソッドでは、すべての活動が生徒の英語スキルを向上させるものであり、「とにかく楽しい」です。それは、使用する教材もそうですが、生徒の心を掴む授業の進め方だからです。私が思っていた何倍も、生徒の"本当の気持ち"に寄り添い、それを大きく反映している授業でした。半年間、本当に楽しく北原メソッドの「幹」を教えていただいたので、今度は、私が生徒に楽しく北原メソッドの授業をできるように頑張りたいと思います。本当にありがとうございました！

【北原メソッドを学んで】外国語学部ロシア語学科

　春学期の間、北原メソッドを学んで一番の感想は「この授業で英語を学びたかった」である。受ける前にシラバスを見て北原メソッドという字を見た時は「えっ、これは何なのだろうか」と思った。初めて聞く言葉であるし、今までメソッドと名づけられているものを学んだことがなかったからだ。その北原メソッドの内容は英語を学ぶ人のこと、生徒のことを考えられたものであった。初回授業で赤坂中学校のデータを見た時に、英語の点数がいいだけでなく、英検の合格者が何人もいる、英語劇にも挑戦していることがわかった。中学生が書いた英文も読み、中学生でここまでできるのは北原メソッドがすごいからなのではないかと思った。私が中学生の時は英検に挑戦している人はごく少数の人であった。また英語の授業は文法訳読法中心のもので、音声に注目した活動は少なかった。そのような状況の中では英語が嫌い、苦手という友人が多くいた。もしも北原メソッドが当時の学校で使われていたら、このような状況も変わっていたのではないかと思う。初回授業で、「君たちは英語教育を勝ち抜いてきた人たちだ」と言われた時は衝撃であった。そのようなことを思ったことがなかったからだ。しかしこの意識を持っていないと自己を振り返る時に、十分に反省することができないし、自分が経験してきた方法でしか教えられなくなってしまう。「教えられたように教える」ということは危険なことである。教師になった時には絶対に気をつけたい。

　この授業で一番印象に残っているのは北原メソッドＡパターンの実演である。英文法を教えてもらう時は、教科書の本文の文構造を解釈してから、教師が解説をして練習問題をするという流れが一般的だと思っていた。でもＡパターンでは以前習った基本の部分から文法を復習して、新しい文法を導入するという私にとって新鮮なものであった。またそのあとのベーシックダイアログの練習ではジェスチャーをつけること

26

で意味を丸暗記するのではなく、体を使って理解して覚えるというものであった。ジェスチャーをつけるだけでこれほど理解が変わるのかと驚いた。またジェスチャーをつけることで伝えようという気持ちがつき、英語を話すことに対しての抵抗が薄れたと思う。Aパターンの授業では最後に残った生徒を指名する場面があった。誰一人取り残さないという生徒目線に立った心がけが出ている指導方法だと感じた。授業だとどうしても進めようと思って、最後の人を取り残していきがちになってしまう。そこを我慢して待つことで、英語を嫌いにさせない、取り残さないということが実現できるのではないかと思った。

　ジェスチャーをつけるのは語彙の導入でも行った。Bパターンのフラッシュカードを使った語彙の導入では常にジェスチャーをつけて練習をしていた。単語を英語と日本語の対応で覚えるのではなく、イメージをつけてさらにそれを体で表現することで染み込ませていた。ただ覚えやすいだけでなく、「楽しい」と思えるような活動であった。北原メソッドの中で何度も繰り返し強調されたのが「音声」の重要性である。授業では教科書の細かいところまでやらず、音読を行い、内容理解をさせる。また☆読をさせて、耳から英語をどんどん入れていくことがされていた。音読の重要性は浪人をしていた時に気づかされていた。でもそれが実際の学校ではどのように使っていけばいいのだろうかと思っていた。北原メソッドを学んだ今では、自信を持って音読を取り入れることができるし、音声の重要性を生徒に伝えることができると思う。音声を取り入れる中で英語の歌を使う活動があった。このやり方は教師になったら絶対に取り入れようと思った。音楽が好きというだけでなく、ためになる活動だからである。いきなり音楽を聞かせるのではなく、日本語訳から英語を予想させ、そのあとに音楽を聞かせる。生徒は英語のインプットを楽しみながらできるし、記憶にも残る。中学生にとって英語の歌を知っていることは大人になったなと感じる出来事だろう。自ら進んで英語に触れようとする、いいきっかけになるのではないのだろうか。北原メソッドはとにかく生徒目線でつくられた指導法である。ただ教師がいいと思ったことをやっているだけでなく、生徒を観察し、生徒から学び、生徒のことを考えてつくられたものである。英語を楽しんで学んでもらおうという心意気が見え、私の英語指導の考えに大きな影響を与えた。

　私は高校の教師志望であるため、このメソッドが高校生にも応用できるのかがとても気になっていた。その答えは"Yes"であった。高校の先生からの報告を見ると、英語が大嫌いという生徒が０％になっていた。生徒からのメッセージには「英語を好きになれました」「英語力が上がりました」「最高得点が取れました」など嬉しいメッセージがたくさん書かれていた。誰一人取り残さない授業だからこそ聞ける声だと思う。高校生でも使えるということがわかり、私も高校で教えるようになったら北原メ

ソッドを使おうと思う（もちろん中学校で教えるようになっても）。

　中学、高校と私は英語が得意な生徒であった。自分でも割とできる方なのではないかと思っていた。しかし大学に入ってから帰国子女や高校時代に留学に行っていた人、自分の高校よりもはるかに偏差値の高い高校出身で英語ができる人に出会い、自分の英語のできなさに絶望した。英語の教師になりたいと思っていたが、あきらめかけていた時があった。その時には「英語を楽しむ」ということを忘れていたのだと思う。今学期この授業を受けて、英語を楽しく学ぶことの重要さ、ただの机に向かっての勉強だけではない英語教育を知ることができた。とにかくこの授業では目から鱗が落ちる瞬間がたくさんあった。気づかされることだらけで毎回の授業が新鮮であった。学んだことを実際に使えるようになるように、まずは自分の英語力向上を目指していきたい。そして将来「英語が好きになった！」「英語が楽しい！」という生徒が増える温かい雰囲気の英語の授業をしたい。短かったですが、春学期の間ありがとうございました。

秋学期【北原メソッドを学んで】文学部英文学科

　秋学期間本当にありがとうございました!!!　私は3年生なので、本当は去年この授業を取るはずでしたが、いろいろな状況により今年取らせていただきました。3年生の教職メンバーとはとても仲が良いため、頻繁に連絡を取っています。そのため、ちょうど1年前、当時の秋学期に先生の授業を取っていた私の友達に、よくメールで「私は来年北原先生の授業取るけど、北原先生の授業って何を学んでいるの？」や「北原先生の授業どう？」などのやり取りをしていました。すると全員が口をそろえて「すごいよ！　この授業は。本当にすごい。考え方とか、やり方とかとにかく衝撃的だよ！」と言うのです。私が「何？　具体的にどういう点がどういう風にすごいの!?」と聞いても、みんなから「これは授業を受けてみないとわからない！　口では説明できない！とりあえず来年体験して！　楽しみに！」と返事が返ってきました。割と冷静なタイプの英文学科の友達が、興奮気味にみんな「すごいすごい」と口をそろえて言っていたため、「どんな授業なんだ!!?」と私は、秋学期が始まる前、楽しみと緊張という感情が入り混じっていました。しかし、秋学期が終わった今、去年の友達の気持ちが良くわかります。考え方、やり方、すべてにおいて衝撃的、新しい、私にとって新鮮なものでした。体験したらわかりました。

　また、第1回目の授業でいただいたハンドアウトの題名が「考え方が180度変わる北原メソッド」であり、内心「英文学科という割と英語が好きで得意な子たちの考え方を180度も変えてしまうメソッドなんてあるのか!!?」と思いましたが、本当に笑ってしまうくらい毎回の授業で100％、自分の中学生の時の体験とは180度違う考え方、やり方が出てきて、驚きました。しかも、そのやり方、考え方はどこを切り取っても

私が体験してきた授業とは比べ物にならない程、生徒のために、効率よく、なにより格段に楽しいものでした。私が受けてきた「英語の授業」とは180度違い、また200％力になり、200％楽しかったです。『「音」を大切にするという点』、『私が受けていた授業で多用されていた「文法用語を並べた日本語の説明文」を一切使わない点』、『生徒との英語でのやり取りを楽しく行う点』、『すべてが理にかなっていて、クラスの仲間全員で英語そのものを楽しんでいる点』、『ただ机に座ってお勉強をするのではなく身体の動きも上手く活用する点』、『自分がこういう風に教えたいという願望ではなく、実際に生徒が何を学ぶか、何を身につけるかが重視されていた点』など挙げたらキリがないほど180度考え方が変わったポイントや、実際受けてきた授業とは違ったポイントがあります。この授業で教えていただいたことは、教師になりたい私にとって宝物です。このいただいたものを、頭の中で保管するのではなく教師となって実践し、北原メソッドのおかげで確実に楽しく英語を学ぶことができる生徒を増やしていきたいです。本当は、私もその生徒の一人に中学生の時に加わりたかったです。

英語を学ぶために必要な理論や説明だけでなく、「教師」としての立ち振る舞い、具体的には、先生が堂々と授業を楽しみ、生徒がその先生に自信を持ってついていける姿も学ばせていただきました。大学生の私も先生の授業を純粋に楽しんでいました。

先生がおっしゃっていたように、生徒の「ああ〜！　そういうことか！」や「あっ、なるほど!!」という声をまず大切にし、生徒全員で英語を学んでいけるクラス作り（雰囲気も含め）ができる先生になりたいです。たくさんのことを吸収させていただきました。半年間本当にありがとうございました。

【北原メソッドを学んで】文学部英文学科

卒業を目前に控える今、「上智大学に入って誇れることは？」と聞かれたら、きっと私は「北原メソッドに出逢うことができた」と答えるでしょう。それくらい、北原メソッドは私にとって革命的なものでした。そして、これから先、教師を目指す私にとっての聖書となりました。敬虔な教徒と例えると、些かカルト臭がして、変な誤解を招くかもしれませんが、それほど信奉したいほど、北原メソッドは私にとって、そして英語教育にとっての光なのです。それを直接北原先生ご本人から教授いただいたということは、誇りという他ありません。

栃木の片田舎から大都会東京に来た私は、なかなかこの地には馴染めませんでした。ただ、栃木に比べ、あらゆる娯楽があるこの東京で、私はシェイクスピア演劇に出会い、沼落ちしました。そんな私はもちろんシェイクスピアを専攻に卒論も書きましたし、大学院でもシェイクスピア研究に勤しむつもりです。ただ、私が大学院を志したのには、もう一つの理由があり、それは教員免許の取得と英語教育における更なる知見の

獲得です。家庭的な事情もあり、地元栃木県での就職を考え、そこで教師を志すことに決めました。ただ、それはあまりにも遅いスタートで、とても1年半では免許を取れないことを知り、ならば、大学院に進み専門的な勉強をした上で、教師になりたいと考えるようになりました。

そして、大学院に合格し、浮き足立ちながら今学期に臨んだ火曜日、私は更なる幸運に恵まれたのです。教師を目指す自分が神様に背中を押されたかのような感覚を覚えたのです。はじめの授業で、北原メソッドの授業風景を拝見しましたが、そこで勉強する生徒たちは生き生きとしていました。それはまるで、ECCジュニアのCMばりに。この先生の元で授業を受けることができている生徒たちに甚だ嫉妬を覚えたほどです。そして、北原先生のメソッドを十二分に吸収したいと思うようになりました。

北原メソッドは、簡潔にいうと、「本質的、生徒目線、そしてそこに笑顔あり」と私は定義します。本質的というのは、北原メソッドはそれだけ練り上げられたものだということを意味します。研究、理論、および実践によって培われた集大成がそこには詰め込まれています。今現在の英語教育が求めるものを、北原先生はそのずっと前から実施されていたのです。つまり、それだけ核心をついた、本質的な教育をされ続けてきたということです。少し仰々しく言うならば、時代がやっと北原先生に追いついたということです。その点、これからの教育界は少し明るいように思います。

それから、なんといっても生徒目線、生徒に優しい点に北原メソッドは集約されます。ティッシュで例えれば、それは鼻セレブ級の優しさと言えるでしょう。花粉症の私にとって、鼻セレブは、「お前は本当に優しいな〜」と言いたくなるようなものでして、このような変な例えをしてしまいました。ただ、それだけ生徒の目線に立っているメソッドだということです。これは先に挙げた（教育において）本質的というところにも通じると思うのですが、先生が主体の授業ではなく、生徒主体の授業が徹底されています。失礼は承知ですが、まるで北野武の『アウトレイジ』に出てきそうなお顔立ちをされているにもかかわらず、そこで繰り広げられるのは、徹底して暖かいメソッドなのです。山田洋次作品のような暖かさがあると個人的には感じます。日活よりも松竹、それが北原メソッドなのです。

当然、このような授業が行われると、そこには生徒の笑顔が溢れます。英語なんて誰でもできるようになりたいと思っているでしょう。だから、最初は誰しもやる気があるし、勉強していて楽しいはずです。ただ、従来の英語教育はなぜか、そこからやる気を削がせることに長けていました。北原メソッドはこのアンチテーゼとして、大成しています。笑顔や関心が溢れる授業、感情が漏れてしまうような授業が、北原メソッドなのです。

私はこの北原メソッドを頼りに、文学好きという自分の長所を活かして、教師とし

て日々切磋琢磨していく将来を楽しみにしています。コロナで鬱屈とした雰囲気の中、光を見つけることができました。また、どこかでお会いできることを楽しみにしております。先生にご教授いただけて本当に私は幸せ者です。これからも、どうかお身体にお気をつけて、ぜひ長生きされてください。お世話になりました。

1-9　学校種別における北原メソッドの効果

1．小学校での効果

千葉県T小学校SM先生のレポート（2020年）

　2期末に本校の5年生121名、6年生122名にCan-Do調査を行いました。あまりにも積極的かつ楽観的な結果になり、結果を見て、「ほんとに???」と突っ込みを入れながらまとめました。1学期のアンケート調査以上に具体的な項目だったのにもかかわらず、肯定的な返答が多かったので、1年間でずいぶん自信をつけたのかな???と不思議な思いと共にとても嬉しくなりました。

読む		5年	6年
1	アルファベットの大文字と小文字が読める。ABCDEFG…abcdefg…	84%	97%
2	アルファベットが順番どおりに言える。	86	97
聞く			
1	初歩的な語句や決まり文句を聞いて理解することができる。 （例：Three books. / Here you are. など）	61	63
2	アルファベットを聞いて、どの文字かを思い浮かべることができる。	79	84
3	日常の身近な単語を聞いて、その意味を理解することができる。 （例：dog / eat）	75	90
4	曜日、日付、天候を聞き取ることができる。 （例：Monday / September 14 / cloudy）	91	90
5	日常生活の身近な数字を聞き取ることができる。（電話番号、時間、年齢など）	79	92
6	日常的なあいさつを理解することができる。 （例：How are you? / Nice to meet you.）	90	88
話す			
1	アルファベットを見てその文字を発音することができる。	80	87
2	日常生活の身近な単語を発音することができる。 （例：dog / eat / happy）	80	85
3	日常生活の身近な数字を言うことができる。（電話番号、時間、年齢など）	63	81
4	簡単な挨拶を交わすことができる。 （例：Good morning. / Good night.）	88	95

5	謝ったり、お礼を言ったりすることができる。 （例：I'm sorry. / Thank you.）	91	97
6	日常生活の身近な話題について、Yes / No で答える質問に答えることができる。（好き、嫌いなど）	85	93
7	日常生活の身近な話題について、What, Who, Where, When, How などで始まる質問に短く簡単に答えることができる。 （例：Where do you live? In Shibuya.）	36	39
8	３〜５文で自己紹介や家族・友達紹介ができる。	66	70
9	友達と２行の簡単なペアワーク（対話）ができる。	65	71
書く			
1	アルファベットの大文字と小文字が書ける。	88	89

２．中学校での効果　（その他は下巻 pp.180-206に掲載）

東京都Ｈ中学校ＭＴ先生のレポート（2022年）

　　おかげさまで、これまで３年間持ち上がった学年が４回ありましたが、いずれも、英検で、中１の第３回は５級受験者は、全員合格、中２の第３回は４級受験者は、全員合格、中３の第２回は３級受験者は、全員合格でした。また、３級、準２級の面接まで進んだ場合、100％合格、５級では満点賞が過去に２人いました。また、北原先生ほど正確な調査はしていませんが、再会した卒業生はみんな高校で発音を褒められ、点数も断トツにトップ、大学進学後も、クラス分けテストで、点数が取れすぎて、周りに帰国子女ばかりになってしまったなんてエピソードもあります。北原先生のおかげです。ありがとうございます。

３．高校での効果

東京都立Ｆ高校ＴＣ先生のレポート（2021年）

　　対象：高校２年生コミュニケーション英語Ⅱ、週４回、３クラス

　　４月（授業開き）と７月（１学期最後の授業）のアンケートを比較します。生徒たちは、去年担当した生徒が２割ほどいました。今年度は、初めて ALT の授業が１回もなかったので生徒にミニティーチャーとしてどんどん活躍してもらいました。テスト前の Word Definition Game は３分の１の生徒が全員の前に立ち、私と交互に問題を出すことを経験しました。

Q1　英語が好きですか？

　　　　大好き　　　　　　　　8％→15%

　　　　好き　　　　　　　　　26％→43%

　　　　どちらでもない　　　　38％→35%

嫌い　　　　　　　17％→7％

大嫌い　　　　　　11％→0％

　…「大好き・好き」34％から58％に上昇。「嫌い・大嫌い」が28％から7％に減少。

Q2　英語が得意ですか？

得意　　　　　　　　　2％→2％

どちらかというと得意　13％→35％

普通　　　　　　　　　26％→24％

どちらかというと苦手　15％→13％

苦手　　　　　　　　　42％→26％

　…「得意・どちらかというと得意」が15％から37％に上昇。「どちらかというと苦手・苦手」57％から39％に減少。小学校からやっていた英語がたった3か月で教科への苦手意識が消え、自信が生まれた生徒がいたことに驚きです。

Q3　英語授業が好きですか？

大好き　　　　　　9％→33％

好き　　　　　　　32％→48％

どちらでもない　　36％→17％

嫌い　　　　　　　8％→2％

大嫌い　　　　　　8％→0％

　…「大好き・好き」41％から81％に急上昇。「嫌い・大嫌い」が16％から2％に減少。

4．塾での効果
M塾TA先生のレポート（2022年）

　「先生、ここにリアルのび太がいますよ」。ドラえもんネタを使った『わくわくペアわーく』をやった時に、他の生徒からこのように呼ばれた生徒が、英検3級を取得し、今度は、「凄い」と言われた。リアルのび太と言われた理由は、学校の授業でよく寝ていたからで、この教室で以前、学校の授業で寝ないように、上記のことを言った生徒から声掛けをされてるのを聞いたことがある。このクラスでは、お互いをリスペクトして助け合いながら伸びている。1つの授業にたくさんの活動があり、それぞれが得意にしている活動が異なることからも、共に学ぶ雰囲気ができている。このクラスの1人は、「癒しの時間である」と家で言っていると保護者から聞いている。この生

徒は、毎回、英語の教科書を握りしめて教室に入ってくる。中３クラスの中では最も遅く、中２の最後の時期に入塾した。夏前の第１回の時には、４級が不合格だったが、学校の定期試験は35点上がった。第２回で４級に合格、その少し後に受けた３級に、今回合格したわけである。「英語がわかるようになって楽しい」と言っていると、保護者から報告を受けている。これで全部で５人の中３は、半分以上が英検準２級以上取得になった。

（註：この塾では、問題集をやらせて解説をする普通の塾とは違って、北原メソッドを使って教科書で学校の授業と同じことをやっている。2022年夏に北原がこの中３生を相手に授業をやったが、その出来具合に驚いた。）

1－10　第１回授業ハンドアウト

> ＊以降、著者の発話や板書を罫線で囲んでいる。

第１回９月27日（火）

| DVD 日本文化紹介 | アルファベットカード | アクションカード |

2022年度　上智大学　秋学期　火４　HEL61702　11－621教室

【PRINCIPLES OF ENGLISH LANGUAGE TEACHING 2】

文学部英文学科非常勤講師　北原延晃
（元港区立赤坂中学校主任教諭）
宮崎県延岡市外国語教育アドバイザー
文科省検定教科書 Sunshine English Course（開隆堂）監修者
チャレンジ英和辞典カラー版編者
英語基本指導技術研究会（北研）主宰
ＨＰ　http://www2.hamajima.co.jp/~kitaken/
エッセイスト

１．科目詳細

1. 科目サブタイトル／Subtitle of this course
   どんな生徒も楽しく英語力をつけることができる北原メソッドを学ぼう
2. 講義概要／Course description
   中学校の授業を中心に授業を構成するコンポーネンツを紹介・体験し、ワークショップ形式やディスカッション形式で教授法を学ぶ。
3. 到達目標（授業の目標）／Course objectives
   小学校英語との接続を視野に入れた中学校・高等学校英語授業法の習得

4．授業時間外（予習・復習等）の学習／Expected work outside of class
次の講義に関わるテキスト該当ページを読んで、自分が知らなかった情報や疑問点を整理しておく。

5．他学部・他研究科受講可否／Other departments' students 可／Yes

6．評価基準・割合／Evaluation
・出席状況／Attendance（10.0%）
・授業参加／Class participation（10.0%）
・リアクションペーパー／Reaction paper/in-class assignments（30.0%）
・その他／Others（in detail）（50.0%）：マイクロ・ティーチング

7．テキスト
・テキスト1／Textbook 1
著者名／Authors：北原延晃
書名／Title：英語授業の「幹」をつくる本（上巻）
出版社・出版年／Publisher・Year：ベネッセコーポレーション・2010年
・テキスト2／Textbook 2
著者名／Authors：北原延晃
書名／Title：英語授業の「幹」をつくる本（下巻）
出版社・出版年／Publisher・Year：ベネッセコーポレーション・2010年
・テキスト3／Textbook 3
著者名／Authors：北原延晃
書名／Title：英語授業の「幹」をつくる本（テスト編）
出版社・出版年／Publisher・Year：ベネッセコーポレーション・2012年

8．参考書1／Readings 1
著者名／Authors：北原延晃
書名／Title：英語授業の「幹」をつくる本（授業映像編）
出版社・出版年／Publisher・Year：ベネッセコーポレーション・2014年

9．必要外国語／Required languages（other than Japanese）
英語

10．その他 HP URL、メールアドレス
・授業レポート送付先アドレス　＊＊＊＊＊＊＊＊@sophia.ac.jp
・レポートの**未提出0点 遅れ・内容希薄1点 内容充実2点**
・北研（英語基本指導技術研究会）
　　HP　http://www3.hamajima.co.jp/kitaken/
・緊急用自宅アドレス　＊＊＊＊@＊＊＊＊

・「じゃれマガ」登録申込──→「じゃれマガ」で検索してください。携帯電話などのメールアドレスの場合、事前に「catchawave.jp」ドメインからのメールが受け取れるよう、迷惑メール対策の設定をご確認ください。

２．講義スケジュール／Schedule

１．９月27日（火）

① 「Overview（学生が受けてきた英語教育とこれからの英語教育。功罪と今後の展望)」

講義とディスカッション。中学生による「日本文化紹介」映像を視聴することによって中学校英語の到達点を理解する。

＊以下は予定であり、授業の進捗状況により各テーマの内容は変更することがありうる。

② 「小中接続部分から見た中学校入門期指導」

・アルファベットカードを使った実演

テキスト「英語授業の『幹』をつくる本（上巻)」を持参のこと。

２．10月４日（火）

① 「小中接続部分から見た中学校入門期指導」続

・アクションカードを使った実演

・絵本の読み聞かせの映像

テキスト「英語授業の『幹』をつくる本（上巻)」を持参のこと。

② 「発音指導の重要性、学生の発音矯正」

・中学１，２年音読テストの映像（発音向上の様子）

テキスト「英語授業の『幹』をつくる本（上巻)」を持参のこと。

３．10月11日（火）

① 「辞書指導の効果」

テキスト「英語授業の『幹』をつくる本（上巻)」を持参のこと。

② 「語彙指導の実際」

・フラッシュカードなどを使った語彙指導の実演

４．10月18日（火）

「語彙指導の実際」続

・語彙力増強のためのワークショップ
テキスト「英語授業の『幹』をつくる本（上巻)」を持参のこと。

5．10月25日（火）
「音読指導の実際」

文科省検定教科書 Sunshine English Course Book 1（開隆堂）を必ず持
参すること。
テキスト「英語授業の『幹』をつくる本（上巻)」を持参のこと。

6．11月8日（火）
「リスニング指導の実際」

・洋画、歌、市販リスニング教材を使った実演
テキスト「英語授業の『幹』をつくる本（上巻)」を持参のこと。

7．11月15日（火）
「スピーキング指導の実際」

・スピーチ、スキット、英語劇などの映像を視聴
テキスト「英語授業の『幹』をつくる本（上巻)」を持参のこと。

8．11月22日（火）
「新出文法の導入」

テキスト「英語授業の『幹』をつくる本（下巻)」を持参のこと。

9．11月29日（火）
「音読、精読、多読などさまざまなリーディング指導」

テキスト「英語授業の『幹』をつくる本（下巻)」を持参のこと。

10．12月6日（火）
「さまざまなライティング指導」

テキスト「英語授業の『幹』をつくる本（下巻)」を持参のこと。

11．12月13日（火）
「定期テスト、パフォーマンステストの実際」

テキスト「英語授業の『幹』をつくる本（テスト編)」を持参のこと。

12. 12月20日（火）

「評価と評定」

　　テキスト「英語授業の『幹』をつくる本（テスト編）」を持参のこと。

13. 1月10日（火）

「マイクロ・ティーチングと考察①（北原メソッドBパターン○人）」

　　・プレゼンテーション、ディスカッション

　　テキスト「英語授業の『幹』をつくる本（上巻）」を持参のこと。

　　文科省検定教科書 Sunshine English Course Book（開隆堂）全学年を
必ず持参すること。

14. 1月17日（火）

「マイクロ・ティーチングと考察②（北原メソッドAパターン○人）」

　　・プレゼンテーション、ディスカッション

　　テキスト「英語授業の『幹』をつくる本（上巻下巻）」を持参のこと。

　　文科省検定教科書 Sunshine English Course Book（開隆堂）全学年を
必ず持参すること。

　　受講生数の関係で、毎年春学期はマイクロ・ティーチングが２コマ、秋
学期は３コマになります。春学期は差し引き１コマで北原現役最後の体育
館での授業（全国から612名参観）のビデオを見て定期テスト直前の授業
のあり方を学びます。

3．Overview
（学生が受けてきた英語教育とこれからの英語教育。功罪と今後の展望）

講義とディスカッション。中学生による「日本文化紹介」映像を視聴するこ
とによって中学校英語の到達点を理解する。

1　自己紹介と自分が受けた中高の授業の紹介（時間の都合でリアクション
　　ペーパーで）

2　近年の英語教育の動向（講義）

2 Background

2.2 English language education in Japan

The environment that surrounds the English language education found in Japanese secondary schools has changed greatly over the last ten years.

One of the main traditional English teaching methods has been the Grammar-Translation Method not only in upper secondary schools, but also in lower secondary schools. With this method emphasis is put of reading and writing rather than listening and speaking. There is another method still dominant as well as the Grammar-Translation Method, viz. the Audio-Lingual Method. It puts an emphasis on oral practice, however, lexical meaning is considered unimportant. Both methods have one thing in common ; no consideration for communication.

(taken from "A Study on Pair Work & Group Work that Provide Stages for More Communication Activities" Nobuaki Kitahara, December 1989, University of Exeter)

これは1989年（平成元年）に北原が文部省長期海外派遣の英国エクセター大学で書いた論文の最初の一部です。現在の日本の英語教育の現状が34年前と変わっていません。

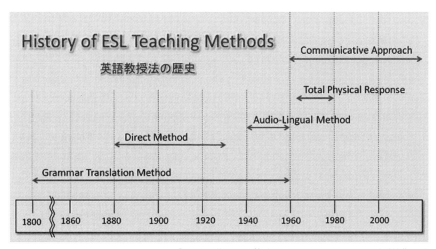

History of ESL Teaching Methods
英語教授法の歴史

Communicative Approach

Total Physical Response

Audio-Lingual Method

Direct Method

Grammar Translation Method

| 1800 | 1860 | 1880 | 1900 | 1920 | 1940 | 1960 | 1980 | 2000 |

「みんなの英語ひろば」より　https://eigohiroba.jp/t/309 # toc0
それぞれの教授法によるデモ授業動画（3分）あり。

「みんなの英語ひろば」は、ざっくりとではありますが英語教授法の歴史がわかるサイトです。それぞれの教授法の←→はちょっとあやしいところもありますが、歴史的流れはわかると思います。ちなみに北原がエクセター大学で学んだのはまさに Communicative Approach。本場の CLT（Communicative Language Teaching）を学んだのは日本ではとても早い方でした。北原メソッドはもちろん CLT をベースに、TPR とオーディオリンガルメソッドのいいとこ取りをしています。

◆ Direct Method（直接教授法）

　母語などの媒介語を使わず目標言語のみで授業を行う教授法。言語学習は幼児の第一言語習得をまねた形で行われます。教師は文法を説明しません。多くの例を出すことで、学習者が帰納的に文法を学んでいきます。また、口頭練習を重視しているのも特徴です。リスニングとスピーキング能力が育成されやすい。文法を説明しない分、例文を多く提示しなければならず、教師側の発話が多くなり、学習者の発話が減ってしまうケースもあります。

◆ Audio-Lingual Method

　第二次世界大戦中に開発された、アーミーメソッドの流れを受け継ぐ教授法です。ミシガン大学のフリーズらによって提唱されました。2つの考え方をもとにしてできた教授法です。一つは構造言語学、もう一つは行動主義心理学です。これらの理論的背景をもとに、オーディオリンガルメソッドでは言語の音声と構造を中心に学び、習慣が形成されるまで大量の反復練習を行うことが重要と考えられました。一方でコミュニケーションの機能や人の思考は全く重視されませんでした。到達目標は正確な発音と素早い反応による習慣形成と言えます。シラバスは文型シラバスを採用しています。指導も文法、文型表現が中心です（フォーカス・オン・フォームズ）。また、練習は基本的に教師主導の口頭練習で、以下のような練習を行います。

【ミムメム練習】

　模倣（mimicry）と記憶（memorization）という意味で、教師が提示する文の型を模倣して記憶させる練習です。

パターンプラクティス

　以下のような文型に関するさまざまなドリルを行います。

・反復練習：教師と同じことを学習者が反復する。（＝ミムメム練習）

・代入練習：基本文に対して、教師が言った言葉を学習者が入れ替えて発話する。

・変形練習：教師の発話に対して、学習者は指定の形に変形して発話する。
・完成練習：教師の不完全なキューをもとに、文を完成させる。
・拡大練習：教師のキューにそって文を拡大していく。
・結合練習：教師が発話した2文を1文にする。
・応答練習：教師の質問に対して、決められた答えを言う。

【ミニマル・ペアの練習】

　ミニマル・ペアとは語の最小単位の対立（例えば「天気（tenki）」と「電気（denki）」は "t" と "d" の最小限の音の対立）のことで、こういったペアの聞き分けや言い分けの練習を行います。

◆ Total Phsical Responce（TPR）

　トータル・フィジカル・リスポンスは、ジェイムス・アッシャー（Asher, James J.）が提唱した教授法です。TPR も1970年代から盛んになった教授法の一つです。この教授法は、幼児が第一言語を習得する過程の研究をもとに生まれました。そして、第二言語を学ぶ際も、第一言語と同じプロセスをなぞるのがいいと考えました。したがって、TPR では、聴解を重視していて、聞いてわかるようになるまで、無理に発話をさせることはありません。また、TPR では媒介語は使いません。また、TPR のもう一つの特徴は身体を使って学ぶことです。

◆ Communicative Approach

　オーディオリンガルメソッドの後に誕生した「コミュニカティブアプローチ」は、1970年代に広まったコミュニケーションにつながる教授法の総称を言います。誰が始めた教授法なのかははっきりしておらず、決まった指導法もありません。オーディオリンガルメソッドの短所を改善しようとして生まれた教授法。

3　中学生による映像視聴およびディスカッション
　　＊「英語授業の『幹』をつくる本（テスト編）」pp.258-262参照

　スピーキング到達目標点を見てみます。これは中学3年2学期のパフォーマンステストです。ALT が示す日本文化（例：潮干狩り）を「キーワード」を3つ以上使って「センテンスで」説明するテストです。制限時間は2分で、カードを見て「言えない」と思ったらスキップできます。時間内で何枚でもカードの説明ができます。

前年度の学生の優秀リアクションペーパーを読みます。

A 英語授業の認識が180度変わった！ 北原メソッドは誰にでもできる！
2021年度 上智大学北原講座履修生優秀リアクションペーパー
 春学期【北原メソッドを学んで】外国語学部ドイツ語学科（pp.18-20参照）
 春学期【北原メソッドを学んで】総合人間科学部教育学科（pp.23-26参照）
 秋学期【北原メソッドを学んで】文学部英文学科（pp.28-29参照）
 秋学期【北原メソッドを学んで】文学部英文学科（pp.29-31参照）

　　pp.53-55「北原メソッドの成績」を見ながら解説。その後、このような成果は北原のみならず、北原メソッドをとっている北研会員も同様であることを次の資料から読み取らせます。

B 北原メソッドはすべてのレベルの生徒を救う　〜北研会員の声から〜
◆北原メソッド100％を目指してここまでやってきました。今週、第２回英検の一次結果が出たので取得率を集計しました。
　（第３学年在籍93名）
　・準２級以上……49名（52.7％）
　・３級以上………78名（83.9％）
　二次試験がまだなので、数値の上限は上記のようになるかと思います。「準２級以上50％・３級以上80％」を目標に３年間やってきたので、何とか到達することができて胸をなでおろしています。３ヶ月の休校がありましたが、北原メソッドのおかげで自学もスムーズにできていたのではないかと感じます。この６年間北原メソッドを実践してきて、改めてその素晴らしさや凄さを体感させていただきました。英検の数値はその素晴らしさの一面でしかありませんが、さまざまなレベルの生徒がいる公立中学校でも『ここまでできる！』ということの証明だと思います。自分のような一般の教員でも、一緒に組んでいた経験の浅い若手でも、北原メソッドを実践すれば生徒の英語力はめきめきと伸びていきます。このような再現性は、科学的にもエビデンスと言えるのではないでしょうか。「○中は英語がすごい！」と同僚や保護者から言ってもらうこともありますが、自分の力だとは到底思えず、北原メソッドという優れた方法を採用しているからだとその度に心の中で思っています。

◆先日県学力テストの結果が返ってきましたが、2年間北原メソッドで教えている2年生は、県の平均を10点程上回りました。単語テストや文法ドリル重視の他学年の平均の方が良かったらどうしようと内心ヒヤヒヤしていましたが、やっぱり北原メソッドは強し！　でした（^^）　勤務校は、全校生徒40人弱の漁師町の小規模校。私が担当している2年生14人は誰一人、塾になど通っていません。もちろん他教科は県平均を下回っています。入学当初は特別支援学級の男の子が、「ぼく、英語大嫌いです、意味わかりません、先生、日本語で喋ってください」、と連発していましたが、その子は英語が得意教科に変わりました。北原メソッドはやっぱりすごい！　とまたまた実感しています。

◆おかげで、これまで3年間持ち上がった学年が4回ありましたが、いずれも、英検で、中1の第3回は5級受験者は、全員合格、中2の第3回は4級受験者は、全員合格、中3の第2回は3級受験者は、全員合格でした。また、3級、準2級の面接まで進んだ場合、100％合格、5級では満点賞が過去に2人いました。また、北原先生ほど正確な調査はしていませんが、再会した卒業生はみんな高校で発音を褒められ、点数も断トツにトップ、大学進学後も、クラス分けテストで、点数が取れすぎて、周りに帰国子女ばかりになってしまったなんてエピソードもあります。北原先生のおかげです。ありがとうございます。

◆英語科は自分一人、北原メソッド100％の授業をしたのですが、3年の1学期までは区の学力調査で平均を5点下回り、原因もわからず悩む日々でした。ところが、3年10月に突然、区平均を5点上回りました。さらに、東京都が今年度から導入予定のスピーキングテストのプレテストでは、区平均を9点上回りました。他の4科目は区平均とほぼ同じかマイナスなので、驚きの結果でした。

◆定期テストでもなかなか得点できない学習障害が疑われる生徒2名が都立入試の英語で60点を取れて（別の高校なのですが偶然どちらも同点）、そのことを伝えに来てくれました。他の生徒も何人か、本人が思っていたよりも当日実力を発揮できたと、報告してくれました。60点の生徒のうち一人は、1年の終わりまでアルファベットの形と音がなかなか一致しませんでした。苦手意識を持ちながらも英語劇に挑戦したりして、頑張っていました。卒業式の後、お母さんが声をかけてくださったのですが、2年から通い始めた塾でも、英語は諦めて他の教科に力を注いだ方が良いと言われていたのだそうです。それでも英語を嫌いにならず、力を伸ばすことができて、学校のおかげだと喜んでくださいました。

・英検（割合は在籍73名中　※受検していない生徒もいます）

　1級　　　　　3名　　　1%

　準1級以上　　6名　　　8%

　2級以上　　11名　　　15%

　準2級以上　28名　　　38%

　3級以上　　44名　　　60%

・英検IBA（71名受験　※出席した生徒は全員受験しました。）

　準2級以上と判定　　　29.5%

　　※これ以上上のレベルの判定はテストの設定上ありません。

　3級以上と判定　　　　73.2%

・中学校英語スピーキングテスト（ESAT-J）（当日出席した60名受験）

　学校平均　　59.8点

　（都平均　　53.7点）

◆勤務校の実力テストの成績の詳細をお伝えさせてください。2年生の1月に実施したものです。この実力テストは業者のテストです。千葉県で幅広く扱われているテストのようですので、平均点は県の平均点だと思われます。また、偏差値も出ます。

　国語　偏差値 54、平均点 ＋9

　社会　偏差値 47、平均点 －6

　数学　偏差値 53、平均点 ＋7

　理科　偏差値 52、平均点 ＋5

　英語　偏差値 58、平均点 ＋16

　テストが終わった時点で多くの生徒が「英語簡単だった」と話していたので、良くできているだろうと予想はしていました。2年生の現在で英検準2級合格者が10%以上いるので、この実力テストの結果も合致していると思います。ただ、この結果は私の指導の結果というだけのものでもありません。この学年は6クラスあり、私が4クラス、北原メソッドを全然やっていない（くれない）ベテランの女の先生が2クラス持っています。成績はどのクラスも同じくらいでした。しかし、パフォーマンステストでは私のクラスと別のクラスでは圧倒的な差（表現力や発音）があります。女の先生のクラスでは問題演習をかなりやっていますが、私のクラスでは問題演習をしたことがありません。そこが、北原メソッドのすごいところなのだと思います。

ライティング到達目標点を見てみます。これは中学３年の最後の定期テストです。制限時間は50分で、英和／和英辞典持ち込み可。採点は ① Quantity 20点　② Quality 20点　③ Discourse 10点の50点満点。採点者（北原、英語科同僚、ALT）を笑わせたり、泣かせたりしたら10点プラス。

C　中３の３学期でここまで書ける！
令和元年度３年生３学期学年末テスト「先生への手紙」
About 北原先生

The first day I saw 北原先生, I thought he was just another g(r)umpy old teacher, always angry and shouting, cold(-)hearted land rode (landlord). At class he looked like a newbie to teaching e(E)nglish, singing songs in class. I always laugh at hearing that. What I have to remember (was) what Taku, Tina, Mih-ho, Aya, ETC. said and repeat(ed). It all sounded stupid to me. But as time went by, I noticed. I was wrong. He isn't a(n) old grumpy teacher, but a great old teacher. Singing in class isn't stupid. It's to make the kids interested and excited every month in e(E)nglish. Remembering what those character(s) said is to let the kids know what to say or reference what to say. I know he cared about the class. He never gave up on my class. (according to the record the worst class he ever met) Every time (he) said "this class is done", in the back he's thinking how to get the class better. 北原先生 if you are reading this, if we ever meet again, let's have some coffee and talk about english or something. I'm interested in what you'll say. Btw (By the way) stop with the dad jokes.

(17文　英検なし)

~Message from Kitahara~

I've never thought you respect me. On the contrary you seemed to dislike me as you chose Mr. Suga's class every time. You never know how much I was pleased to read this. Thank you!

the trash can

I have had a class for three years. I am happy when I have a class. Especially Mr. Kitahara's class was very interesting. It has become a good memory for me. For example I was too loud to start studying English. Mr.

Kitahara got angry with me, but I didn't reflect at all. I was scolded by him again and again. I went (to) Mr. Suga's class because I was too loud. I'm sorry to trouble Mr. Suga and Mr. Kitahara. I am reflecting now. (In) the third term I came back to Mr. Kitahara's class. I had a class on the trash can. I was laughed at by everyone. Mr. Kitahara called me "*kugakusei*" because I looked like *kugakusei*. I(t) was not comfortable to study on the trash can at first, but I got to used to (study on) it at last. Now I enjoy studying English on it. Recently Shiina and Matsunaga used it. They have not got used to (study on) it yet. There are some other memories. I cleaned the Yurinoki room again and again. Yurinoki room is very beautiful. I worked hard every day. Thanks to (???) I forgot my dictionary. I think Mr. Kitahara was so happy. *Tatsutoriatowonigosazu.* I will become (a) high school student next month. Mr. Kitahara's class is the last year to teach English in Akasaka junior high school. We are lucky because we have had Mr. Kitahara's class for three years. Thanks to Mr. Kitahara's class, I like English very much. I will buy a lot of Miki Note (book)s because Miki Note(book) was thought by Mr. Kitahara. I will be rooting for Miki Note!! I will never forget I had Mr. Kitahara's class.

(32文　英検3級)

~Message from Kitahara~

You made me laugh a lot!! Ha, ha! I liked your smile and humour. Don't be a "*kugakusei*" anymore.

Courage is the most important

Hello, Mr. Kitahara. I am surprised now because of graduating from Akasaka junior high school. There are many experiences in my mind. Let's talk about them. Actually I thought you are kind when I entered this school. Because you smiled then. But you were scary. You were always angry and said "Tako!". I can't remember how many times you were angry with me. But you were not scary. You let us laugh. That was important for me to come to like English. I want to say, "Thank you." By the way what is the most impressive thing for me? It is easy to say. It's skit. And the most impressive skit is the Secret Family. Do you remember what you said to us? You said "the stupidest class of my life!" Oh, you always said to us such a thing. But I am sure you like the stupid class. I like it too. Anyway I could experienced such a funny skit. When everyone of the hole (hall) clapped us, I felt so happy that I was likely to cry. If we were in a different school, we could not have experienced it. I am very happy that I am the student of Akasaka junior high school. English is interesting. But some people don't like it because of the way to study English. I think you are a genius of English. Honestly to say, you look fool(ish) and funny. But I can notice now that you seriously thought about us. For example, the song of this month is Bad Day. You knew we would have the exam. So you chose it and encourage me by singing Bad Day. I am also sure you wanted me to like, write, read, and speak English. I could not notice them then. But it is natural. So I want to say now. "Thank you Mr. Kitahara. I will never forget this gift. And good bye." I will study and enjoy English forever. If I had some troubles, I have remembered this line. "You had a bad day." They are what I want to say to you. Thank you. I will come back soon.

(43文　英検2級)

~*Message from Kitahara*~

Super writing! I'm proud I have been your teacher. We've had funny moments every time, haven't we?

My memory with Mr. Kitahara

First contact is two years ago. My sister said Mr. Kitahara is kind, but sometimes be a strict teacher. I heard this word. I'm very nervous at first English class. But I thought he isn't strict, he is funny teacher. When we had a first skit, we were very nervous and performed. At the (end) of the the skit, Kitahara said "*konnagakunenhajimete.*" We were very disappointed. The second time of skit, we were very nervous, but we could enjoy the skit. Then Kitahara said, "You have a big energy and power. So you have to use them (in a) good way." (When) we heard this word, we were very happy. We thought Mr. Kitahara is a teacher who knows us very much. When we be(come) a second junior high school student, skit lever was very grow (high). But English teach(ing) always help(ed) us. So we could perform nice skit. But sometimes Mr. Kitahara said a word which we can't understand. For example, "Next week is a per(for)mance day." We can't understand. But it will be common. Mr. Kitahara always said a word which we were very surprised. But we tried very much. Sometimes we couldn't perform nice skit. For example, Olivia. I think Olivia is very difficult picture book and we didn't have a time. Of course we couldn't have good perform(ances). We thought Mr. Kitahara is very angry, and we will be sad. But Mr. Kitahara isn't a person who we thought. Mr. Kitahara said "This skit is worst at Akasaka junior high school. But I hope next skit is (the) best." Mr. Kitahara gave us a chance and arrow(allow) the bad skit. But sometimes we couldn't have good perform(ances). We thought Mr. Kitahara is very angry, and we will be sad. But Mr. Kitahara isn't a person who we thought. Mr. Kitahara said "This skit is worst, but next skit is (the) best." Mr. Kitahara gave us a chance again and again. When we be(came) a third (year) junior high school student, we had a last skit. We had a time which we practice. So every skit could (be) enjoy (able), perfect and very amazing. Mr. Kitahara said "This class is most powerful and very very good." We could enjoy the skit and Mr. Kitahara and Mr. Joel, Mr. Suga will be happy. Mr. Kitahara's class is most funny and strict. Mr. Kithara sometimes made us happy and sad. But we had a very good experience. For example, skit, video, and so on. We have a big English power, so we try some difficult English. Thanks to Mr. Kitahara, we will be a person who speak English very well. (42文 英検準2級)

~Message from Kitahara~

Wow! You wrote 42 sentences, the top of everyone. I'm glad you developed your skills in English.

Kitahara de essay 414 赤坂中からの卒業　2022年3月23日（水）より

（前略）時間があったので赤坂中の新校舎を見に行きました。もう大分でき上がっていて、「港区立赤坂小学校・赤坂中学校」という看板も校舎につけられていました。「赤坂学園」みたいな気取った名前じゃなくてよかった。「もうオレには縁がない校舎なんだなあ」と思いながら写真を撮っていると、向こうから知った顔が歩いてきました。

私が最後に教えた3年生です。今は高校2年生になっていました。去年、英検1級に合格したと報告してくれました。その彼に思っていたことを聞いてみました。「君はずっと菅先生のクラスを選択していて3年生の時に北原クラスになったんだよね。1、2年の時、勝手なことやってたし、英検を受けよ、と言っても絶対受けなかったし、どうもオレのことが嫌いなんじゃないかって思っていたけど、最後のテストの手紙で感動的なことを書いてくれたよね」。すると彼はこう答えました。「自分は英語はできるから、授業中は北原先生がどういう人間なのか観察していました。するといい人だなあって思ったんです。英語を教えることに情熱を持っていて」。しばらく話してから一緒にサヨナラ会場まで歩きました。会場前でまた立ち話をしていると Joel 先生たちがやってきました。彼は嬉しそうに早口の英語で話していました。（後略）

この生徒は p.45 に「About 北原先生」というタイトルで書いた生徒です。

3年生2学期11月「日本文化紹介」のスピーキングテスト映像視聴。英語が得意な生徒と学年一苦手な生徒の2名の映像を見て、中学生のスピーキング到達目標点を示しました。

D　中3の2学期でここまで即興で話せる！
生徒配布プリント

令和元年度3年生2学期スピーキングテスト
「日本文化を Joel 先生に紹介する」

実施日：11月6日（火）4校時／11月8日（木）3校時
＊前回のスピーキングテストで評価が上位の生徒たちが先に行う。
自分の出番は何番目で誰の次かを、張り出される名票で確認しておくこと！

1　紹介する日本文化
　a. 授業でやったもの
　　春……… ひな祭り、潮干狩り
　　夏……… 梅雨、お中元、盆踊り
　　秋……… 月見
　　冬……… 初詣、お年玉、節分
　　その他…… 押入、下駄、浴衣、寿司、畳
　b. 授業でやっていないもの（何かはナイショ！）

2 やり方

①一人ずつ3-B教室に入ります。

②Joel 先生にあいさつして、自分の出席番号を言います。

③Joel 先生が日本文化が書かれたカードを順番に見せます。

④示されたカードに書かれた日本文化について3つ以上のキーワードを使って説明してください。キーワードを落としたり、文でなく単語だけで説明したりすると得点にはなりません。時々Joel 先生が確認のために質問しますが、それにも答えてください（応答の速さも評価されます）。

⑤Joel 先生が日本文化を表すその語を言い当てられたら、2ポイントになります。

⑥カードを見て説明できそうもないものについては、Let me skip it. と言えばパスできます（言わないと次のカードが出ません）。

⑦制限時間は2分間です。

⑧例えば「温泉」など授業でやってないもの（色カード）について説明できた場合は3〜5ポイント獲得できます。

⑨1ポイントあたり（定期テストで言えば）5点を成績に入れます。

スピーキングテスト1週間前配布プリント

Speaking Test for 3rd year students   October 31, 2019
"Explaining Japanese Culture"

Words to be explained	Key words
spring······ *hinamatsuri*	本町田中：spring, girls' festival, March 3rd, dolls, decorate,
	狛江一中：girls' festival, March 3rd, figures/dolls, decorate, red stairs/steps, diamond-shaped rice cake, five musicians, sweet-flavored *sake*, colored rice crackers
	赤坂中：　March 3rd, girls' festival, dolls, songs, rice crackers, red stairs, decorate, happiness, diamond-shaped rice cake
spring······ *shiohigari*	本町田中：spring to early summer, beach, dig, shells

狛江一中：on the beach, eat the shells, shovels, sand, shells, the sea, spring and summer, clams, dig for, take, net, collect

以下省略。(詳しくは「英語授業の『幹』をつくる本 (テスト編)」pp.258-262)

ALT用プリント

Evaluation

Things to keep in mind are...

1 Students <u>must</u> explain in sentences, <u>not only with words</u>.

2 Students can skip only if they say "Let me skip it".

3 Give <u>2 point</u> to a word explained fully with appropriate key words. Give <u>1 point</u> to a word which students manage to explain with a few key words or/and a few mistakes. Local grammar mistakes are not a great matter, while fatal mistakes such as lacking subjects or/and verbs, strange word orders and incomprehensible intonation.

4 Give <u>3-5 points</u> to a word which students first see (which they have never experienced during the lessons). Those words are written on colored paper.

5 Encourage students by praising for good sentences.

6 You can ask questions to make sure what each student is talking about.

7 Time allowed is 2 minutes.

生徒配布プリント

パフォーマンステストをする時には必ず生徒向けのプリントをつくり、やり方や評価方法などの情報を盛ります。「日本文化紹介」は２学期最初の授業から毎回授業の冒頭で２つずつトピックを取り上げ、キーワードを出させてから sentence building をする練習を２ヶ月半繰り返します。

スピーキングテスト１週間前配布プリント

テスト１週間前になったら教師がメモしたキーワード集を渡します。生徒はそれを見ながら、自分が使いたいキーワードを使って説明する練習をします。

ALT用プリント

ALTに渡す評価項目と評価基準です。

No.93

Q How many Japanese restaurants has Mr. Jarrell seen since he came to the U.S. ?　　　(We have only seen) four

▶▶▶ **Today's Topic ⋯ Coming Back Was Easy**

Tuesday, September 20

I returned to Japan on Saturday, September 17. Traveling was east because the Japanese government changed the rules on September 7. Now people who have a vaccination passport with 3 vaccinations can come into
<small>3年5-1　　　　　　ワクチン</small>
Japan without a PCR test. I had to download a special app before I left. I uploaded photos of our passports and vaccination passports and answered a questionnaire ("anketo"). When I arrived at Narita Airport, I showed them the app, and they let me in. The next day, I got a message on my app. They wanted to know if I had any health problems. I felt fine, but I took a rapid
<small>　　　　　　　　～かどうか　　　　　　　　　　　　　　　　　　　　　　速い</small>
test ("kogen kensa") that my sister gave me. I'm happy to say that I tested
<small>　　　　　　　　　　　3年6-2</small>
negative.

123語

Q1　Did Mr. Jarrell have any health problems?
Q2　Find a mistake.

WPM 　[　　　]

・WPM（Word per Minute）「１分間に何語読めるか」の計算式

$$\frac{語数 \times 60}{x 秒}$$　＊ x 秒…読むのにかかった秒数

＊Q１に不正解なら記録なし

　第３回授業から学生にデモンストレーションしてもらうために、「じゃれマガ」を使った模範授業をしました。「じゃれマガ」は、元名古屋女子大教授の Douglas Jarrell 先生が2005年から書いている無料のメールマガジンで、北原は2006年から授業で使い始めました。短時間で内容をざっくり読み取る訓練、既習語彙や既習文法の確認、CLIL（クリル；内容言語統合型学習）などの効果が期待できる素晴らしい素材です。その素材に私が注釈をつけたり、質問をつけたりしてワークシートをつくります。３年生４月から授業の冒頭で５分程度、毎日読ませていました。読み終わったら教室に備え付けの WPM 記録用紙に数値を記録することになっており、読みの速さの向上が自分でわかるようになっていました。「じゃれマガ」は土日を除く毎朝、配信されます（無料）。日英の文化を扱った過去のじゃれマガワークシートを集めたものが、「じゃれマガカルチャー」として2023年３月に発売されています。詳しくは p.60の QR コードをご参照ください。

参考　北原メソッドの成績

１．英検準２級以上取得率

平成22年度 27%　赤坂中で初めて３年間教えた学年
　　　　　　　　　英語劇 Whose Double Cheeseburger Is This Anyway?

平成23年度 23%　英語劇 Run, Melos, Run で都大会出場

平成24年度 32%　英語劇 If I Had a Million Dollars

平成25年度 27%　英語劇 Barefoot Gen で都大会優勝

平成26年度 25%　英語劇 the Diary of Anne Frank で都大会審査員特別賞
　　　　　　　　　受賞

平成27年度 28%　英語劇 Friends

平成28年度 43%　英語劇 Illusion 2016〜Night on the Milky Way Train で
　　　　　　　　　都大会出場

平成29年度 44%　英語劇 In This Corner of the World

平成30年度 56%　過去最高！　公立中学校日本一
　　　　　　　　　英語劇 Angels With Broken Wings で都大会３位

授業や放課後などで英検対策は一切なし、二次試験対策の練習もしないでこの成績です。英検準２級取得率は毎年のように上がっていき、公立中学校日本一を更新し続けました。米を研ぐように授業内容の精度を上げていった成果です。

２．平成28年度３年生２学期評定 評定１，２はゼロ。

北原の教員人生最初で最後の快挙でした。英語劇 Night on the Milky Way Train を原作小説→日本語シナリオ→英語シナリオに訳した学年です。

３．平成28年度港区学力調査結果（４月実施　３年生）

全国偏差値 59

全国平均正答率との差

	国語	社会	数学	理科	英語
本校	65.3	57.8	62.6	53.9	79.0
全国	68.2	54.1	57.6	53.9	59.4
差	−2.9	+3.7	+5.0	+0.0	+19.6

教科の正答率

	中２	中３
区平均	71.8	73.7
赤坂中	78.8	79.0
差	+7.0	+5.3

さまざまな英文の読み取り

	中２	中３
区平均	74.1	72.6
赤坂中	83.3	81.0
差	+9.2	+8.4

３文以上の英作文

	中２
区平均	72.0
赤坂中	85.6
差	+13.6

赤坂中英語は港区トップの成績

全国平均点では英語だけが圧倒的な＋19.6点。都内で学力の高さが３本指に入る港区でもトップの成績。特に英作文力はダントツに高い。

４．平成28年度東京都学力調査（７月実施　２年生）

都平均正答率との差

	国語	社会	数学	理科	英語
都	70.7	57.7	56.4	54.8	55.4
本校	75.3	58.2	60.4	54.3	74.6
差	＋4.6	＋0.5	＋4.0	－0.5	＋19.2

観点別結果（英語）

関心・意欲・態度	表現の能力	理解の能力	言語・文化の知識・理解
＋10.5	＋24.2	＋16.7	＋19.1

　　東京都教育委員会（都教委）による学力調査結果。2年生対象。こちらも英語だけが圧倒的に高い。また、「表現の能力」（英作文）はさらに群を抜いています。アウトプットのレベルが高い証拠です。

5．生徒の英訳による英語劇制作（3年生2学期）

平成25年度……「はだしのゲン」　都英語学芸会で優勝
平成28年度……「銀河鉄道の夜」　都英語学芸会出場
平成29年度……「この世界の片隅に」
平成30年度……「翼の折れた天使たち」　都英語学芸会第3位入賞

　　赤坂中では11年間、毎年英語劇を上演しました。これらの劇は、日本語脚本（原作）から生徒が英訳した台本を使用しました。生徒の英作文能力の高さがわかります。

6．大学生になった教え子から見た北原メソッド
Kitahara de essay 567 教え子からのメッセージ　2023年1月5日（木）

　　今日は妻とお出かけしました。まずは乃木神社へ行き、初詣。平日だけど、乃木坂46などの芸能人を応援する絵馬なんかがあって、若い人たちが多くてけっこう賑わっていました（私たちが結婚式を挙げたのが乃木神社で、赤坂中勤務になった時に「近くにあるんだ」と思いました）。毎年もらっているイヤープレート（というか小皿）をいただいて、昼食に行きました。場所は東京ミッドタウンにある名古屋ひつまぶしの名店「まるや」です。名古屋駅の店には何度か行っていましたが、3年前にミッドタウン

にオープンしたのですぐに行きました。今回が２回目です。

　係の人が「あ！　北原先生！」と言うので顔をよく見たけど、マスクをしているので誰だかわかりませんでした。「Ｏです」と言ってマスクを外してくれたら懐かしい顔が現れました。2015年に上演した英語劇 Friends で祖母役をやったＯさんでした。赤坂中では英語劇は９本やり、都大会優勝１、審査員特別賞１、３位１という成績でしたが、私が一番好きな作品は都大会にも出られなかった Friends でした。演出している間中パワフルな役者たちとの丁々発止の演技指導が本当に楽しかったからです。

　今日は「恩師だから」ということで個室に案内され、店長さんにドリンクまで振る舞っていただきました。料理を運んでくる度に Friends の劇と同級生たちの話になりました（family 8 名の役者の中で早慶進学者が４名、宝塚１名という優秀学年でした）。Ｏさんも慶應大学で、入学してしばらくして父親役で同じく慶應大学に進んだ男子生徒と二人で学校に会いに来てくれました。その時、いろいろ話した中で印象に残っていることの１つに「大学受験の時に英語を勉強しなかった」があったので、それを「上智の学生にメッセージとして書いて」と言ったら、書いてくれました。

◆北原先生、本日はご来店いただきありがとうございました。久しぶりにお会いできて、とても嬉しかったです！　先生が教えてらっしゃる大学生の方々に、以下、メッセージです！　北原先生の授業を大学で受けられていること、とても羨ましく思います。私は中学校で北原先生に教わっていました。最初は正直、厳しい先生だなと思っていました（笑）。ですがどんどん北原先生の英語にハマっていきました。当時の英語の授業は、毎回、月毎に替わる洋楽をみんなで歌い、その後は教科書に沿った内容でしたが、教科書に沿った内容と言っても、ただ教科書の読み合わせ等をするのではなく、教科書中のやりとりを２人ペアになって小さい寸劇をやっていました。この時、文章の意味に合わせたジェスチャーを付けなければ、また発音が悪ければ合格にはならず、合格するまで何度もやりました。それだけではなく、テーマに沿って自由にスキットをつくって発表したのも、とっても楽しかったなあと記憶しています。週１回は洋画を観る授業の日もありました。また放課後、毎日のようにみんなで残って、英語劇の練習もしました。今考えると、他の中学校とは比較にならないくらいの量、質の英語に触れていたと思います。当時の私にとって英語は楽しいものでしかありませんでした。毎月新しい音楽を知れて、新しい映画を知れて、寸劇やスキットも本当にゲームのような感覚でやっていました。勉強しているという感覚はあまりなかったです。中学３年間を終えると、日本語を読むかのように英語が読めるようになりました。

高校は東京都立K高校というところに進学しましたが、<u>受験で英語を勉強した記憶は</u><u>ありません</u>。高校に入って、英語の授業がつまらなさすぎて驚きました。先生が一方的に話しているだけで、英語を話さない英語の授業なんてあるんだと思いました。文法等は自然に頭に入っていたので、先生が言ってることが「<u>全部中学でやったことじゃ</u><u>ん</u>」としか思えなかったです。なんて言うんでしょうか、どんなに新しい文法事項を言われても、「普通に考えてそうじゃん」としか思えなかったです。現在は慶應義塾大学文学部の4年生です。皆さんにもどこかでお会いしているかもしれません！　大学生の今、北原先生の授業をもう一度受けてみたいなあと心から思います。ですので、皆さんのことがとっても羨ましいです！　長くなってしまいましたが、今でも私たちの英語劇を見てくださっている方がいると知って、本当に嬉しかったです。是非、北原先生に赤坂中での思い出話を聞いてみてください。また、是非北原先生の授業を、英語を、楽しんでください。（**＊下線は北原**）

　食事中、店長さんがテーブルに来てくださって、「地域柄、外国人のお客さんも多いのですが、彼女が応対してくれるのでとても助かっています」とおっしゃっていました。彼女が今日言っていたこと「中学で英語の基礎をきちんと教わったから今がある」は引退した教師として最高級に嬉しい言葉でした。「他の中学校とは比較にならないくらいの量、質の英語に触れていた」「英語は楽しいものでしかありませんでした」「勉強しているという感覚はあまりなかったです」「日本語を読むかのように英語が読めるようになりました」「英語を話さない英語の授業なんてあるんだ」「全部中学でやったことじゃん」。これらの言葉はすべて<u>上智大学生の中高時代</u><u>の記憶</u>とは対極にあります。このエッセイを送ったら次のような返事が来ました。

◆エッセイ、読ませていただきました。こちらこそ、「都大会にも出られなかったFriends が一番好きだった」という言葉はとても嬉しかったです。とても仲のいい学年でしたので、大好きなみんなとつくり上げた作品は私たちにとっても宝物です。店長も言っていたように、バイト先では外国人のお客様が来るとまず、みんな私を探します（笑）。私は特にこれといった特技はないのですが、英語だけは他の人より遥かにできると自負しております。それだけで、自分の自信になっています。北原先生のおかげです。言い忘れていたのですが、2年くらい前に「コロナで暇だから受けてみよう」くらいの気持ちで受けた TOEIC で905点取りました！

2020年4月から書き始めた Kitahara de essay です。すでに3冊が出版されています。英語教育関係のエッセイも多いです。

「Kitahara de essay 2020-2021」 2021年6月　On and On 刊　2,000円

「Kitahara de essay 2021-2022」 2022年6月　On and On 刊　2,100円

「Kitahara de essay 2022-2023」 2024年1月　On and On 刊　2,500円

～北原メソッド教材のラインナップ～

理論書・実践書

・「英語授業の『幹』をつくる本（上巻）」 2010年　ベネッセコーポレーション

・「英語授業の『幹』をつくる本（下巻）」 2010年　ベネッセコーポレーション

・「英語授業の『幹』をつくる本（テスト編）」

2012年　ベネッセコーポレーション

・「英語授業の『幹』をつくる本（授業映像編）」

2014年　ベネッセコーポレーション

・「英語授業の『幹』をつくる本（大学教職課程授業編）（上下巻）」

2024年3月　開隆堂出版

リーディング

・「読みトレ100」 2011年　浜島書店

・「読みトレ50」 2014年　浜島書店

・「じゃれマガワークシート 2006-2020ベストセレクト200」

2021年　On and On 完売

・「じゃれマガ　カルチャー」 2023年3月　On and On から発刊

サブスク配信でデータ使用料は4,500円（年間）

リスニング

・「新・中学生のための LISTENING TRAINING POWERED」

2012年　学校図書　廃刊

英語の歌

・「決定版！　授業で使える英語の歌20」 2001年　開隆堂出版

・「決定版！　続・授業で使える英語の歌20」 2008年　開隆堂出版

辞書

・「Challenge 中学英和辞典　カラー版」 2021年　ベネッセコーポレーション

辞書指導動画

・「中学英語の勉強法のコツがわかるスペシャルムービー」 2021年12月公開

 北原（英和）模擬授業動画４本（①じゃれマガワークシートを使った指導　②ボキャビル　指導　③接頭辞接尾辞指導）

田尻（和英）講義動画３本

ノート

・「Miki Notebook」 2012年　浜島書店

絵カード

・「アクションカード」 2,970円（税込）　2012年　開隆堂出版

　　（絵／文字カード９枚×４セット×40人分＋教師用カード１セット）

スピーキング

・「スーパー・ペアワーク　１年」 2014年　正進社　廃版

・「スーパー・ペアワーク　２年」 2014年　正進社　廃版

・「わくわくペアわーく　１年２年３年」 2022年　On and On からデジタル版（タブレット用）発刊。サブスク配信でデータ使用料は4,000円（年間）

文法

・「わくわくナルホド英文法」 2023年３月

　　On and On からデジタル版（タブレット用）発刊

・新出文法導入のネタ本　サブスク配信でデータ使用料は6,000円（年間）

・立ち読みコーナーと申し込み先　http://on2.sakura.ne.jp/material/

その他

・「Kitahara de essay 2020-2021」 2021年　On and On 2,000円　残25部

・「Kitahara de essay 2021-2022」 2022年　On and On 2,100円　残５部

・「ひと味違う　教師の幹をつくる本」 2022年　On and On 2,700円　残５部

・「Kitahara de essay 2022-2023」 2024年１月　On and On 2,500円

教材コーナーのページ
「わくわく」シリーズなど

＊On and On の本・教材は書店では発売していません。ネットでの申し込み
のみです。

立ち読みコーナー
多くの本の立ち読みができます

（株）ジャパンライム・セミナールームを会場に2020年6月から始まっ
た北研「大学授業シリーズ」に参加した ALT たちが書いたレポートです。
英語教育の専門用語が多用されているので、毎年、学生に読ませています。
1人目は前任校（都立高校）では ALT でしたが、この時は常勤の教諭です。
2人目の ALT は派遣会社のメンターであり、英語教育に関して高い見識
をお持ちです。

For Further Reading

ALTs' comments on Kitaken Sessions

June Session held on June 20

Hello everyone, this is G******** from A G Junior High School.
Below is my report from the 175th Kitaken study session, which took
place on Saturday, June 20th, 2020.

Discussing Our English Education

With English being my native language, I talked about my experience
learning Spanish. As Spanish is the second most spoken language in the
US (41 million native speakers, or 13% of the entire US population), most
American students learn it as their foreign language. I was taught Spanish
twice a week as an elementary school student. Lessons were mostly
vocabulary-based and my teacher introduced us to art, music, and culture
from Spanish speaking countries like Mexico, Spain, and Guatemala. We
also learned simple conversational expressions, such as how to introduce
ourselves, how to talk about the weather, or how to describe our feelings.

Once I became a junior high school student, I had Spanish class every day and learned the present, past, and future tenses. At this point, I could speak at a basic level. Lessons became more difficult in high school as we learned more advanced grammatical tenses like the present-perfect, pluperfect, and the subjunctive. But I had really great teachers who
= past perfect   仮定法
introduced me to authentic materials like Spanish poetry, art, and music. I still listen to those songs on my iPod today. I was also able to study abroad in Spain during the summer of my third year.

Trends in English Education in Japan

Mr. Kitahara outlined the timeline of ESL teaching methods in Japan. "Grammar Translation" was the predominant method, beginning in the 1800s and stretching all the way to the 1960s. From the 1940s, the "Audio-Lingual" method was introduced, which emphasizes oral practice but does not focus on meaning. Later, "Total Physical Response" was incorporated, which
                                                         取り入れる
involves using the whole body and gestures. Finally the "Communicative Approach" was introduced in the 1980s and is currently being used today.

Impressions on Mr. Kitahara's Teaching Style from Sophia University Students

We looked at many comments from Sophia University students regarding the Kitahara method. Many remarked that the plays and skits made their English learning experience more active and helped them to become more familiar with English expressions.

Impressions from Mr. Kitahara's 3rd Year Students

We read letters written in English to Mr. Kitahara from his third year students. They were really funny because they were so honest. Many admitted that they felt Mr. Kitahara was scary at first but they learned a lot from him because he really pushed them to do their best. This is also reflected in how well their letters were written (very few mistakes!).

"The Secret Family" Movie and Japanese Culture

We watched a short movie by Mr. Kitahara's students. They really seemed to be enjoying themselves and had the chance to be creative while sharing traditional Japanese stories like "Momotaro."

We viewed the Japanese culture speaking tests between students and Mr. Joel. I was impressed by how smoothly students could speak and their energetic voices.

Jar(rell) Maga(zine)

We read some past *Jare Maga* issues and <u>graciously</u> received a mini
丁重に
book of 100 stories from 2019. Now that I'm in charge of my own classes, I hope to use *Jare Maga* in my lessons as it is an extremely useful tool and <u>relevant</u> to current events and students' interests.
関連した
It had been three months since the last Kitaken so it was really nice to see everyone! Due to the coronavirus, attendance was limited to only twenty guests. Once the situation improves, I'm looking forward to reuniting with members from other prefectures.

Dear Mr. Kitahara (Sophia University) and Fellow Kitaken ML Members:

This is J***** V*********, ALT working in M City (Third, Fourth & Fifth Junior High Schools). Forgive my lateness, but I would like to give my brief report/comments on the June 20th "Kitaken" session that I was pleased to attend.

First, I want to thank Mr. Kitahara and everyone for kindly allowing me to participate in the meeting. I learned a lot as always, and I learned some more by trying to read some of the reports of the other members -- although I probably understood G********'s report the best for obvious reasons!

I. The overview of the history of English language education in Japan was instructive, and I was interested to learn about Mr. Kitahara's and others' experiences of studying English during their schooldays. I've come to the conclusion that all the methods of the present and past -- the Communicative Approach, TPR, the Audiolingual Method, the Direct

Method and, yes, even the Grammar Translation Method -- had and still has something to offer. The important point for me is that there is no one method, one magic formula among these methods for teaching English. Each one sheds light on some aspect of language learning. We can take bits and pieces from them and add our own original insights based on our personal experiences to create our own approach to teaching. I feel that this is what Mr. Kitahara has done, and it inspires me to do the same.

II.   The "Kitahara Method" itself has transformed the learning experience of countless students and teachers, a fact that was made more evident to me as I was reading the student letters to Mr. Kitahara aloud to everyone at the meeting. One thing jumped out at me as I was reading: Mr. Kitahara doesn't simply rely solely on the mechanics of method to teach -- he puts his whole heart and soul into it. I got this impression from the students' use of a lot of emotional, affective words like "interested," "excited," "let us laugh/smile," "encouraged," etc. He may have looked like a "grumpy landlord" at first (by the way, I never thought so!), but students soon discovered Mr. Kitahara is a funny, warm-hearted teacher who genuinely cares about them.

III.   I was thoroughly impressed (and entertained!) by the performance of the 3rd graders in the "Secret Family" play. Performing in skits, dramas, and comic story retellings, although very challenging, are wonderfully effective ways for learning and expressing oneself in another language. I've been a judge many times at contests, and one common issue with students is clear pronunciation, but with these students in the "Secret Family," there was no such problem. If I had been judging the play, I would have given high marks for pronunciation.

IV.   The "Explaining Japanese Culture" speaking test, is one I have had the pleasure of doing many times myself, thanks to one awesome teacher I know who is a proponent of the Kitahara Method. The number and variety of expressions the 3rd graders in the video could produce were truly astonishing. What a great thing it is to see students doing all of the talking, with the ALT teacher only having to give the occasional encouraging comment! It means the students have taken ownership of their learning. And it means the Kitahara Method really works! I know this through personal experience, and I have to say that this speaking test is one of my favorites.

Again, I express my gratitude to Mr. Kitahara, all the teachers, and to ジャパンライム for providing us with another wonderful session of Kitaken. It is my wish that the other members who were not able to attend this last time will have an opportunity to secure a place at the next meeting. Take care everyone, and I pray for everyone's good health and safety.

2021年度　上智大学北原講座履修生優秀リアクションペーパー
4月13日（火）・9月28日（火）
Overview（学生が受けてきた英語教育とこれからの英語教育。
功罪と今後の展望）

　講義とディスカッション。中学生による「日本文化紹介」映像視聴することによって中学校英語の到達点を理解する。

　以下は前年度の学生が書いた優秀リアクションペーパーです。毎回数名の優秀リアクションペーパーをハンドアウトに掲載し、学生にリアクションペーパーの書き方を示しています。また学生はこれらを読むことにより、より授業内容を深く見つめ直すことになります。こうして毎年、リアクションペーパーの内容が精密になっていくわけです。学生からのリアクションペーパーにはすべてフィードバックを返信していますが、ここでは必要と思われるもの以外は省略してあります。

2021年度優秀リアクションペーパー
　…………　中高時代に習った英語授業　　───　北原メソッド
外国語学部ドイツ語学科

　最初の授業を受けてまず驚いたことは、授業の最初の方に北原先生が「あなたたちは日本の英語教育の勝者だ」（すみません、一字一句正確には覚えていませんでした）とおっしゃっていたことだった。英語学習において、自分を英語教育の勝者だとは思っ

たことがなかったからだ。確かに中学生までは、英語が大好きで、英語を学ぶ意欲もあり、自主学習も進んで行ってきた。そのため、もっと英語が学びたいと思い、国際系の高校に進学した。入学してすぐに私はかなり絶望的な気持ちになった。なぜなら周りの学生は帰国子女、親が英語を母語としている、あるいは幼い頃から英語に触れてきたなど、自分よりも圧倒的に英語が話せる人がほとんどという環境になったからだ。私はそれまで英語を得意科目だと思っていたが、高校入学以来、英語が得意だとは口が裂けても言えなくなった。

　初回の授業を受けて、自分がなぜこんなに英語が誰よりもできないことを引け目に感じていたのかわからなくなった。ビデオの中で英語を話す生徒は、英語を話すこと、というよりもむしろ「英語で何かをすること」を心から楽しんでいた。手紙も同じように成績のために、あるいはテストのためのありきたりの文章ではなく、これまでの先生との思い出、感謝したいことを伝えるために書かれていて、それぞれの文章が個性溢れるものだった。本当のところはわからないが、ビデオや手紙を見る限り、誰も自分の英語力を誰かと比較したりはせず、英語を話すことや書くことを楽しんでいるような印象を受けた。いつから私は英語そのものを楽しめなくなり、周りの目ばかりを気にするようになったのだろう。なぜ相手に何か伝えることよりも、相手が自分の英語をどう思っているかを気にしながら話すようになってしまったのだろう。こんなことを思いながら初回の授業を受けていた。授業後にたどり着いた結論は、これも北原先生のおっしゃる英語教育の功罪なのだろうということだ。「間違えは悪で、いつも正しくなければならない」という考えを知らず知らずのうちに擦り込んでいるのが今の英語教育であり、今後変えていく必要があると私は考える。そして、さまざまな結果から見てわかる通り、北原メソッドはそれを改善する有効な方法であると容易に予想できる。今後それを学べることを大変嬉しく思っている。

　また、北原先生がおっしゃっていた「しつけは大事だ」ということについても詳しく学んでいきたい。私自身の経験を通して考えてみても、何をしても許してくれる先生の授業は生徒が次第に授業を聞かず、自由にそれぞれのしたいことを始めてしまう印象がある。反対に少し厳しい先生の方が話も聞くし、やる時と休む時のオン・オフがはっきりするからか、内容も頭に入りやすく、また達成感も得られたように感じる。しかし、私は人に強くものを言ったり、注意したりすることが苦手であるため、生徒への指導の仕方についてもこの学期を通して学んでいきたい。半年という短い時間ではありますがよろしくお願いいたします。

外国語学部ロシア語学科

　本日の授業では、「北原メソッド」というものがどのような考え方に沿って実践されているのか、北原メソッドで実際に英語教育を受けた生徒たちの様子を見ることができました。テキストを購入してから、北原メソッドというものが実態としてどのような効果をもたらすものなのかわからずに初回の授業に臨みました。英語という教科は苦手意識を持つ中学生も多く、一度苦手だ、不得意だ、楽しくないと思ってしまうとそこで行き詰ってしまう教科だと思っています。そのため、大変失礼な言い方にはなってしまいますが、どれほどの活路となる指導法なのかと半信半疑でした。しかし本日の授業での英語劇とスピーキングテストの動画や、生徒たちの実際の北原先生への手紙、さらに調査に基づく分析などを見て、本当にこの指導法がこれらの結果をもたらした要因となっていることは良くわかりました。特にスピーキングテストと手紙には大きな衝撃を受けました。この北原メソッドと比べると、私自身の受けた英語教育は全く異なっていたものだったと感じます。中学１年の時の先生は、教科書に忠実に文法訳読法中心に進める教え方でした。全体的にその時はレクチャーが多かった印象で、生徒の中でも集中力が切れる、理解度が高まらずテストの成績が奮わない、などと問題になることが度々ありました。中学２年の時に担当の先生が変わり、単語力に重点を置いた指導スタイルに変わりました。中学２〜３年の２年間は、フラッシュカードを多用したり単語テストも毎週のように行ったりするなど、とにかく語い力強化が求められました。高校では特進コースだったこともあり、ほとんど文法訳読法の授業でした。読解の授業の中での最低限の音読を除いて、アクティブな活動を行った記憶はほぼありません。教科書の文章を文法的に分解・理解・訳出することが予習の作業で授業ではその確認、というのが基本的な進め方でした。高校では「システム英単語」という単語帳を３年間通して使っており、この単語帳に沿って放課後などに200問程度のテストを月２回ほど行っていました。中高６年間の英語教育では、とにかく机上での暗記の作業と、その文章に限定した文法理解という勉強の繰り返しだったように感じます。本日の授業で、北原先生が「伝えたいことがあるから言葉は上達する」とおっしゃっていたことが印象的でしたが、私が受けてきた教育の中ではこのことが全くなかったと思います。私も外国語を学ぶ者として、その醍醐味は自分の伝えたいことがその言語で相手に伝えられるようになるということだと感じています。実際自分が教員になった際にはこのことを生徒たちにも感じてもらいたいです。そのためにも、この14回の授業を通して北原メソッドを学んで、英語教育について考えていきたいです。半年間よろしくお願いいたします。

文学部英文学科

　私が英語を好きになったのは、中1の時に担当してくださった先生のことが大好きになったことがきっかけでした。その先生は可愛く、なにより教え方が上手で、それまで英語に対して「意味がわからない」という苦手意識を抱いていた私でもその先生のおかげで上智の英文学科に入学するまで英語が好きになりました。英語に対し「意味がわからない」と考えていたのは、小学校時の英語の授業に起因します。小学校では文法事項をきちんと教えるわけでもなく、ただ単語だけを教えられ、定型の会話表現を覚えさせられた、という意識がとても強かったためです。しかしS女学院に進学して、特に高校生になってCommunication English（読解）の授業を受けていく中で、単純に英語の文法や単語だけを学ぶのではなく、世界で今起きている問題と絡めた英文や、歴史的、技術的な話を受験に必要だと言われている文法や単語を学びながら、さまざまな分野に足を踏み入れることができたのがなにより楽しいと感じていました。また、先日の授業ではやったことがないと答えてしまいましたが、授業時間を使って自分たちで台詞を考え、それを覚えて発表するスキットも時々授業内で行っていたことを思い出しました。

　今回の授業で特に印象に残っているのは、北原先生が「北原メソッドはすべてのレベルの生徒を救う」の部分でおっしゃっていた、「英語ができる子、できない子というのはないんだ」という言葉です。私は現在、卒業後に母校で教員として働くことを目標にしているのですが、実際に自分が教師として教壇に立った時のことを想像し、今の自分だったらどのような授業ができるのか、それを受けて生徒はどのような反応をしてくれるだろうか、ということを時々考えています。そこでずっと気になっていたのは英語に興味がなく、苦手意識を持っている生徒を前にして、どのように授業を運営していけば良いのだろうか、ということでした。正直に申し上げると、これに関して私が毎回出していた結論は「苦手意識を持っている子は、我々教員がどんなに頑張っても、彼ら自身が何かきっかけを持ってくれないと英語を好きになってくれないのではないか」ということでした。このような意見を持っていた私が、上記の先生の言葉を聞いて目から鱗が落ちたのは想像に難くないでしょう。教員に求められる姿勢は、単に英語が好きで得意な生徒たちばかりに力を入れて教えるのではなく、生徒が自ら動き出すのを待つのでもなく、英語を苦手としている生徒が「好き」の方向へ動き出せるようにサポートすることなのではないかと思うことができました。また私も英語が大好きですから、単純に同じものを好きな人が増えるということはとても嬉しいことです。そのように考えると、英語が好きになる生徒を増やすことができる北原メソッドはとても魅力的に感じます。いったいどのようなものなのか、今からとても気になっています。

また、「先生への手紙」の部分で展開されていた、いろいろな生徒さんのライティングや、即興のスピーキングテストの映像は見ていて、開いた口が塞がらないという表現が適切だと思った程、ただただ驚かされました。特にスピーキングの映像が印象に残っています。なぜならその中で「一番英語が苦手な子」と紹介されていた子でさえ、一見自信なさそうに眉をハの字にして話していたけれど、それでも苦手ながらに堂々と話していたからです。自分が中学3年生の時のことを思い出すと、英語は好きだけれど話すことに自信がなく、英語での面接で言いたいことが言えずに黙りこくってしまうことがあり、決して堂々としていたとはいえない状態でした。なぜ話すことができなかったのかを考えてみると、ライティングの時には正しく使えていた文法がスピーキングになると正しく使えなくなってしまうから、自分の伝えたいことにあった文法や語彙が出てこないからというのが一番大きな要因だったと思います。昔ほどではないですが、今でも言いたいことが言えないことが多々あります。ハンドアウトに記載されていた先輩のリアクションペーパーでは、「流暢に話せる生徒を冷やかす雰囲気があった」と書かれていましたが、私は逆に周りに流暢に話せる人が多く、その人たちのようには到底話せないと臆していた部分が強かったのではないかと思います。ですから、話せないなりにも身振り手振りを用いて本当に一生懸命伝えようとしている生徒さんの姿は記憶に焼き付いています。
　そして最後に行ったじゃれマガのアクティビティですが、英語以外の教科内容と結びつけるだけで、英語に興味のなかった子が授業に積極的に参加できるというのはとても魅力的だと思いました。これは前述した「英語が苦手な子をどうやって好きの方向へ持っていくか」という問題を解決するために非常に有益な方法だと考えられ、是非実践したいと思いました。また、じゃれマガから教科書への戻り方もスムーズで驚きました。立ったり座ったり、先生から当てられたりという一連の流れのテンポ感がよく、暇を持て余す部分がなくて、これなら生徒さんたちも楽しく授業ができるだろうな、と内心感激していました。この授業が終わった暁には、自分が現在想像している自分の先生像と、履修後の先生像がどのように異なるのかとても楽しみです！

第2章　小学校英語とのスムーズなつながり

2−1　小学校英語の理解
〜小中接続部分から見た中学校入門期指導〜

1．小学校英語の現状と北原メソッド　〜北研会員のレポートから〜

　今年の入学生は、先行実施で小5からかなりの時数を確保して外国語を勉強してきた学年です。昨年までの新入生と顕著に違うところが、もうすでに英検の3級や4級を取得している生徒がクラスの1割ほどいるという点です。それだけでなく、北原先生がHPでシェアしてくださっている5級程度のCan-Doリストもほとんどの項目で8割を超えていました。これは昨年の、「友達と2行の簡単なペアワーク（対話）ができる」が半分以下だったことに対して大きな違いだと思いました。また、英語が苦手だと感じながら入学してきた生徒の割合も、今までより多かったことも特徴だと思いました。そんな生徒たちの特徴的な感想が以下になります。

● 　アルファベットの順があいうえお順のようにすぐに思いだすことができなかったのですが、辞書を何回も引くうちに辞書を引くのがとても速くなったと思います。また、LとRの区別がつかなかったのですが、何回もお手本を見せてくれたので自分でその区別の仕方に気をつけながら、英語をしゃべれるようになりました。

（英検3級）

● 　初めての英語の授業で少し緊張したけど楽しく、真剣にできた。音読テストやchatテストなどがあるので、期末テストだけではなくすべてのテストを頑張りたい。英語でジョシー先生と簡単なコミュニケーションが取れるようになって、会話に力を入れたいと思っていたので嬉しかった。（英検3級）

● 　毎回、英語の歌があって楽しかったです。英語の歌が速く感じる理由がわかりました。イントネーションをあげたり、下げたりすることがなんとなくわかるようになりました。ペア活動やインタビュー活動の時間は自分から積極的に取り組むことができました。（英検4級）

● 　最初は小学校レベルで本当に何もわからなかったけれど、学んでいくうちにだんだんわかるようになり、テレビで簡単な単語が出てきてもわかるようになりました。ジョシー先生と休み時間に会話することもできました。これからも真面目に授業を受けてもっと英語が喋れるようになりたいです。

● 　全然できなかった英語を知れて良かったです。頑張って書いたり教科書を読んで覚えられて良かったです。

● 小学校の頃は英語が一番苦手な教科だった。みんなの前で発表することが多かったからだ。しかし、中学校では学ぶことが多くなったことで練習を多くするうちに、不思議と英語が楽しくなった。そのため宿題を忘れないようになったし、忘れものも少なかった。これからも楽しいを大切にして英語に取り組みたい。

北原メソッドのすごいところは英語が苦手だった生徒ばかりではなく、得意な生徒の満足度も高いところだと感じます。先週、今週で５年生と６年生に、パフォーマンステストとして自己紹介の発表を行いました。文章は５年生は５文、６年生は５～８文でした。５年生の感想も６年生の感想もみな楽しかった！　というもので、自信をつけたようで良かったです。発表までに原稿を書くために１時間授業し、１週間後にテストという形にしました。今回は自席に立って、他の人は体をその人に向ける形にしました。６年生の半数は前でやりたいと言うので、やりたい人は前でやりました。５年生の感想を抜粋で送ります。ひらがな多めです（笑）。

● 大きな声で自己しょうかい（はっぴょう）できた。人のはっぴょうをきけた！スピーチをちゃんとおぼえられた。もっとむずかしいスピーチをしてみたくなった。
● きんちょうしたけど、笑顔で大きな声でできた。発音練習をたくさんした。楽しかった。本番も楽しくできた。
● 笑顔で発表した。やっている人のことを見てた。できるだけ発音をよくした。楽しかった。
● みんなに聞こえるように言った。他の人の発表を聞いて見て、いいところをさがした。
● じしんをもって自己紹介をできた。バドミントンのはつおんをかんぺきにできた。楽しかったし、うまくできたのでよかった。
● がんばっていってみた。アイライクのぶぶんをむずかしいけどいった。つっかえないようにがんばった。
● ゼスチャーをがんばった。大きな声ではっきりと言えたし、じしんもついた。
● しょうかいカードをじょうずにできた。しょうかいするときにきんちょうしたから、じかいはぜったいきんちょうしないようにする。（支援学級在籍）
● 今日はスピーチをみんなの前でやってドキドキだったけど、できてうれしかったです。はつおんがよくてうれしかったです。今日はたのしかったです。（支援学級在籍）

コロナ休校で約３ヶ月授業がなく、６月１日から分散登校で始まり、半ばからようやく一斉登校で２週間４、５回授業したあとのパフォーマンステストでしたが、みん

な楽しめたようで良かったと思います。子どもたちの多くが、友達の発表を聞いて刺激を受けたようで、やはり、みんなの前でやらせて良かったなぁと思いました。来週からようやくグループワークもマスク着用ならばできるようになったので、また楽しみながら、力をつける、小学校版北原メソッドを頑張っていきます。

2．Can-Do リスト実例

平成31年度1年生1学期（4月）

平成31年度　英語力の伸び調査　英検5級レベル

1年（　　）組（　　）番（　　　　　　　　　　）

英検取得級　（　　）級

各項目の中で「あてはまる」「だいたいあてはまる」と思うものを選んで○をつけてください。

		21名	名	名	名
読む		4月	9月	12月	3月
1	アルファベットの大文字と小文字が読める。	19			
2	アルファベットが順番どおりに言える。	16			
3	ピリオド（.）、クエスチョンマーク（?）、カンマ（,）、引用符（" "）、感嘆符（!）を理解することができる。	15			
4	英和辞書をひいて目的の語を見つけることができる。	18			
5	日常生活の身近な単語を読んで理解することができる。（例：dog / eat / happy）	20			
6	日常生活の身近な語句を読んで理解することができる。（例：in the morning, at home）	15			
7	日常生活の身近なことを表す簡単な文を理解することができる。（例：I play tennis every day.）	16			
8	日常生活の身近なことを表す簡単な2文以上の文章を理解することができる。	10			
9	教科書をスラスラ音読できる。	0			
聞く					
1	初歩的な語句や決まり文句を聞いて理解することができる。（例：Three books. / I don't know., Here you are.）	18			
2	アルファベットを聞いて、どの文字かを思い浮かべることができる。	19			
3	日常生活の身近な単語を聞いて、その意味を理解することができる。（例：dog / eat）	17			
4	曜日、日付、天候を聞き取ることができる。（例：Monday / September 14 / cloudy）	17			
5	日常生活の身近な数字を聞き取ることができる。（電話番号、時間、年齢など）	16			
6	日常的なあいさつを理解することができる。（例：How are you? / Nice to meet you.）	19			

話す					
1	アルファベットを見てその文字を発音することができる。	20			
2	日常生活の身近な単語を発音することができる。 (例：dog / eat / happy)	19			
3	日常生活の身近な数字を言うことができる。 (電話番号、時間、年齢など)	14			
4	簡単なあいさつを交わすことができる。 (例：Good morning. / Good night.)	19			
5	あやまったり、お礼を言ったりすることができる。 (例：I'm sorry. / Thank you.)	19			
6	日常生活の身近な話題について、Yes / No で答える質問に答えることができる。(「好き」「嫌い」など)	19			
7	日常生活の身近な話題について、What, Who, Where, When, How などで始まる質問に短く簡単に答えることができる。 (例：Where do you live? — In Shibuya.)	7			
8	3〜5文で自己紹介や家族・友達紹介ができる。	15			
9	友達と2行の簡単なペアワーク（対話）ができる。	14			
書く					
1	アルファベットの大文字と小文字が書ける。	18			
2	英語の書き方のきまりに合わせて正しく文が書ける。 (先頭は大文字、単語と単語の間は少しはなす、文の最後にはピリオド (.) かクエスチョンマーク (?) など)	14			
3	黒板に書かれた文や教科書の文を正しくノートに写せる。	17			
4	重要単語 (例：教科書で太字になっている) なら半分くらいは書ける。	0			
5	語句を並べて短いメモを書くことができる。(例：party, 6:00)	8			
6	短い文であれば、英語の語順で書くことができる。 (例：I go to school at eight.)	9			
語い					
1	教科書に出てくる語のうち、簡単な語は発音できるし、意味もわかる。	0			

＊この北原 Can-Do リストの作成動機、作成過程、研究論文は「英検　研究助
　成　第20回（平成19年度）」で検索してください。「調査部門」にあります。
＊北研 HP には他にダウンロード可能な小6、中2、中3、高1レベルの北原
　Can-Do リストもあります。

　　「北原 Can-Do リスト」は2007年第20回「英検」研究助成論文入選・執
筆「Can-Do リストを使った Self-Access Learning リスト作り」で完成し
ました。平成24年度版、28年度版教科書 Sunshine の巻末付録に全国で初
めて掲載されました。
　　小学校英語活動の定着を測る方法がなかったので4月に「できる」と思

うものを選ばせました。次に2学期最初の授業で、「これは1学期ででき
るようになった」と思うものを選ばせました。同様に2学期の最後、3学
期の最後の授業でもこのリストに記入させました。かかった時間は5分ほ
どです。英語係が集計した結果を表にしました。この結果を基に、例えば
「9割以上の生徒が『できる』と回答した項目（反転文字）は授業では（あ
まり）扱わない」、など授業内容に軽重をつけることができるようになり
ました。生徒からすれば、自己の進捗状況が可視化できるメリットがあり
ます。生徒のデータは、北原メソッドの3本柱である「理論」「データ」「生
徒目線」の大事な1つです。

3．アルファベットカードを使った実演

アルファベットの文字と音の一致（アルファベットの名前とその音）
アルファベット導入直後～連休明けにかけて行う活動　ブブブブB

　北原が考案し、Sunshine English Course 1年（開隆堂出版）に平成24
度版から掲載されているアルファベットの文字と音を覚えるための教材です。
　① BCDGPTVZ（「イー」という音を取るとその文字が表す音になる）
　② FLMNSX（「エ」という音を取るとその文字が表す音になる）
　③ AEIOU（表す音は2つあるが、1つは名前と同じ音）
　④ JK（「エイ」という音を取るとその文字が表す音になる）
　このようにするとアルファベット26文字のうち21文字は法則性があって
覚えやすい。これらを言えるようになったら残りの5文字（HQRWY）を
指導する。

4．アクションカードを使った実演

「英語ノート」「Hi, Friends!」では圧倒的に動詞が足りない。
　→　よく使われる動詞と動詞句（動詞＋名詞など）を耳からインプットして
　　　みたら？
　→　身体全体を使って「覚える」input「発話する」output
　→　日本語を介さないで英語と動作が直結する
　→　教師が英語を使って授業をやりやすくする Teacher Talk

北原メソッドの重要な裏づけ理論の1つである Total Physical Responce（TPR）を使って行うフレーズレベルの活動です。もともとは、よく使う Teacher Talk を理解してもらうつもりでつくりました。それから日常でよく使う動詞句を加えました。単語単体でなく、コロケーションで覚えるということはすぐ使えてコスパがいいのです。

【資料1】
生徒大好き！効果抜群！アクションカードの使い方
（開隆堂「アクションカード」解説書より）

1 アクションカードとは
このアクションカードは北原の実践を元につくった絵カードで、動詞の選定基準は次の通りである。
・すでに生徒がカタカナ語として耳にしたことがある
・発音とつづりの関係が規則的
・他動詞
・目的語とのコロケーション頻度が高い
・絵にしやすい
・日常生活でよく使われる
・Teacher Talk で使われる

2 効果
音とジェスチャーで、頭にたたき込んだこれらの動詞句は容易に忘れないし、アウトプット活動でもすぐに使える。例えば、speaking 活動でペアワークをする時に、substitution words に耳から覚えたこれらの動詞句を用意すれば、たちまち使えてペアワークの幅がぐっと広がる。自己表現活動がもっと活発にできるようになる。

驚くべきは、例えば教師が床を掃く動作をしただけで生徒は clean your room と条件反射のように言えるようになる。日本語を介さずにイメージ（ジェスチャーや動作）からすぐに英語表現を引き出すことができるので、日本語訳を排除することができるのである。

3 扱い方
最初の使用期間の目安は、連休明けから1学期の期末テストまで。クラスの

最後の一人が「先生、もう覚えたからやめようよ」と言うまで続ける。もちろん、後の場面（現在進行形や can を導入した後など）で使うこともできる。

やり方は次の通りである。使用レベルに応じて使用するカードを決める。

・入門レベル：アクションカード１～２を、教科書から切り離して２枚を横に並べて使う。
・中級レベル：アクションカード１～２を、生徒が覚えたらアクションカード３～４を、教科書から切り離して２枚を横に並べて使う。
　＊切り離すのはページ単位にし、カードごとにバラバラに切り離すことはしない。

　北原が考案し、Sunshine English Course １年（開隆堂出版）に平成24年度版から掲載されている基本動詞句を覚えるための教材。今でも掲載されています。教科書の付録についていて、教科書から切り離して使用します（ただし、バラバラにはしません。カルタのようにすると探す時間がもったいないから）。

５．小学校外国語科における４技能の指導

　＊小学校の学習指導要領（2020）は文部科学省 HP からダウンロードできます。

【聞く】
・Teacher Talk（教師の話す英語）が大事。ALT のみならず、HRT（担任）も簡単な英語で語りかけること。CD とは違う効果（Mother Talk と同じ効果）がある。

【話す】
・語彙力が命。文部科学省の言う700語～800語あればかなりのことが言える。現行の中２の２学期ぐらいの語い。赤坂中の平均語彙力は2900語。（旧指導要領：中学1200語＋高校1800語）
・Prepared（原稿を用意して）と Impromptu（即興）の両方をやるべき。中学校の学習指導要領（2021）がそうなる。どちらも児童が「言いたい」という題材で。

【読む】
①アルファベット大文字・小文字が認識できる　→　辞書が引ける
②単語が読める、意味がわかる
③句が読める、意味がわかる

④文の意味がわかる

⑤文章の意味がわかる　　　　　　　　→　　ここまででいいのでは？

⑥音読できる

【書く】

①アルファベット大文字・小文字が書ける

②単語が書ける（<u>発音通りのつづり</u>の語が書ける）。つづり間違いは許容する（フォニックスのルール通り）

③句が書ける（アクションカードの動詞句など）

④文が書ける

　・コピーできる

　・横方向へコピーできる（教科書→ノート）

　・縦方向へコピーできる（黒板→ノート）

　　　　　　　　　　　　　　＊特に障がいのある子には難しい。

　・言えた文が書ける（<u>常にスピーキングが先行</u>）

　　　　　　　　　　　　　　→　　ここまででいいのでは？

　・オリジナルの文が書ける

⑤文章が書ける

小学校英語活動・小学校英語に関して、私が考える具体的内容です。

---

6. 1年生生徒の成長映像

1　令和元年度1年生1学期　スピーチ「自己紹介」

2　令和元年度1年生2学期　スピーチ「人を紹介しよう」

3　令和元年度1年生3学期　英語劇

4　平成30年度1年生3学期　紙芝居

　最初のスピーチ「自己紹介」から2学期のスピーチ「人を紹介しよう」、そして3学期の英語劇（旧教科書 Sunshine Program 9）と紙芝居（旧教科書 Sunshine Program 10）のスピーキング活動映像を見て1年間の成長を知ります。学生が毎年驚きを隠せない中学1年生の成長ぶりです。英語劇も紙芝居も毎年3月に赤坂小学校へ出向いて児童に見せました。英語科としての小中連携です。

7．テキストを読む

「英語授業の『幹』をつくる本（上巻）」
第2章「小学校英語活動とのスムーズなつながり」pp.40-51

2021年度　上智大学北原講座履修生優秀リアクションペーパー
‥‥‥‥‥‥ 中高時代に習った英語授業　──── 北原メソッド

総合人間科学部教育学科

　まず、アルファベットの指導から驚きました。私が中学生の頃、「エー」「ビー」「シー」…と習い、練習していたので、単語を読む時に発音と綴りの関係をなかなか理解することができずに混乱してしまったこと、そしてカタカナ英語が抜けなかったことを思い出しました。しかし、北原先生の授業を受けて、アルファベットの共通点を見つけ出させるという方法に驚きました。共通点を見つけ出してから、アルファベットの音を教えることで、生徒の中でもなぜこのアルファベットがこの音を出すのかという疑問を抱くことなく、すぐに理解できる、そして正しい発音ができるようになる指導方法だと感じました。英語を教える初めの段階であるアルファベットの教え方からこんなにも差がつくのかと驚きました。

　また、アクションカードの使い方についても大変勉強になりました。読み方の強弱を意識させること、最後の生徒が覚えたと言うまで何度も続けるということ、ジェスチャーをさせることなど、アクションカードでここまで生徒に動詞句を深く定着させることができるのかと感銘を受けました。そして、「楽しい授業を展開する」とは、こういうことなのかと気づきを得ました。大学生の私にとって、授業で使ったアクションカードには既に知っている動詞句が書いてあり、簡単であるはずなのに、気がつくと、とても楽しんでいましたし、そしてすごく集中していて、自分でも驚きました。カードを選ぶ際、先生がカードにない文章を読むこと、中でも、本当によく聞いて集中しなければわからないような、お手つきをするような文章を読むことで、生徒が楽しいと感じ、尚且つ生徒の耳を鍛えることにつながるのだなと感じました。例えば、take a bath を take a bus と言われた時、カードを手にとってしまい、大学生ながら、きちんと聞けていない自分に反省をしたと同時に、そこからすごく集中しましたし、すごく面白いと感じました。この授業を中学生の最初の段階で展開すると、確かに、英語が楽しい、英語が好きと感じると思いますし、そして、聞く力、そして話す力が各段に成長すると感じました。

　さらに、自己紹介の映像を見て、発音の良さ、自分の力で話す力、伝えようと感情を込めていることなど、本当に驚くことが多くありました。私が中学生の頃は、定型

文に当てはめて、カタカナ英語で単調に読んでいました。しかし、赤坂中学校の生徒さんは、一人ひとり文章が異なっていて、そして発音も流暢、ジェスチャーを使って一生懸命伝えようとしていて、本当に感銘を受けました。ネイティブ並みの発音ができるのは、やはり、聞く力、話す力を格段に向上させる北原メソッドならではだと改めて感じました。音読や劇もそうですが、赤坂中学校の生徒さんは、英語が上手いことはもちろん、英語を話す時にとにかく楽しそうという印象をいつも受けます。それは、北原メソッドで楽しく英語を学ぶことができるからこそ、生徒も楽しく英語を学ぶことができる、そして英語力が向上するのだと感じました。次回も楽しみにしております。

総合人間科学部教育学科

　今回の講義では、小中の英語教育の接続方法に加え、アルファベットカードとアクションカードの有効な使用法について学習できました。小中英語教育の接続に関して言えば、小学校の英語が必修になることや、中学校でさらなる英語スキルを向上させる土台として、小中英語教育の接続は欠かせないものであると考えました。そして今回の授業で扱ったカード類は、私が今まで体験してきたカードによる学習の中で最も学習が実感でき、楽しいものであり、まさか大学生になった今、こんな経験ができるとは思ってもいませんでした。最初にやったアルファベットカードは、私が受けてきたような一般的な授業では、アルファベットが読めるようになることや認識・区別できるようになることを目的としてやっていたものだと考えます。しかし、北原先生のカードのすごいところは、上記した目的に加え、あまり大事にされることが多くない発音の方法をも同時に習得させるという点ではないかと考えます。またリズムに乗せて耳から音を聞き入れ、口に出すというプロセスを用いたため、私自身、授業後時々、そのリズムに乗せて自然と発音練習をしてしまっていることに気づきました。このように、アルファベットカードは楽しく自然と学ぶことができるのに加え、効率的にさまざまなスキルを磨くことができると感じたため、とても感心してしまいました。

　アクションカードも同様にやっていて楽しく、効率的かつ深い学びが得られると感じました。こういった教材は、普通の英語の授業でも比較的使う機会が多いように思います。しかし北原先生のすごいと感じた点は、そのアクションカードの活用法にあると感じました。例えば単にカードに記載されている文を繰り返し行うだけでなく、違う組み合わせをつくり、他の表現に応用させ、より表現力の幅を広げようとする試みをしていたため、もし私が当時中学生だったら英語で自己表現することに対して、さらに自信を持って表現する癖がついていたのではないかと思いました。

　そして最も説得力があり、感心し、大きな学びとなったのがジェスチャーを用いる

ことの大切さです。私の担当教員もそうでしたがカードを使う際どうしても日本語を介した説明をしてしまい、多くの生徒が「英語の授業では日本語を使ってもいいんだ」という雰囲気を感じてしまっていたと思います。しかしジェスチャーを用いることで、日本語を介することなく、仮に聞き取りが上手くいかなくても一目見れば通じることができ、また自分の理解が正しかったのかが確認できるため、英語教育において実はジェスチャーというのはものすごく意味を持つ手段なのだと痛感しました。それにも関わらず、多くの教員が恥ずかしがり、あまりジェスチャーを用いないのはとてももったいないと思います。全体として考えたが、まさかカードという教材のみで、さまざまな工夫を加えることでいろんな技能の習得や上達に結びつくとは全く思っていませんでした。これらの優れた授業工夫に基づく実践を行うためには、やはり教員が授業で極力日本語を使わないことや正しい発音を使い、生徒に良い影響を与える必要があるため、Teacher Talk がいかに重要であるのかということが、はっきりと理解できました。

外国語学部ドイツ語学科

　今回の授業で学んだことは、基本の大切さだ。今までの英語教育を振り返ると、発音指導は中学校の最初の1、2時間のみで、その後、今に至るまで発音について指導された覚えがない。また、発音指導というのもどちらかというとbとvやlとrなどの聞き分けが主で、こちらが発音する機会はあまりなかったように感じる。そしてアルファベットには2つの音があるということも習わなかった。当時、英語のテストや成績は特に問題がなかったため、特に気にしていなかったが、周りが英語を得意としている高校に入ってからは、発音が気になり、英語を話すのがなんとなく嫌になってしまった。発音がその1、2時間で身につくわけもなく、後は生徒任せで訂正も特になく授業を進めていくと、生徒が自分の発音は正しいのか間違っているのかわからず、不安になってしまう。人間、不確実なことに対して自信を持てる人はあまりいないと思う。自信がなくなると、苦手意識が芽生え、発言することを控えるようになる。そうなると発音を向上する機会も減り、どんどん自信をなくし、仕舞いには「自分は英語が苦手なんだ」と思い込んでしまう。このような負のループを生み出さないためにも、アルファベットカードやアクションカードなどを使った活動は効果的だと感じた。北原先生は、「最後の一人が、やめようと言うまでやる」とおっしゃっていたが、それは意識しなくともできる、あるいはわかるから、わざわざ練習しなくても良いということだと思う。つまりすべての生徒が英語の発音ないしはよく使う動詞が自動化されているということで、これが北原先生の言う「どんな生徒も楽しく身につける」「どんな生徒も置いていかない、落ちこぼれをつくらない」メソッドの基礎を成している

のではないかと考えた。

　また、小学校英語との接続という観点で、Can-Do リストを作成するということも重要だと感じた。私が小学生の時は現在のように英語は教科として必修ではなかったが、それでも５、６年生の時から英語の授業はあった。中学校に入学してから、特に何も聞かれず、アルファベットを書く練習から入り、かなり時間を費やしていたが、みんなアルファベットは書けていたため、時間の無駄だと感じていた。このようなことをなくすためにも、生徒のできることをあらかじめ確認し、効率よく生徒の苦手やできないことを改善することが大事だと思う。Can-Do リストと聞くと、なんとなく何か活動が終わった後にできるようになったかを確認するものだと考えていたが、授業前の確認も同じように（またはそれ以上に）大切であることがわかった。

外国語学部ロシア語学科

　今回の授業では、発音指導を中心に北原メソッドがどのように展開されているかを学びました。北原先生のアルファベットカードとアクションカードの活動の実演は、中学時代に戻った時のようでとても楽しかったです。「ＢＣＤ〜」のところで「子音」という共通点を挙げた時に先生が、「中１でそんなことわからない」、とおっしゃっていた時、自分が全く中学生の知識量や状況まで立ち戻って教えることを意識していなかったのだということに気づかされ、とても反省しました。北原先生は前回の授業でも今回の授業でも、生徒の反応を何種類も挙げて「こういうことを言う生徒もいるな」と解説してくださっています。教える側の私たちと教わる側の生徒たちには明らかに大きな知識の差があり、目の前の子どもたちがどのくらいの知識を持っているのか、どの程度の英語力を身につけているのか、彼等が知っていること・学ぶべき知識と自分が知っていることにはどれほどのギャップがあるのか、といったことを把握することも、授業上の生徒理解という点で大切なことなのだと感じます。今回の授業で、Teacher Talk の重要性ということに言及がありましたが、生徒の反応を十分に予想したり知識レベルを理解したりすることは、教員が使う英語の選び方にも大きく関わることです。先生のおつくりになったチェックシートがレジュメに挙がっていましたが、このチェックシートを使い定期的に自己評価を調べることで、教員にとっては学力の向上度の調査だけではなく授業における学力面での生徒理解にもつながり、さらに生徒たちにとっても次の目標を立てるきっかけになる素晴らしいものだと思いました。

　授業後半ではスピーチと音読のテストの様子を見ましたが、１年間での伸び幅がとても大きく衝撃を受けました。私自身も長期休みに音読の宿題が出たことは多々あります。音読は好きな方だったので真面目に取り組んでいましたが、これほど大きく変化したことはありませんでした。th や r、f の発音はもちろん、Linking も全員が意識

していることがわかって、その点もとても驚きました。ここまで上手になれば生徒たち自身でもそのことを実感できると思います。それを実感できれば絶対に英語が楽しいと感じられるはずです。その点でも北原メソッドは生徒たちが学ぶ、学び続ける楽しさを感じられる方法で素晴らしいなと感じました。当たり前のことですが子どもたちの発音を指導するということは、彼等の学びに責任を負うということなので、教える側である私たちも正しい発音や知識を習得し、それを正しく伝えられる力をつける必要があることを強く感じました。

　前回、今回と英語劇やスピーチで人前で英語を話したり動きをつけて演じる生徒たちの様子を見せていただきましたが、ほとんどの子どもたちが恥ずかしがらずに、きちんと活動に参加しているのがとても気になりました。私が中学生の頃は、音読の時に声が小さいと怒られたり、その年齢特有で、恥ずかしがったりやる気のないふりをしたりする（一生懸命やっている方がカッコ悪いというような考えを持っている）生徒がいたりすることが当たり前という状況でした。先生の授業では、そのように恥ずかしがったりする生徒さんはいらっしゃらなかったのでしょうか？　そのような子どもがいた時、また中1の最初からうまく活動に全員を巻き込んでいく工夫などがあれば教えていただきたいです。

文学部英文学科

　本日の授業で特に印象に残ったこととして、Can-Do リスト、アルファベットカードと、アクションカードが挙げられます。私が中学生の頃は先生がおっしゃっていた「悪のノート」を使っていて、中学生ながら、なぜ教科書本文を写さなくてはいけないのか、なぜ日本語全文訳をしなければいけないのだろうかと疑問に思っていました。今考えると、あまり意味がなく、目標やゴールがない、つまらない授業だったなと痛感しています。しかし、本日受けた北原先生の授業では、まず、Can-Do リストを使うことで、学期を通し授業が進むにつれて、生徒たち自身が自分の英語力の上達が「目に見える」という楽しさ・嬉しさがあると共に、先生側も「生徒のできること・できないこと」を最初に見ることができるため、とても理にかなっているものだと感じました。

　次に、アルファベットカードでは、楽しい音楽と共に、一番大切な「発音」の仕方を徹底的に叩き込むことができ、また、毎回の授業でみんなであんな風に声を出して英語を口に出すことで、日本人にありがちな「英語を発するということに抵抗がある」ということがなくなっていくのも自然であると思いました。私が中学生の頃は、あんなにアルファベットを口にする機会はなかったので、訓練されておらず、今思うと当たり前ですが、誰一人正しい発音を知らなかったし、そもそも「正しい発音」自体も

知らなかっただろうなと感じました。

　アクションカードでは、実際にやってみるととても楽しくそのアクションのジェスチャーをしながら声に出すことで、まさに、TPR身体を動かしながら英語を習得していくことであり、頭からだけではなく身体全体を使って英語に触れることができ、とても楽しく習得しやすい活動だと思いました。また、何よりも一緒になって活動している先生自身がとても楽しそうで、先生が楽しそうに授業をしていたり、活動をしていることによって生徒も一緒になって盛り上がって楽しく授業や活動ができるのだろうと思いました。実際、授業中とてもとても楽しかったです。また、このアクションカードが終わった後に気がついたこととして、授業中一度もあのアクションカードを日本語に訳していないということが挙げられます。一度も「clean your room は部屋を掃除するという意味だよ」や「make breakfast は朝ご飯をつくるという意味だよ」などという言葉は発せられていませんでした。あの活動をした後の生徒にとって「clean your room」は自分でやったあの「掃除機をかけているジェスチャーのこと」であり、脳みそでわざわざ「clean は掃除する、room は部屋で、このことから clean your room は部屋を掃除する、だ」という変換を行っていません。これが私たちが受けてきた英語の授業と北原メソッドの第一の大きな違いだと改めて感じました。

　また、夏休みに英語のドリルは出さずにひたすら音読をするという宿題もとても驚きました。しかも、生徒たちは毎日発音の訓練をアルファベットカードで受けているために、正しい発音を知っています。だからこそ自分の力で教科書を正しい発音で音読することもでき、その宿題のおかげで、夏休み前と後での音読テストでの速度やなめらかさが一目瞭然でした。英語の文法ドリルをひたすらカリカリカリカリやらされていた私とは違い、楽しく「英語」と向き合い、学べていてとてもうらやましく感じています。最後に、毎回の授業で、全員であの雰囲気でアルファベットカードやアクションカードを使い学習することで、極端に落ちこぼれてしまう生徒や、英語が苦手になってしまう生徒は絶対に出てくるわけがないなと感じ、このような工夫の素晴らしさを大いに感じると共に、自分が先生になったら、理にかなった工夫がたくさんできるようになりたい!!! と強く感じました。

文学部英文学科

　私が今回の授業で最初に印象を受けたものは、アルファベットカードを使った実演である。アルファベット導入直後にこのアクティビティを行うことで、日本人が発音しやすいものに入れ替える傾向が多く見られる日本の学校の授業とは対照的に、ネイティブの子どもがアルファベットの発音を覚えるタイミングと同じタイミングで正しい発音を鍛えるプロセスは重要なものだと感じた。また、常に暗記を厳選した英語教

育とは異なり、英語の発音を徹底的に習得させるにはもってこいのアクティビティだと実感した。リズムに合わせて皆で楽しみながら、また指導者は正しい発音を出すための、しつこい口の動きの指示にも重要性があることを認識した。「楽しむ」、そして「生徒全体」を巻き込んだアクティビティを行うことで、授業に関心を持つこと、そして、皆で英語を発することで、恥ずかしさを消しながら学習に取り組むことができるのではないかという見解にいたりました。講義の最後に拝見した生徒の発音テストを見ただけで、ナチュラルな発音を効果的に習得できているのは鮮明であった。

　また、アクションカードを用いた実演からも、子どもの英語学習を充実させる効果も認識することができた。動詞が頭に浮かびやすいイラストカードを用いることで、ジェスチャーとしても表しやすい上に、アクティビティを繰り返すことで、音を覚えることで、インプットしやすい効果が表れるのだと実感できた。また、このアクティビティで学んだ動詞やフレーズを、アウトプットする際にも効果があるのではないかと考察した。なぜなら、実際に授業でそのフレーズを発することで、慣れが生じるからである。また、日常会話で普段用いられるフレーズを導入することで、普段の生活でも自然に頭の中で英語の動詞が頭に浮かんでくるのではないかと考察した。教師が実際にフレーズを読み上げる、また、フレーズを少しアレンジして、生徒はイラストと照らし合わせるシンプルなゲームにもかかわらず、聞く力、話す力、読む力など、多くの力を同時に養うコスパがいいアクティビティだと実感した。

　また、私は Can-Do リストにも関心を抱き、教師だけではなく、生徒自身が自分の英語レベルを把握し、実際にリストが埋め尽くされるにつれ、自然に自分の英語能力に対して自信を持つことを促進させる素晴らしい伸び調査だと感じた。

文学部英文学科

　最初に、一番印象に残った言葉について書こうと思います。それは「間違えることは他の人が考えるきっかけになる」という言葉です。「間違えることは怖いことではない、誰しも間違いは犯すよ」というアドバイスはよく聞きますが、それは自分限定の話で、間違うことが誰か他の人の役に立つことだとは考えたことがありませんでした。間違うことについて、見方が変わった一言でした。

　今回の授業では、「先生に求められること」を多く学んだと考えています。例えばCan-Do リストを見ていった時です。当然のことのように思われるかもしれませんが、私自身アルファベットが読めるということをもはや当たり前と感じていたため、リストの最初に「アルファベットの大文字と小文字が読める」という欄があったのを見て、改めて「教えるということは自分が当然と思っていることを、当然ではないことと認識することから始まるのだ」ということを痛感しました。また、アルファベットカー

ドを用いたアクティビティの部分では、教師が正しく発音できることが前提とされることも学びました。

　それから発音はもちろんのこと、「音がどんなに重要か」というのも今回の授業のポイントだったと思います。発音を自分のものにするために、何度も繰り返すという方法はとても理にかなっていると思いました。自分のことに置き換えても、これまで勉強したことで今でも記憶に残っている単語などは、繰り返し聞いた教科書に付属していたCDの音声で脳内再生されたりするからです。このような面でも記憶における音の重要性を実感しました。

　アクションカードは自分が中学生の時も使用していたので、とても懐かしく感じました。今回実際に授業でやってみたアクティビティも、隣の子に負けたくない！　という競争心が生まれて盛り上がりましたが、私が中学生の時も「そういえば同じ気持ちだったな」ということを思い出しました。ここでもやはり繰り返すことで使用頻度の高い動詞を音で聞いて、身体を使って自然と身につくようにしていくということが重要な点だったと思います。このように考えると、教えるということは一つの要素だけではなく、さまざまな要素が重なっているもので、単純なことではないのだなと実感できました。

　授業の最初におっしゃっていた「悪のノート」についてですが、中学高校とずっとその方法で予習を行っていたので、納得するところが多々ありました。より良い授業をするために、「自分がこう習っていたから」という理由だけでまねをして教授するのではなく、自分でどこが改善できるかを考えて自分の教え方に活かすことも大切だと思いました。

　以下、今回の講義を聞いて浮かんだ疑問点です。

　アルファベットカード・アクティビティでは発音の重要性を学びましたが、英語を使用する上でとても重要な要素であるのにもかかわらず、私自身中学生の時に重点的に教わった記憶がありません。なぜ私たちが学校で習った時は、そこまで発音に力を入れていなかったのでしょうか。

　また、授業開始〜連休明け、連休明け〜1学期の期末テストまでそれぞれ発音トレーニングとアクションカード・アクティビティをやっていくことも学びましたが、「発音記号」については、なぜ習わないのでしょうか（以前父親が「自分が中学生だった時は入学してから1ヶ月くらい発音記号を習っていた」と言っていたのを思い出したためです）。自分のことを思い出すと、中高一貫校で、中学生の時には全く学校で習わなかったのに、高校生になって突然に先生方から「皆さんは発音記号を読めますか？」と聞かれた時は、「習ってないのだからわかるわけないじゃないか！」と思いました。

それから、小学校英語の理解の部分で特別支援学級に通っている生徒の声も記載されていましたが、普通学級と特別支援学級ではなにか授業の行い方に変化はあるのでしょうか？

北原の返信

　リアクションペーパーをありがとうございました。今回最高の出来でした。特に「間違うことが誰か他の人の役に立つことだとは考えたことがありませんでした。間違うことについて、見方が変わった一言でした」の記述が素晴らしい発見でした。パチパチ。質問についても素晴らしい質問だと思います。

　Iさんは中学時代に Sunshine を使っていたと聞きましたが、その先生はちゃんとアクションカードを使ったアクティビティをやってくれていたんですね。著者そしてアクションカード作者として大変名誉に思います。

　以下疑問に対する答です。

　①私自身中学生の時に発音について重点的に教わった記憶がありません。

　このアルファベットの音導入は私が考えたものです。それまでのアルファベット導入は本質を欠いていると思ったからです。だから普通の学校では、あなたのような教わり方をしているのが当たり前だと思います。でも結局その教え方では発音は上手くならないし、単語を音の通りに書けるようにもならなかったですよね。それは多くの先生が「教わったように教えた」からです。全国600回の先生方対象の研修会で、しばしば言ったことがあります。「先生方は自分が異常者だと思わなくてはならない。なぜなら自分と同世代の友達の99％は英語で挫折しているのに、先生は英語で飯を食っている。『自分はこの方法で英語ができるようになった』と教わった方法を疑わないのは罪だ。その方法はたまたま『あなた』という異常者が成功したにすぎない。『発音するテスト』がなかったからもあります。スピーキングテストが必要なかった時代がずっと続いたでしょう？　また『日本人なまりの発音でもコミュニケーションを取ることができる』と声高に言う人たち（大学の先生も含めて）が多かったからです。確かにそれはそうでしょうが、英語学習入門期から音の違いを教えなければネイティブの子どもたちがやるように音の通りに綴ることができなくなり、結局は『書いて覚える』『単語テストする』という苦行に追い込むだけです」。

　②発音記号というと IPA のことだと思います。昔はそれを教えていました。しかし、発音記号を覚えることは別の言語を覚えることに近いということで生徒の負担が大きいので、前々回の指導要領改訂の時に「教えてもいい」に代わり、前回の指導要領では完全に消えました。確かに発音記号を使って発音を覚えることがいい生徒もいます

が、多くの生徒にとっては負担が大きすぎます。フォニックスという概念も発音記号脱却の推進力になりました。また、今の大学入試では発音の問題が出題されなくなりました。

　③普通学級と特別支援学級がある学校が急速に増えてきました。それは社会のニーズです。昔は「そういう学級に子どもをやるのは恥ずかしい」という親の認識でしたが、最近は７人に１人はなんらかの障害を持っているという実情を反映して、子どもを特別支援学級がある学校に進める親が増えています。特別支援学級がある学校の授業はその学校によってさまざまです。すべての授業を特別支援学級の中だけで行う学校もあれば、赤坂中のように教科によって普通学級と一緒に受ける学校もあります。赤坂中でも多くの教科は特別支援学級単独で行っていましたが、英語は私の考えでともに学ぶスタイルになっています。それは「中学校英語は頭の善し悪しに関係なく誰でも習得できる」という北原メソッドの理念からです。

文学部英文学科

　今回は、アルファベットカードとアクションカードを活用した授業について学びました。両者のカードを今回初めて体験したのですが、発音やフレーズを楽しく身につけることのできる最適のツールだと感じました。

　私は、中学校で発音の指導をしっかり受けた記憶がなく、クラスの大半の生徒がカタカナ英語で、小さい時から英会話に通っていたごく一部の子のみが、綺麗な正しい発音をしていました。その後、高校でネイティブの先生の授業を受けて、初めて発音の指摘を受けました。それまでずっとカタカナ英語で話していたため、「ＬとＲ」や「th」などの正しい発音を身につけるまで時間がかかったし、とても苦労しました。もっと早くから「発音」の指導を受けたかったなと今でも思います。「発音」は英語の基礎となる、非常に重要な部分だと感じます。そのため、「北原メソッド」のように、中学校の段階からきちんと教え、正しい発音を身につけさせる必要があると考えます。アルファベットカードは、リズムに合わせて発音するため、体で覚えやすいと思いました。また、毎授業の最初にやることで、定着し、次第に意識せずに発音することができるようになると思いました。

　次に、アクションカードでは、単語ではなく「Take a bath」や「Clean your room」など、フレーズで覚えるためスピーキングで役立つと感じました。アクションカードを使ったゲームでは、先生の発する言葉をしっかり聞くため、リスニング力も鍛えられるし、楽しみながら自然と覚えることができると思いました。単語の勉強として、ノートなどにひたすら何十回も書いて覚える方法がありますが、これは時間がかかり、ただの作業になりがちです。実際に身につくかもはっきりわかりません。しかし、今

回やったゲームは、声を出しながら、カードのイラストと一緒に覚えることができ、楽しみながら覚えることができると思いました。

　最後に、今日先生がおっしゃっていた中で印象に残ったことは、「音読練習」についてです。私のこれまでの夏休みの宿題は、大量のプリントやドリルでしたが、先生のクラスでは、「教科書の音読のみ」ということで、とても衝撃を受けました。一瞬、「それだけでは少ないのでは？」と思いましたが、教科書には5回読んだら1回マークする印があり、全部マークするには25回読む必要があるため、かなりの練習量だと思いました。実際、赤坂中の生徒の皆さんの動画を見てその差は歴然でした。夏休み後の方が流暢でスムーズに読めており、練習した分、力がついているのがよくわかりました。

　このように今回の授業では、実用的な学習法について学んだり、新たな発見がありました。次回の授業も楽しみにしております。どうぞよろしくお願いします。

外国語学部英語学科

　北原先生、この度は聴講生として参加を受け入れてくださりありがとうございます。大学の授業ではなかなか味わうことのない緊張感を持ちつつ、楽しみながら講義を受けることができ、生徒の気持ちを思い出すきっかけになりました。例えば、わかったら答えを言う、法則がわかった人は立つ、隣の人とどっちが早くカードを指差しできるかを競う、などで大学の授業、ましてやオンラインの授業では味わうことのできない、ちょっとしたプレッシャーや悔しさなどを感じました。しかし、そうしたゲーム感覚で他人と競いながら、楽しみながら、英語に触れることが、特に中学生にとっては英語学習のモチベーションや力になるのだと気がつきました。また、テンポの良い授業は生徒に他のことを考える余裕を与えず、集中できる環境をつくることもできるのだと学びました。

　私が中学生の時は学校の授業で、フォニックスや発音をていねいに教わった記憶がないので、アルファベットカードを使ってフォニックスの確認をしていくアクティビティは新鮮に感じました。そして、学び始めのうちからていねいに発音指導をすると、ビデオで最後に見たように綺麗な発音で音読できるようになるのだと、発音指導の重要性を学びました。私の経験上、学校の授業では発音を重視する先生としない先生がいます。発音指導を重視しない先生は、きっと自分自身も発音に自信がないのかもしれません。しかし、中学生のうちに正しい発音を身につけておかないと、高校生やその先の英語学習においても、コミュニケーションを取る際はもちろんのこと、新出単語やそのスペルを覚える際にも苦労するのだと、友人や塾で教えている生徒を見て感じます。私は、多様性を受け入れつつ、生徒が正しい音で発音できるように発音指導に力を入れることのできる教員を目指そうと思います。

For Further Reading

ALTs' comments on Kitaken Sessions

July Session held on July 18, 2020

Hello everyone, this is G******** from A G Junior High School.

Below is my report from the 176th Kitaken study session, which took place on Saturday, July 18th, 2020. This month's theme was bridging the gap in English education between elementary and junior high school.

Can-Do List

Mr. Kitahara recommended providing students with a "Can-Do List" in which they circle various skills they have achieved <u>thus far</u>. After これまでのところ compiling the data, teachers can see which areas need to be reviewed and which can be skipped. In the sample Can-Do List, over 90% of students were able to differentiate between upper and lowercase letters, so the teacher doesn't need to dedicate so much time to this skill.

Alphabet Card

I was impressed by how many activities Mr. Kitahara created out of simple flashcards of the alphabet. Some activities included:

- Identifying a common point among different letters (e.g. "ee" sounds [B, P, Z], "eh" sounds [F, M, L, N], vowels [A, E, I, O, U], etc.
- Reciting before / after / without the teacher on beat with the toy drum
- Reciting at a faster pace each time
- Reciting short and long vowels (e.g. "e" → "ee" / "eh")
- Reciting letters' different sounds (e.g. "g" → "guh" / "jii")

Teaching something as basic as the alphabet may seem like a topic not worth spending so much time on, but it's a very important foundation for students. Throughout my teaching experience, I noticed that phonics is rarely taught and students tend to (or are even taught to) write katakana above all their vocabulary words, rather than being taught to understand the relationship between the sounds. Mr. Kitahara's activity is a fun way to introduce (or review) phonics with students and demonstrate meanings and connections between letters and sounds.

Conversation Map

We looked at a town map from the "Sunshine" textbook and used conversations to help students guess the place the speaker was referring to. For example:

"I'm not sure what I want for dinner." "Okay, shall we go shopping for something to cook?" (Answer: "Supermarket"). Teachers can make the game more exciting by assigning points to students who are able to point out the location the fastest. This activity helps students improve their listening ability since they must hear the conversation in its entirety before guessing the location. For example, if the teacher first says "I want to buy something," this can refer to the supermarket, book store, or flower shop, so the listener must wait until more details are given.

Action Cards

We engaged with action cards from the "Sunshine" textbook. The cards had an illustration on one side and the "action" written on the other. We enjoyed the following patterns:
- Point to the illustration which corresponds to the action (spoken verbally)
- Point to the written action which corresponds to the teacher's gesture
- DON'T point to the action (if in a negative or incorrect sentence)

These activities are a good example of the Total Physical Response method as they have students moving and listening carefully (especially if they have to look out for sentences with mistakes).

Student Videos

We watched a variety of student videos. The students' improvement was clear after comparing the earlier performances with the later ones. In the first video (self-introduction), students used many sentences beginning with "I" and sometimes struggled or focused too much on making gestures. However in the second batch of videos (introducing another person),
= group
students were smoother and more confident as they described a favorite friend, family member, pet, or celebrity. They were able to successfully use different subjects (he, she, they, it) and conjunctions (but, so, because).

89

I liked Mr. Kitahara's idea of having a チラ見 point deduction system. I think it encourages students to memorize their sentences since the score guidelines are clear and they are aware of the consequences of relying too much on their notes.

* ☆ Comment from A*****-sensei ☆ *

I really enjoyed attending the benkyoukai. Since I've only taught high school students, it was really interesting for me to think about how to teach English, or even break words down into sounds for elementary school students. The games we learned with the sounds (B-B-B-Bee) were very helpful and definitely I could see myself using them if I were teaching elementary school students. Thank you very much for having me, I really enjoyed the session!*

Dear Mr. Kitahara of Sophia University and Fellow Kitaken ML Members:

I would like to thank Kitahara Sensei and the Kitaken members again for letting me attend the last session on Saturday, July 18th (hosted by ジャパンライム). This time, I was pleased to be joined by two other ALT teachers, as well as some teachers with whom I currently work and with whom I've worked in the past. I feel I was blessed to have attended this last session for this reason, as well as because the topic was very well-timed for me. I had just recently finished teaching a 1st Grade observation lesson with Ms. Y K of M Dai 4 JHS in which we used Mr. Kitahara's action cards, and I was particularly interested in learning more about how to help 1st grade students make the transition from elementary school to junior high school.

Without any further ado, here is my report (*Note-I apologize if some things are inaccurate; my comprehension of the Japanese spoken during the session was, I'm afraid, imperfect):

Date: July 18, 2020 Saturday

Topic: Introductory instruction in junior high school from the perspective of the connections between elementary and junior high school

Materials: Alphabet cards, Action Cards (with related phrases on the backside), Sunshine English textbooks, DVD videos of student speeches, electronic bongo drums

1. From Mr. Kitahara's Personal Experience

Among Mr. Kitahara's observations, one was that a lack of motivation or a defeatist attitude toward learning English starts as early as elementary school. It is important to nip such attitudes in the bud. This is possible, as was proved in Mr. Kitahara's experience of once teaching at an elementary school. A full year later, to his surprise and admiration, the students remembered what he had taught them. He realized how much better it would be for students if they had the same instructor(s) who had taught them English in elementary school teach them again in junior high school. Perhaps then, the transition wouldn't be so rough for a lot of them.

2. The "Can-Do List"

One useful way to gauge the English abilities of graduated elementary school students across the areas of reading, listening, speaking, and writing is to use something like the "Can-Do List" devised by Mr. Kitahara. It is in the form of a survey that is based on another similar list, which is in turn based on the results of the Eiken exams. Every item in the survey is of interest, but since there isn't enough space here to consider each one, suffice it to say that certain of them seem to be mastered by almost all students (over 90%), while other, more challenging ones become the focus of later instruction. The skills in the over 90% range, which require only a brief review in early junior high, include the ability to read both lower and upper-case alphabet letters, and the ability to recite the alphabet correctly.

3. Alphabet Game

Things got really hands-on here! Mr. Kitahara showed cards of the alphabet letters, BCDGPTVZ, and asked us what they had in common. The answer has to do with how the names of each letter is pronounced. Notice how each letter ends with an /e/ sound. (Of course, British, Canadian, and Australian people will say that Z is pronounced /zed/.) Those of us who could spot this commonality by ourselves stood up before the answer was announced. Then Mr. Kitahara demonstrated an extremely fun and effective way to practice these letters. After starting up a rap-like rhythm on the electronic bongo drums (if only those were easier to come by!), we, pretending to be students, repeated the names the letters after Mr. Kitahara. This was followed by Mr. Kitahara repeating after us, and finally by a solo recitation by ourselves. This was all done along with the fun rap rhythm of the electronic drums.

I learned so much from this demonstration. First, Mr. Kitahara encouraged students to think critically about the similarities between certain letters. Students enjoy these kinds of quizzing exercises, and I believe it helps them to internalize the material better than if they are just taught it explicitly. I also learned how to make things like phonics and pattern practice more fun for younger learners by adding rhythm and gestures.

We followed a similar procedure with other series of letters such as FLMNSX and AEIOU. In every case, we were encouraged to practice both upper and lower-case letters when using alphabet cards.

4. Making the Most out of the Textbook

The textbook, in this case, was the "Sunshine English" series. We went over the "Let's Start" sections at the beginning of the 1st grade book. I thought it was funny when Mr. Kitahara told us to read the title of "Let's Start 1" in Doraemon's voice! Little insertions of humor like this are highly effective and will endear students to their teacher. In this section, various everyday conversations and greetings are depicted. By looking at and thinking about these conversations, students are given the opportunity to recall what they learned in elementary school. But more than this, Mr. Kitahara encourages more originality and variation in basic greeting patterns. My own thought was that this would be useful in preventing students from replying in increasingly bored unison, "I'm fine, thank you" to the "How are you?" question. Gradually, students can also be introduced to more polite, formal, expressions for greetings (except for the archaic ones, perhaps, that Mr. Kitahara jokingly mentioned, like "I take my leave of you"!).

The "Let's Start 2" pages show a town map with shops and other

buildings. We played another fun game in which the instructor(s) give an example dialogue and the students race to point to the location on the map where they think the dialogue would take place. This serves as a great review of basic conversational English. Mr. Kitahara also suggested adding little red herrings in the form of verbal "tricks" to make the game a little more interesting.
紛らわしい情報

We played the same kind of game in "Let's Start 3," which depicts a room. Mr. Kitahara would say, "Find three hats!" or some number of an item not actually in the room to trip the students up on purpose.
間違わせる

"Let's Start 4" and subsequent sections include listening exercises, interviews, pronunciation practice, acting out of phrases, and reading basic words. Mr. Kitahara demonstrated how to use some phonetic blending techniques to review words like BED. He mentioned the common difficulty young learners have in distinguishing between the lower-case letters b and d. I thought his own visual explanation of how the letters evolved from their respective upper-case forms was easy to follow and may help my future students to remember the difference.

5. Action Cards

As I have mentioned before, I have had the opportunity of using Mr. Kitahara's action cards in English lessons at a few of my schools, most lately in Ms. K*******'s classes, to great effect. But it was highly instructive for me to see exactly how Mr. Kitahara uses these cards himself...

1) Teacher shows picture and elicits the basic verb from students (e.g. clean, make, play, etc.)
引き出す

2) Students then say the full phrase (e.g. clean your room, make sushi, play baseball, etc.); here, Mr. Kitahara points out the alternating stressed-unstressed-stressed pattern (e.g. close your book; sing a song; write your name, etc.)
互い違いになっている

3) Using the rhythm on the bongo drums again as well as appropriate, consistent gestures, practice repeating the phrases (first time the students after the teacher, second time the teacher after the students)

4) Play pointing game-do a number of rounds with students; first use

the picture side followed by the phrase side, and say the verbs followed by the phrases; add <u>red</u> <u>herring</u> "tricks" like "eat sushi" (instead of the correct "make sushi"), "take a bus" (instead of "take a bath"), or "wash TV" (instead of "watch TV"); for subsequent rounds, add penalty points for touching a picture incorrectly; for more advanced variations, say sentences with negative forms and add the rule that students can only touch the right card for nonnegative sentences. There are numerous benefits to using these action cards in lessons. These include familiarizing students with the stress-timed nature of English, helping students to recognize the written form of basic phrases and their relation to the pronunciation, introducing a variety of forms to accustom students to changes in grammar structure, etc.

6. Teaching the Four Skills of Listening, Speaking, Reading, and Writing in ES

This was a very useful segment of the session, indeed, and one I wish to share with many of my ALT colleagues in Musashino City. Some of the most <u>salient</u> points include: Listening-the importance of "teacher talk," that
顕著な
is, the kind of live English instruction and small talk demos that teachers use in class (it is to be contrasted with the audio simply played from a CD or similar device)

Speaking-the necessity of a possessing a certain number of vocabulary words; a lot of expressions are possible with only about 800 words; the Akasaka JHS students apparently mastered an impressive average of nearly 3,000 words! Mr. Kitahara emphasizes the importance of both "prepared" and "impromptu" speaking activities; either should center on students' personal interests.

Reading-the ability of students to read the alphabet letters (both lower and upper-case), to read words/phrases and understand their meaning, to read full sentences aloud, etc.

(*If I may, I'd like to add here that decoding techniques such as using <u>digraphs</u> and blending may be helpful for learning to read)
二重文字 (ph,ea など)
Writing-the ability of students to write the alphabet letters (both lower and upper-case), to write words with correct spelling according to phonics

rules, to write and copy full sentences properly (from the blackboard), to write from dictation, to write original compositions, etc.

7. Video of Akasaka JHS First Grade Students

The last part of the session began with video clips of Mr. Kitahara's students giving their first speeches. We specifically noted the differences between the self-introduction speeches and the later speeches in which students introduced a family member, friend, or favorite celebrity. The performance of the students as they introduced themselves was impressive enough, but the progress made in their second speeches was even more so. Overall, the students could use a variety of expressions, were clearly intelligible (with clear pronunciation and audible voices), and looked bright, motivated, and enthusiastic about what they were talking about. All of these points were evident in their second performance, only to a more sophisticated degree.

The concluding video clip was of five students dressed-up in the classroom, enacting dialogues from the "Sunshine" textbook. I thought it
劇として演じる
was a very interesting way to have students consolidate what they are learning in the text (in the case of the video clip, the present progressive form). The way in which the students were performing the dialogues was different from what I had ever seen before.

I came away from the Kitaken session with a wealth of knowledge about
～を持ってその場を後にする
how to better introduce students to English instruction in junior high school. It was always a topic that I found to be one of the most challenging, and I appreciate the effort first grade junior high school English teachers make to start their students off on the right track. It certainly isn't easy, to say the least. But I feel Mr. Kitahara's insights will help many current
控えめに言っても
and future generations of English instructors to guide their young students along the path, and to make the journey easier and more rewarding for both teachers and students.

Many thanks again to Professor Kitahara and to all the Kitaken teachers. I hope to see all of you again in September. Have a lovely summer, everyone!

September Session held on September 19

Dear Mr. Kitahara and Fellow Kitaken ML Members,

Thank you again for kindly giving me the privilege of attending the last session of Kitaken. As always, it was an extreme pleasure and I learned much that will be useful for helping my students in their pronunciation practice.

Topic: The importance of teaching pronunciation; student pronunciation progress and improvement

Target Audience: For those teachers who feel a need to learn more about teaching correct English pronunciation (and to improve their own), and for teachers who are themselves "native" speakers of English (in this case, ALTs-G******** and myself).

In preparation for this session, and in consideration of the topic, the attendees were advised to come to the <u>venue</u> <u>duly</u> armed with not only
会場　　きっちりと
infection-preventive masks, but also with transparent face guards and mirrors. (I'll remark that Mr. K was <u>sporting</u> another one of his very cool-
得意げに身につける
looking masks!)

PART ONE

I. Video of 1st Grade Term 1 Reading Test (June 2019)

Mr. Kitahara first played a video recording he took last year of his 1st graders (Akasaka JHS) reading a passage from the Columbus textbook as a test for pronunciation ability. In this test, each student reads the same passage (a simple speech by a student introducing himself and his friends):

I'm Taku.

I live in Honcho.

Min-ho and Aya live in Honcho, too.

We go home together after school.

(Columbus, Unit 4-1, p. 46)

* Test Procedure:

(1) The order of test-takers is determined by student number; five

students at a time leave the English classroom carrying their textbooks and proceed to the test site (a vacant homeroom classroom).

(2) The students seat themselves in order.

(3) As soon as the students are seated the test begins.

(4) The first test taker announces his/her student number to the evaluator in English (e.g. if the student is in class A and his number is 7, then he says, "My student number is A-7")

(5) The student reads the assigned passage from the textbook.

(6) After the student has finished and the following student has begun reading, he/she exits through the backdoor and quietly returns to the English room.

(7) When the third student in a group of test-takers returns to the English Room, the next group of five students makes its way to the test site and waits in the hallway.

* At this point, it is <u>pertinent</u> to ask this very important question: When
　　　　　　　　　　　　適切な
assessing student pronunciation ability, what exactly are we looking for? Mr. Kitahara makes his own answer clear in his evaluation criteria:

(1) Linking between words: liv<u>e in</u> and <u>A</u>ya together<u> a</u>fter

(2) Articulation of [l] (voiced <u>alveolar</u> <u>lateral</u> <u>approximant</u>/liquid): <u>l</u>ive
　　　　　　　　　　　　　　　　　歯茎音　　側面の　　接近音
school

> Approximant は音声を調音する際、下の調音器官と上の調音器官を接近させてやや狭めの隙間を作り、そこに声帯音を共鳴させて作り出す無摩擦の子音である。

(3) Articulation of [r] (voiced alveolar approximant/liquid): We'<u>r</u>e f<u>r</u>iends (*pronounced with an "American-sounding" <u>rhotic</u> or <u>retroflex</u>
　　　　　　　　　　　　　　　　　　　　　　　r 発音の　　反り舌の
[r] with the tip of the tongue curled upward)

> Rhoticity というのは、「/r/ の発音の有無」のことです。イギリス英語とオーストラリア英語は Non-rhotic(/r/ を発音しない)です。

(4) Articulation of [v] (voiced <u>labiodental</u> <u>fricative</u>): <u>l</u>ive
　　　　　　　　　　　　　　唇歯音の　　　摩擦音
(5) Articulation of [f] (voiceless labiodental fricative): a<u>f</u>ter <u>f</u>riends

(6) Articulation of [ð] (voiced dental fricative): toge<u>th</u>er

(7) Intonation-rising voice pitch from low to high ↗ (also called acute accent); falling voice pitch from high to low ↘ (also called grave accent); strong stress (such as on content words that carry meaning)

and weak stress (such as on function words that do not carry meaning by themselves)

* The above criteria, one can see, covers quite a lot of ground. They include most of what we can possibly look for under the heading "pronunciation."

Mr. Kitahara classifies these several evaluation criteria under two overarching points:

* Proper pronunciation of individual sounds or phonemes → (2) to (6)
音素

* Overall speech fluency → (1) and (7)

In the field of phonology, the first point covers what we may call segmental phonology (the study of the segments or individual sounds/phonemes of a language) and the second point covers non-segmental or supra-segmental phonology (the study of other features of speech such as intonation-pitch and timbre). Mr. Kitahara's criteria, therefore, is quite
音色
useful for getting a well-rounded sense of a student's pronunciation level.

* Mr. Kitahara assigns the following grading scale for the evaluation:

A+   Like a "native" speaker of English
A   Very good for a Japanese junior high school student; close to "native" level pronunciation
B+   Between A and B
B   Adequate for the average Japanese 1st grade junior high school student
C   Further practice is needed

* After viewing the video, Mr. Kitahara asked the attendees to discuss the performance of the students in pairs.

Observations: In connection with the above main phonological points- pronunciation of individual sounds and overall fluency-I observed that the students were decidedly strong in the first one. In the video, the students were concentrating much of their effort on articulating the key phonemes

98

satisfactorily. As a result, their performance in this regard was outstanding. This is not to say that their careful attention to individual sounds had serious detrimental consequences on the fluency of their
有害な
reading. At the same time, however, I did notice that such a concentrated effort did have a minor influence, such that a few students showed a greater mastery of the sounds than of overall fluency. This is quite normal for 1st graders who are like tenderfoots still "getting the hang" of reading
初心者 コツを覚える
aloud in a foreign language.

II. Video of 1st Grade Term 2 Reading Test (September 2019)
* Mr. Kitahara then played a video of his 1st graders (again Akasaka JHS) in a different reading test, this time in front of the ALT ("Joel Sensei").
* The test follows a slightly different procedure:
  (1) The students are assigned a group number, which in turn is determined by the results of the scores on the last reading test. For example, the top five students who achieved the best scores are assigned to Group 1, the next best five to Group 2, and so on.
  (2) Starting from Group 1, the students move to the test site (again a homeroom) where they greet the ALT and take their seats.
  (3) The ALT selects a page from the textbook (Units 1 to 5) for the test-taker to read (all the students in one group read the same page).
  (4) Finished students return to the English Room; the third member of a group is responsible for informing the next group of its turn to take the test.
* The evaluation criteria are mostly the same as on the previous test:
  (1) Articulation of sounds nonexistent in Japanese phonology such as [f], [v], [θ], [ð], [l], and [r]
  (2) Linking
  (3) Overall pronunciation, stress, pitch, timbre
* The grading scheme is likewise similar, with the additional provision for
支援
students who received a C score to remain after school and work on bettering their weak points.
* The sheet that the ALT uses to record scores is a spreadsheet displaying

the evaluation criteria on the top row; the ALT checks off each key phoneme the student was able to pronounce successfully. The ALT is also expected to give separate letter scores for linking and intonation respectively.

Observations: As in the first video, students were seated in front of the camera and appeared to read to it with their books held up (I'm guessing the ALT was seated either right next to or behind the camera). As the first five students were the top scorers on the previous test, their performance was obviously a little better than that of their peers. More important than this, however, was the fact that all the students had improved their reading ability since the test in June. It was smoother, more cohesive, and less impeded by an overt concentration on pronouncing
（音と音が）くっついている 邪魔する 明白な
certain sounds.

III. Video of 2nd Grade Term 1 Reading Test (May 2019)
* This last video featured Mr. Kitahara's 2nd graders in a somewhat more advanced reading test. Here, the evaluation points emphasize the non-segmental aspects of pronunciation. The students read from the diary of a boy named "Nick," and in doing so they have to read as if they are "Nick" himself reading from his own diary. This means that they have to read in such a way as to convey an emotional, empathetic understanding of the text. They also have to read with the intention of communicating information intelligibly to the listener (i.e. the ALT).
明瞭に

* The evaluation criteria and grading scheme for the 2nd grade test reflects
計画
this affective and communicative reading focus.

Evaluation Criteria:
- Intonation
- Pronunciation of "f", "v", "th", "l", "r"
- Vividness [an interesting criterion I think-it encourages students to add more "color" to their reading]
- Fluency, linking, pitch, stress, rhythm

- Expressivity (reading as "Nick")

Grading Scale: (explanations of scores copied <u>verbatim</u> from Mr. Kitahara)
言葉通りに

A+   native speaker level
A   close to the native speaker level
B+   very good as a Japanese student
B   good as a Japanese student
B−   understandable
C   can't understand

* Mr. Kitahara's instructions to the ALT for how to evaluate are as follows (copied verbatim):

There are 7 points of evaluation such as:

th f v l r linking vividness

1. Tick each box if the pronunciation is good enough.

2. Add all the scores and write the total score in the Total box.

* Test Procedure:

(1) Students are assigned to a group number and students go to the Test Room with the other members of their group. They take the test in order of student number.

(2) When the fourth member of a group returns from taking the test, the next group proceeds to the test site and waits quietly in the hallway.

(3) Students file into the Test Room in order, take a seat, and wait for their turn to take the test.

(4) Preliminary to the test, a student should greet the ALT and announce his/her student number.

(5) The test-taker reads.

(6) The test-taker finishes with a polite "Thank you" to the ALT and exits quietly.

(7) The returning fourth member of a group reenters the English Room through the front door as a signal to the next group to depart for the test through the backdoor.

* Test results are immediately announced.

Observations: The students in this video were, like the 1st graders, reading in front of the camera. But unlike their younger schoolmates, they had an easier time reading with their eye off the page. They appeared to be less reliant on the text for guidance, and even seemed to be reciting it from memory. The result was a more natural-sounding, more confident delivery. More linking was going between words without sacrificing clear articulation of sounds. One boy at the end of the video, for instance, could be seen making a noticeable effort at getting his "th" just right by making the necessary formation with his mouth.

Overall Impression of the Videos: If I am correct in saying this, the videos showed both bottom-up and top-down approaches to teaching pronunciation. By bottom-up, I mean, of course, a priority given to the segmental aspects of pronunciation (which, as I mentioned before, consists of the individual phonemes/allophones, especially those that are challenging for Japanese 異音 students), and then to the non-segmental aspects (intonation, fluency, rhythm, etc.). This, in my opinion, was evident in the first couple of videos. In the third video, a top-down approach was more evident. Increased priority was given to the non-segmental aspects. This resulted in a better reading performance overall for most of the students. They could read more effortlessly, while retaining clear articulation of single sounds.

IV. Pronunciation through Dialog / Role-playing / Drama
* This part was really fun! Mr. Kitahara gave us three dialogs to choose from and enact in pairs. The most popular dialog was...

  A: Hey, hey, hey. Stop! Your guitar is louder than my keyboard.
  B: No, no! Your keyboard is the loudest in the world.
  A: What!? Say that again.
  B: I will. YOU ARE THE LOUDEST IN THE WORLD!

* We had ten minutes to practice and memorize our respective parts, after

which we performed the dialog for Mr. Kitahara for his approval. If we got the OK, we had to switch parts and perform again from memory. Of course, it wasn't enough just to recite the lines. We had to act them out through gesture and, more importantly, through voice. The line, "YOU ARE THE LOUDEST IN THE WORLD!," in particular, had to be delivered with marked emphasis.

* Next, we changed partners and tried learning the lines of a much longer script taken from a scene in a play that Mr. K's students themselves had performed. In the scene, a young man explains to a girl named Suzu (his love interest?) that he intends to become a <u>petty officer</u> in the marines and won't return for three months. The girl Suzu replies with her worries about her ability to manage the family affairs while he is away.

下士官

It's an affecting scene, and one that we again had only ten minutes to memorize before performing it front of Mr. Kitahara and everyone else! (This time we only had to learn one part). Some of us did it quite well, though (including, if I may say so, Ms. Ito Lumiko Sensei, who is quite an accomplished actress!).

Comments: Not only was this a lot of fun to try out, but I learned how effective it can be to use drama and role-playing to help students to practice pronunciation in a top-down way. I think it would be especially beneficial for those students who may not be proficient at picking up those hard-to-pronounce sounds in English, but who may have an interest in performing for an audience.

PART TWO

V. From the "Miki" Book

* This is a book authored by Mr. Kitahara which contains many of the teaching practices that constitute his method. ("Miki" can be literally translated as the "trunk of a tree.") Mr. Kitahara referred us to the pages where he stresses the importance of teaching students pronunciation while they are in junior high school. If teachers ensure that all their students can correctly pronounce [f], [θ], [ð], etc. then they are well on their way

to success in high school. Many of Mr. K's former students have achieved such success, their English sounding so authentic to their high school instructors that they have been mistaken for being returnees.

* There are many ways for teachers to help students practice: reading with an awareness of linking, rhythm, and stress (emphasis on content words), "paced" reading, "shadow" reading, listening to English songs and learning their lyrics, etc. One very useful listening-dictation type exercise that helps students make connections between spelling and pronunciation ("graphophonemics") is to pronounce a series of four words that are related in some way (e.g. th<u>eme</u>, del<u>ete</u>, concr<u>ete</u>, P<u>ete</u>-all end in a mute or "magic e") and have the students write the words down. In this way, students can learn how to <u>deduce</u> certain phonetic rules.
推測する

VI. Characteristics of "Native" Speaker Pronunciation

Finally, Mr. Kitahara presented an extensive catalogue of phonological rules for how to sound like a "native" speaker of English. I could faithfully reproduce each of these here just as Mr. K presented them, but instead, if it's not <u>imprudent</u> of me, I will just give the broad strokes by giving a
軽率な
very few examples and <u>lumping</u> them under some generalizing categories.
一緒くたにする
* Most of the rules have to do with linking or liaison. One very common rule is the "linking r".

Examples: whe<u>re i</u>s, fa<u>r a</u>way, fo<u>r e</u>xample, etc.

* <u>Coalescent</u> or <u>reciprocal</u> <u>assimilation</u>-this is when two sounds in a
合体した   相互の   融合
sequence come together in a fusion to produce a sound with features from both original sounds" (Dictionary of Language Teaching and Applied Linguistics, p. 36 and Dictionary of Linguistics and Phonetics by Crystal, pp. 40)

Example: Did you ~ ? (The final alveolar stop /d/ of Did and the initial <u>palatal</u> /y/ of you coalesce to become a palatal <u>affricate</u> [dʒ]. This is also
口蓋の   破擦音
called <u>palatalization</u>.
口蓋化
口蓋化(こうがいか、英：palatalization)または硬口蓋化とは、子音が調音点で調音されると同時に、前舌面が硬口蓋に向かって盛り上がって近づく現象のことである。

* <u>Regressive</u> assimilation or <u>anticipatory</u> co-articulation-assimilation in
後退した   予想された

which a following sound brings about a change in a preceding one.

Examples: read books, eat dinner, eat this, lettuce, etc.

* Co-articulated consonants-e.g. Tom must stay with them.
* Syllabic nasals-e.g. button, curtain
* Elision-omission of sounds in some connected speech

Examples: I like him. I like her. Pick them up.

        center, gentleman, sandwich

Final Thoughts:

Pronunciation is a prickly topic in the field of English language education. How important is it? How do we go about teaching it? These are questions teachers still puzzle over.

Mr. Kitahara seems to be eclectic in his approach to teaching pronunciation.

He employs a healthy mix of both bottom-up and top-down strategies. This eclecticism is one of the important things I've observed about the "Kitahara Method," which isn't a one-way method at all. It doesn't do to be dogmatic in one's teaching style. One need not stick religiously to a "one-size-fits-all method" such as those in the past that we reviewed in an earlier session of Kitaken-the audiolingual method (sometimes called the "mim-mem" method), for example, which emphasized a behavioral strategy to teaching pronunciation (get students to mimic "native" pronunciation with constant conditioning and positive reinforcement until they "get it right"). Such methods are certainly useful, and we can use them-but they need not be our only tools, as Mr. Kitahara has so impressively demonstrated.

Many Japanese people seem to be particularly concerned about their English pronunciation. I believe an overly self-critical evaluation of their perceived shortcomings is one reason why so many Japanese people shy away from speaking English. It's a concern that is imbibed early on-Japanese children already possess a rough sense of what correct English pronunciation should at least sound like, and it's not uncommon for students to laugh at their classmates for making a verbal blunder. It is my wish to make pronunciation practice more enjoyable and less stressful for my students by using some of the ideas I've learned from the Kitahara

Method.

Many thanks again to everyone and to Mr. Kitahara for another great session!

Sincerely,

J V (ALT at M City, Third, Fourth, and Fifth Junior High Schools)

〈 **じゃれマガ 2022** 〉

written by Douglas Jarrell and arranged by Nobuaki Kitahara, Sophia University

No.99

Q How did NASA change the direction of the asteroid?

They <u>crashed</u> a spacecraft into an asteroid

▶▶▶ **Today's Topic … Hints for Reading in a Foreign Language**

Thursday, September 29

<u>Have</u> you ever <u>read</u> book in English? It <u>can</u> be very difficult if you don't
2年 ( )-( )
know a lot of words, but it can be fun. I <u>have</u> just <u>finished</u> reading a <u>novel</u> in
2年 ( )-( ) 2年 ( )-( ) 小説
Japanese, and I really enjoyed it. I have two <u>suggestions</u> for people <u>who</u>
提案 3年5-1
want to read in a foreign language. First, choose a book <u>that</u> you can't <u>stop</u>
3年6-2 2年 ( )-( )
read<u>ing</u>. I read a mystery, and I really wanted to know <u>who the killer was</u>. I
3年 ( )-( )
couldn't put the book down. It took me two weeks, but I finished it. Second,
read an <u>e-book</u>. If you read a book on a tablet or an e-book reader, you don't
have to stop and open your dictionary. You can <u>look up the words</u> <u>that</u> you
3年6-2
don't know just <u>by</u> touch<u>ing</u> them. 135語
2年 ( )-( )

Q1 **What is a good point about reading an e-book?**

Q2 **Find a mistake.**

WPM

2-2　まだ北原メソッドを信じられない人たちへ

【北原メソッドを学んで】文学部英文学科

　半学期を通して北原メソッドを学ぶ中で、私の持っていた英語教育の概念が180度覆されたと感じている。正直、一番最初の授業で先輩方のコメントを読んだ時は、賞賛しているコメントばかりであり、生徒たちの英検の取得率も群を抜いて高かったため、期待を抱くと同時に、本当に誰でもできる方法なのだろうかと疑っていた。しかし、講義を受ける中で、北原メソッドでは常に生徒目線で授業が組み立てられていて、一つも無駄な活動がないということに気がついた。また、北原メソッドは、誰一人置いていかない授業である。例えば、文法指導では、導入の際に1年生の頃の文法まで遡り対比しながら進めていたり、英作文を書く時は、先輩や他の生徒が書いた良い表現をまねして書いてみるという取り組みを行ったりしていた。「生徒目線で誰一人置いていかない授業」は理想として語られることは多いが、実際は多人数を一度に指導しなければならないため、レベルは真ん中の生徒に合わせた授業を行うというのが典型的な授業だろう。しかし、それだと結局は苦手な生徒を見捨てているのと変わりない。真に「誰も見捨てない授業」を日々の授業内で行うために北原メソッドが果たしている役割はとても大きいと感じた。そして、英語の授業を楽しんで受けている姿にも衝撃を受けた。北原メソッドでは、「お互いに助け合う」ということが特に大切にされ、クラス全体で英語力を伸ばしていくという意識が先生にも生徒たちにもあることが、英語が得意な生徒もそうではない生徒も授業が楽しいと思える要因なのだろうと感じている。また、特に中学3年生にもなると、入試に受かるためだけに勉強する生徒も出てくると思うが、北原メソッドで授業を受けている生徒たちは、「もっといろいろな表現を学びたい」、「英語が得意になりたい」、そしてなによりも「英語を学ぶことが楽しい」という、内発的動機によって授業に取り組んでいた。これこそが英語を学ぶことの本質であるべきだ。受験をゴールにせずその後も英語学習を続けたいと思えるような授業をすることが私の理想であるが、北原メソッドではそれが叶うと感じている。

　また、北原メソッドでは、実際の指導現場で疎かになってしまいがちなスピーキングに特に力が入れられていたことが印象に残っている。最初の講義で見た映像で、赤坂中の生徒たちが、英語が一番苦手だという生徒ですら、そのことを感じさせずに堂々とALTの先生に向かって即興で話していたことに対し、本当に公立の学校の生徒たちなのか衝撃を受けたことはとてもよく覚えている。今まで中学校の英語教育には、スピーキング指導については特に、できることが限られていると思っていた。しかし、指導の仕方によっては公立校でも英語力を圧倒的に引き伸ばすことができることを学

び、学校の英語教育に対し希望を持つことができた。今の時代は、塾に通ったり、自分で YouTube を視聴したりするなどして、学校に行かなくても自力で英語を勉強することはできる。学校教育としての英語の意義とは何かを長らく考えていたが、その答えを講義を受ける中で見つけられた気がしている。学校でしか学ぶことができない、多くの人と関わる必要があり、一人ではできない活動を授業内に積極的に取り入れていくこともその一つである。例えば、英語をゲームを通して、そして英語劇のような活動を取り入れ、楽しみながら学ぶということだ。また、スピーキング活動はその他の英語スキルに転化する。この価値観を学ぶことができたことは、自分にとってとても大きなことである。

　そして、じゃれマガの存在を知ることができたことも自分にとってはとても大きい。今まで塾で教える中で、文法問題は得意だが長文問題は苦手だという生徒を多く見てきた。また、彼らを教えていて、圧倒的に速読力やわからない単語を推測する力が足りないと感じている。それは、彼らにパッセージを読むという経験が不足しているからなのではないかと考えている。しかし、教科書だけでさまざまな面白いトピックで、かつ中学生にちょうど良いレベルのパッセージを用意することは難しい。教科書だけではなく、このような外部教材も用いて英語を指導していくという方法もあるということを学び、指導の選択肢を増やすことができたことも有意義であったと感じている。

　中学英語は、小学校で学んだことを生かしつつ高校へとつなげるいわば橋渡しをする存在であり、生徒の今後の英語学習を左右する要でもある。その大事な時期に教員がしてあげられることとは何かを考えた時、常に生徒第一で考え、従来の英語教育とは全く異なった北原メソッドを実践することのメリットはとても大きい。これからの塾での指導の中に、また、いつか教員になろうと考えた時に、ここで学んだことを生かしていきたい。

第**3**章　発音指導

３－１　発音指導の重要性、学生の発音矯正

中学１、２年音読テストの映像（発音向上の様子）

> 　学生たちに、生徒配布プリントを元に中学１年１学期の音読テスト（指定した本文の音読）をまず見せました。続いて９月最初の授業での音読テスト（１学期に学習した本文すべてが範囲）を見せました。授業中に５回音読したら音読マーカーを１つ塗りつぶします。家に帰って最低４つの音読マーカーを塗りつぶすのが毎回の宿題になっています。さらに１学期に音読したレッスン本文すべての音読マーカーを、合計10個塗りつぶすことを夏休みの宿題としてあります。このテスト映像で、生徒の音読がなめらかさとスピードを増していることに学生たちは驚愕しました。さらに２年生１学期の音読テストの映像を見せました。ここでは登場する生徒が全員同じようなテンポとリズムで読んでいます。英語特有の th、f、v、l、r などの個々の音素はもちろん、語と語の連結や脱落など、ほぼネイティブ並みに読めています。（私の授業では１年生の12月時点で全体の３分の１の生徒の発音が準ネイティブ並みになっていれば、それまでの発音指導は成功だったと思っていました。２年生１学期末で、ほぼ全員が準ネイティブ並みに発音することができるようになります。）

１　令和元年度１年生１学期　音読テスト「Unit 4-1」

生徒配布プリント

〜令和元年度１学期　１年生英語音読テスト〜

　６月20日（木）、21日（金）に音読テストを実施します。ふだんの音読練習の成果を見せましょう。

１　テスト方法

　教科書46ページ（Unit 4-1）本文を音読する。（もちろん教科書を見ながら）

２　テスト範囲本文とテスト項目（省略）

３　評価項目

　①語と語のつながり　live in　and Aya　together after

　②ｌの発音　live　school

③ r の発音　　**We're　fr̲iends**

④ v の発音　　**liv̲e**

⑤ f の発音　　**af̲ter　fr̲iends**

⑥ th の発音　　**toge̲ther**

⑦イントネーション

　（声の上げ下げ。大事な語は強く長く、そうでない語は弱く短く言う）

4　評価規準

個々の発音がきちんとできているか　　　→　②③④⑤⑥

全体として英語らしい発音になっているか　→　①⑦

5　評価基準

A＋　ネイティブ（英語母語話者）の発音並みである

A　　日本人中学生として素晴らしい。ネイティブ（英語母語話者）の発音に近い

B＋　AとBの中間

B　　日本人中学1年生としては十分である

C　　もっと練習が必要

6　やり方（A組→C組の順に行います）

①教科書を持って、出席番号順に5人一緒にテスト会場に入る（自分と一緒に入る生徒を覚えておくこと）。

　テスト会場　→　1年B組教室

②入ったら奥の椅子から順番に座る。

③椅子に座ったら出席番号順にテストを始める。

④まず自分の出席番号を英語で言う。

　My student number is A-7.（A組7番の生徒の場合）

⑤教科書の音読を始める。

⑥次の人が音読を始めたら終わった人は後ろのドアから出て、静かに英語室に帰る。

⑦グループの3番目の人が帰ってきたら、次の5人はテスト会場に行って廊下で待つ。

7　実施日

6月20日（木）6校時、21日（金）2校時

8　成績の扱い

「外国語表現の能力」の観点に入れます。

→　令和3年度施行新学習指導要領では「知識・技能」

> パフォーマンス（スピーキング）テストの告知はすべてこのようにプリントにして評価項目や評価基準などを説明します。詳しくは「英語授業の『幹』をつくる本（テスト編）」をご参照ください。

2　令和元年度１年生２学期　音読テスト「Unit 1～Unit 5」　2019.9.3.撮影

生徒配布プリント

～１年生　夏休み明け音読テスト～

2019.7.16.赤坂中学校

目的　　：これまでの音読の力を測る

内容　　：ジョール先生が指定した Unit 1～Unit 5の範囲の１セクションを音読する。

期日　　：９月３日（火）１校時

場所　　：１－Ａ教室

やり方　：①廊下に貼られている名票（別紙）に書かれている自分のグループ番号をあらかじめ知っておく（グループ１が６月の音読テストで成績が一番良かったグループ、グループ２がその次、…)。

②グループ１から順番に１年Ａ組に移動し、ジョール先生にあいさつしてから腰掛ける。

③ジョール先生の指定するページを一人ひとり音読する（同じグループは全員同じページ）。

④終わった人から英語室・国際理解室に戻る。各グループの３番目の人は自分が終わったら、英語室・国際理解室にいる次のグループの人全員に声をかける。

評価項目：①日本語にない音（f、v、th、l、r）の発音

②音と音のつながり

③英語らしい発音、声の強弱と高低

評価規準：前回と同じ

評価基準

　　Ａ＋　　ネイティブ（英語母語話者）の発音並みである

　　Ａ　　　日本人中学生として素晴らしい。ネイティブ（英語母語話者）の発音に近い

　　Ｂ＋　　ＡとＢの中間

　　Ｂ　　　日本人中学１年生としては十分である

C　　　　もっと練習が必要

　　＊Cがついた人は放課後残って練習する日々が待っています。

ALTが記入する評価用紙

１年A組　担任

番号	氏　　名	グループ	Lesson Section	f	v	th	l	r	linking	inton.
1		7								
2		7								
3		6								
4		7								
5		5								
6		7								
7		5								
8		5								
9		4								
10		2								
31		1								
32		4								
33		1								
34		1								
35		4								
36										
37		2								
38		6								
39		3								
40		4								
41		1								

　　６月に実施した初めての音読テストの出題範囲が特定のページだったのに対して、今回は「１学期に音読した本課の本文全部」になっています。１年生の夏休みの宿題として、私は昔から「夏休みの友」のような市販問題集など書くことは一切出していません。英語の音がまだきちんと入っていない状態で書かせることは、コスパが悪すぎるからです。また40日間、英語の音声から離れることは、２学期の授業に悪影響を与えるからです。そこで、夏休みの宿題は「１学期に音読した本課の本文全部をそれぞれ50回音読すること」としています。授業やその日の家庭学習では、５回音読したら教科書にある「音読マーカー（□印）」を１つ塗ることを課しています。次の授業までに最低５つの□を塗りつぶす（25回音読）のが宿題です。夏休みの宿題は□を10個にしてくることです。（１学期に□を８つ塗りつぶした生徒は夏休みの宿題は□２つだけになります。）

テスト教室に入った生徒たち（5人1グループ）に対して、ALTは音読ページを指示します。同一グループは同一ページを音読します。なお、ALTの評価のブレを少なくするために、音読テストのグループ分けは前回のテストの高評価の生徒からにしています。この映像では6月の音読テストに比べて、①英語特有の音、②リンキング、③イントネーション、④スピードのすべての面で圧倒的な向上を見ることができます。

3　令和元年度2年生1学期　音読テスト「Unit 2-2」　2019.5.30. 撮影

生徒配布プリント

～令和元年度1学期　2年生音読テスト～

May 19, 2019

次の要領で音読テストを実施します。よく練習して普段の力を発揮してください。

1　テスト箇所

教科書 Unit 2-2

2　月日

5月30日（木）1校時

3　評価項目

①イントネーション　　Intonation

②個々の語の発音　　　Pronunciation of "f", "v", "th", "l", "r"

③臨場感　　　　　　　Vividness

4　評価規準

①英語らしい音の流れ：音の上げ下げ、強弱、音のつながり、区切りができているか。

②子音がはっきり発音されているか。特に "f", "v", "th", "l", "r"

③Nick になりきって気持ちを込めて言っているかどうか。

5　評価基準

A +	ネイティブ並	native speaker level
A	ネイティブの発音に近い	close to the native speaker level
B +	日本人としてはとてもうまい	very good as a Japanese student
B	日本人中学2年生としては十分合格	good as a Japanese student
B −	ぎりぎり通じる	understandable
C	通じない	can't understand

113

6　やり方

① 3階の掲示板に貼ってある同じグループの人たちが一緒にテスト教室（2－A教室）に入る。順番はグループ1→2→3…。同じグループ内では出席番号順。

②前のグループの4人目が帰ってきたら、次のグループが自分の教室を出る。2－Aの前で静かに待つ。

③テストを受ける順（①参照）に入室し、奥の椅子からつめて座る。

④テストの前に Good morning/afternoon, Mr. Bhana. My student number is ○○. とクラス名と出席番号を言う。

⑤音読を始める。

⑥終わったら Thank you. と言って静かに退出する。

⑦グループの4番目の生徒は英語科学習室の前のドアから入る（次のグループにわかるように）。他の生徒は後ろのドアから入る。

＊結果はすぐに掲示します。

ALT用プリント

Evaluation Points for 2nd year's pronunciation test（read aloud test）

There are 7 points of evaluation such as ;

<u>th</u>　f　<u>v</u>　l　r　　<u>linking</u>　vividness
　　　　　　　　　　語と語をくっつけて発音すること　生き生きとした感じ

1. Tick each box if the pronunciation is good enough.
2. Add all the scores and write the total score in the Total box.

　2年生6月下旬の映像です。全員が準ネイティブ並みの発音とスピードになっていて、学生たちは大きなショックを受けます。また、全員の音読がオシロスコープで計測したら同じ波長グラフになるような読み方をしています。

3-2　学生の発音矯正

1．中1に教える手法を使って

2．演劇指導の手法を使って

平成29年度英語劇「この世界の片隅に」（赤坂中生徒英訳）

すず　　　：What? A military uniform?

周作　　　：I'm becoming a petty officer. I have military training in the
marines next week. I won't be back for three months.

すず　　　：After that? Will you be able to come back?

周作　　　：Maybe, I'm not going to war. There's no need to worry about. But
Suzu, my father and I will not be here, so you will have to take
care of the whole family. Are you sure you can do that?

すずの声：No! Definitely not! There's no way I can manage.

3．Basic Dialog の手法を使って

北原メソッドＡパターンで新出文法事項の導入を終えた後、行う活動が
Basic Dialog のプレゼンテーションです。これは新出文法事項を含む対話
をペアで暗唱して、①発音完璧、②ジェスチャーをつけて、教師の前で演
じるものです。th は舌先が見えなければ×、f, v は上の前歯が見えなけ
れば×という視覚的な基準も入れてあります。

授業では10分間でＡ－Ｂ対話を裏表合格し、さらに暗写（何も見ないで
覚えた対話をノートに書いて教師に見せる）までをこなさせますが、学生
たちに同じ基準で実施すると合格するペアは毎年出ません。ちなみに先生
相手の研修会でも同様です。それほど赤坂中の生徒たちのやったことは程
度が高かったのです。

Basic Dialog（教科書をもとに北原が作成）

２年生　同じくらい～だ、という言い方

A: Hey, hey, hey. Stop! Your keyboard is louder than my guitar.

B: W- W- What!? Your guitar is louder.

A: No, no. Your keyboard is **as** loud **as** a jet engine.

B: （ぶち切れる）

第4章 辞書指導

4-1 辞書指導の効果

学習指導要領における位置づけ

平成29年告示学習指導要領

第2章　外国語科の目標及び内容

3　指導計画の作成と内容の取扱い

（2）内容の取り扱い

オ　辞書の使い方に慣れ，活用できるようにすること

授業で読み物を理解したり，自己表現活動を行ったりする際，辞書の使い方に慣れ，活用できるようにすることも重要な指導側面である。効果的な辞書活用を促すことは，主体的で自律的な学習者の育成の観点からも，大切な要素である。

ただ，未知語に出会うたびに辞書を使って調べるといった態度ではなく，聞いたり読んだりする中で，どの語を知ることが重要であり，どの語が文脈から推測可能であり，あるいは当面の目的のためには調べずにおくといったことを判断できる能力を育成することが大切である。話したり書いたりする発信活動の際にも，言い換え表現や婉曲表現，例示などを使って，限られた言語知識を駆使してコミュニケーションを可能にしていける力を育てることが大切である。その上で，辞書で必要な情報を調べる態度と能力を身につけさせていくべきである。（＊下線は北原）

2　辞書指導スライドショーCD

　　（北原監修・ベネッセコーポレーション制作，非売品）

3　辞書指導すべき語（「英語授業の『幹』をつくる本（上巻）」pp.63-122）

4　辞書指導の実際

　「週3時間体制」が始まってしばらく経った頃、私が属していた研究部（都中英研研究部）の部会で「週3になって何をやめたか」という私の問いに研究部員全員が「辞書指導」を挙げました。語彙研究、語彙指導研究を昭和52年からずっとやってきた研究部員ですら、そうなのですから一般の先生方にとって辞書指導を学校で行うことはハードルが高すぎました。そこで意を同じくする田尻悟郎先生（現関西大学教授）と二人で「辞書指導ワークショップ」というキャンペーンを始めたのが2004年です（2023年12月時

点で50回を数えるにいたっています）。そして前回の指導要領で初めて「辞書の使い方を指導すること」という文言が入りました。私たちの運動の成果もあり、辞書を授業で扱う先生方は少しずつ増えて行きました。ところが、2020年に始まる ICT ギガ構想と学習指導要領の大幅改訂で先生方はまたもや時間を奪われ、辞書指導する先生は減少しています。

「辞書指導ワークショップ」を始めた頃の議論は「紙の辞書か電子辞書か」でした。しかし、最近、学生に聞くとすでに電子辞書を使わず PC やスマホなどの Web 辞書を使う学生が半数以上います。これは危機的な状況です。電子辞書は紙の辞書を電子的に動かしているだけなのです。紙の辞書の構造がわかっていなければ使いこなせません。Web 辞書にいたっては日→英、英→日の言語変換が主になっていて、語彙の「広さ」は獲得できても「深さ」は獲得が難しくなっています。なんとしてでも中学校で紙の辞書を使って生徒に「広さ」と「深さ」を体得してもらいたいと思います。

1．辞書指導30のポイント

（2023年12月3日　辞書指導ワークショップ back in 京都より）

含：実際に引かせた語（教科書は平成28年度版 Sunshine English Course 3年を使用）

①辞書指導は、1年1学期アルファベット<u>小文字導入直後から始める</u>。

　辞書を使うこと自体が小文字の定着を促進するので、小文字の定着を待つ必要はない。

②生徒が一番興味がある<u>入学直後に辞書指導を始める</u>。

③最初は<u>毎時間辞書を使う場面をつくる</u>。

　教師はどの語を引かせるか、事前に教材研究する。

④辞書は家と学校とで<u>2冊用意させる</u>。

　卒業生には中学で使った辞書を寄贈してもらう。高校では絶対使わないから。無理なら「学校では紙の辞書」「家では PC やスマホの web 辞書」。

⑤下線を引いたり、付箋やインデックスを貼ったり、端を折ったりして2度目に引きやすいように<u>カスタマイズさせる</u>。

　中学生用の辞書は3年間で使い倒す。高校では絶対使わないから。

⑥引いた見出し語には<u>マーキングをさせる</u>。
　　学習履歴の可視化（cf. 兄姉の辞書）。

⑦お互いに<u>助け合いながら</u>クラス全体の辞書引き速度を速くする。
　　早く引けた生徒は、①隣のペアパートナー、②前後の人、③近くの人、④
　遠くの人、に教える。その際、ページ数を教えるのはNG。4月に先生が辞
　書の引き方を指導した時のように、「t の次は o だからもっと後」「su の次は c
　だからもっと前」「この見開きページの中にある」などのように手助けする。

⑧<u>基本動詞</u>は辞書で例文を読ませて使い方を教える。
　　基本動詞をしっかり使えるようにすることがシンプル・イングリッシュへ
　の近道。基本動詞のいろいろな使い方を知らないとすぐに和英辞典に走って
　難しい語を使いがち。

⑨<u>最も本文に合う訳語</u>を見つけさせる。
　　上智大学英文学科の学生ですら、高校時代は予習で1番目の語義だけを書
　いていた。

⑩1年生の<u>多義語</u>などは何度か出てきたら辞書で確認させる。
　　then の3つの語義。

⑪<u>コアの語義</u>をまず教える。
　　turn off, turn around, turn up,

⑫<u>ニュアンスの違い</u>は日本語による「訳し分け」だけでなく、辞書で確認させ
　て言語感覚をつけさせたい。
　　・Program 5-3　below（新語）
　　　→under との違いを調べさせた。他に、every と each, any と some,
　　　learn と study, hear と listen, spend と use, until と by など。

⑬<u>前置詞</u>の使い方に注意させる。
　　前置詞は日本語にない機能。しかも小学校からたくさん出てくる。英語は
　「後置修飾が多い言語」なのでその入門としてしっかり指導したい。

⑭辞書を<u>縦に読む</u>ことを教える。

　多くの大学生が感動した辞書引き法。

　　・Program 2-3　dying（新語）

　　　→辞書を縦に読ませて原形（die）、名詞形（death）、形容詞形（dead）を探させた。

　　・Program 3-2　produce（新語）

　　　→辞書を縦に読ませて名詞形（produc<u>tion</u>, produc<u>er</u>）、形容詞形（produc<u>tive</u>）を探させた。

　　・Program 6-1　wrestling（新語）

　　　→wr- で始まる知っている言葉を探させた。wrap, wreath, wrench, wrist, write, wrong

⑮<u>カタカナ語を手がかりに英語を取り込む。</u>

　「英語と日本語は全く違う（言語距離が遠い）」とことさら違いに着目させるよりも、身近なカタカナ語や外来語をうまく使って英語を取り込ませる。

⑯another, other, others, the other など<u>似たような紛らわしい語</u>は辞書の例文で確認させる。

⑰知っている語が並んでいて意味がわからなかったら <u>phrasal verbs</u> を疑う。

　take place

⑱<u>phrasal verbs はすべての語義の一番後に書いてある。</u>

　　・Program 4-1　get away（新句動詞）

　　　→辞書を引かせて知っている get + 1 語にマーキングをさせた。get on, get dark, get to, get along など。日本人が苦手な phrasal verbs に意識をさせるためである。「30秒あげるから知っている句をマーキングしていいよ」

⑲訳語に頼るのではなく、<u>使い方を教える。</u>

　　・Program 6-2　both（新語）

　　　→both の使い方（語法）を読ませた。both men, both of them, I like both.

⑳目的の語を見つけたらその<u>前後も見る</u>ように指導する。紙の辞書の長所である俯瞰性を使う。

　　nature と natural

㉑辞書を引いたら語義だけでなく、<u>品詞にも注意を払わせる</u>。辞書で文法指導ができる。品詞を知っていることで赤坂中生徒は高校英語が全員トップクラスになった。

　　・Program 6-1　interested（新語）
　　→名詞・動詞形（interest）から interesting との違いを調べさせた。

㉒<u>接頭辞、接尾辞に着目</u>させて語彙を増やす。

　　・Program 5-2　centimeter（新語）
　　→centi- で始まる語を調べさせ、その意味を確認した。centi-「100」「100分の1」の意味を表す。century「100年」追加で centipede「ムカデ」にも言及した。運動会の競技名（centipede race）にあるため。
　　→名詞＋ -ful, 名詞＋ -y, -ist, -cian, 形容詞＋ -ly, un-, -able
　　中3の4月に「語彙力王・女王ランキング試験」を宣言し意識づけをし、翌1月に実施する。

赤坂中学校語彙力王・女王ランキング試験
第1回　最重要接頭辞・接尾辞　　　　　　　　**2020. 1 .24.**
　解答時間30分
　問題：次の接頭辞・接尾辞の語をなるべくたくさん書きなさい。ただし、
　　　　repeat や receive のように re- をとって成立しない語は除きます。
　　　　つづりが合っていて正解とします。

　1. re-　＿＿＿＿＿＿＿＿＿＿＿＿＿＿＿＿＿＿＿＿＿＿＿＿＿＿＿

　2. un-　＿＿＿＿＿＿＿＿＿＿＿＿＿＿＿＿＿＿＿＿＿＿＿＿＿＿＿

　3. -able　＿＿＿＿＿＿＿＿＿＿＿＿＿＿＿＿＿＿＿＿＿＿＿＿＿＿

　4. -al　＿＿＿＿＿＿＿＿＿＿＿＿＿＿＿＿＿＿＿＿＿＿＿＿＿＿＿

　5. -an　＿＿＿＿＿＿＿＿＿＿＿＿＿＿＿＿＿＿＿＿＿＿＿＿＿＿＿

　6. -ative　＿＿＿＿＿＿＿＿＿＿＿＿＿＿＿＿＿＿＿＿＿＿＿＿＿＿

　7. -tion　＿＿＿＿＿＿＿＿＿＿＿＿＿＿＿＿＿＿＿＿＿＿＿＿＿＿

　8. -ese　＿＿＿＿＿＿＿＿＿＿＿＿＿＿＿＿＿＿＿＿＿＿＿＿＿＿＿

　9. -ful　＿＿＿＿＿＿＿＿＿＿＿＿＿＿＿＿＿＿＿＿＿＿＿＿＿＿＿

10. -ist   _____

11. -less   _____

12. -ment   _____

13. -ness   _____

14. -ous   _____

㉓<u>数えられる語と数えられない語</u>の指導も辞書を使って行うとよい。

    paper, water, fish, fruit

㉔<u>同じ内容を複数の言い方</u>で言えるように指導する。中高で最も大事な指導。

    チャレンジ中学英和辞典の真ん中のピンクのページ「英語で話そう」コーナーは、言語機能別になっていて1つの「言語機能」を複数の「言語形式」で言えるようになる。

    何通りの言い方で言える？「依頼する」「申し出る」

    ピンクのページの p.429「将来の夢」を書いた子（大学生）は2020年に「あなたのスピーチ載せたよ」と言ったらすぐチャレンジを買いに行った。pp.430-431の「日本文化紹介」も赤坂中生。

    p.432大雪の次の日が鎌倉遠足だったなあ。

㉕単語だけでなく<u>前後につく語（句）</u>も一緒に指導する。

    コロケーション指導　eat, cook, tell, own

    eat の次に来る語ベスト10は？（British National Corpus で調べてみよう）

㉖<u>冠詞のあるなし</u>に注意させる。

    ・Program 3-3　few（新語）

     →辞書を引かせて品詞を確認。次に few と a few の違いを辞書の例文を使って解説した。

㉗英語圏の文化など、辞書には<u>読むべき箇所</u>がある。

㉘<u>連語・熟語</u>はなるべくたくさん辞書で確認させる。英語習得の早道。

    ・Program 4-4　in peace（新名詞句）

     →「同じ内容の1語で答えなさい」という発問をした。生徒がとまどっていると、「平和に」という意味でrest という動詞を修飾（説明）し

ているのだから副詞だとヒントを与えた。生徒は peace を引いて、peace 名詞→peaceful 形容詞→peacefully 副詞と答を導き出していた。

・Program 2-1　used to（新連語）
　→辞書を引かせて「過去の習慣」であることを確認させた後、例文を読ませた。

㉙頻度を表す副詞など、決まった位置に来る語を指導する。
　usually, yet, ever

㉚３年生になったら「すぐに辞書を引かない指導」を始める。
　「○回だけ引いていい」「英検４級の人は３回、３級は２回、準２級の人は１回しか引けません」「引かずに意味を想像してから、辞書を引いて確かめよう」

２．指導場面
①教科書の新語導入時、本文内容理解時、SW（Spiral Worksheet）の答え合わせ時
②「じゃれマガ」（浜島書店中高生向けメール配信ニュース）、「読みトレ50, 読みトレ100」（浜島書店刊、reading 教材）の内容理解時

３．辞書を引かせた単語例
　実際にどの語を引かせたのかを一部紹介する。（教科書は平成28年度版 Sunshine English Course を使用）
【３年生】
　・Program 2-1　used to（新連語）
　　→辞書を引かせて「過去の習慣」であることを確認させた後、例文を読ませた。
　・Program 2-3　dying（新語）
　　→辞書を縦に読ませて原形（die）、名詞形（death）、形容詞形（dead）を探させた。
　・Program 3-2　produce（新語）
　　→辞書を縦に読ませて名詞形（production, producer）、形容詞形（productive）を探させた。
　・Program 3-3　few（新語）

→辞書を引かせて品詞を確認。次に few と a few の違いを辞書の例文を使って解説した。

・Program 4-1　get away（新句動詞）
　→辞書を引かせて知っている get＋1 語にマーキングをさせた。get on, get dark, get to, get along など。日本人が苦手な phrasal verbs に意識をさせるためである。

・Program 4-4　in peace（新名詞句）
　→「同じ内容の 1 語で答えなさい」という発問をした。生徒がとまどっていると、「平和に」という意味で rest という動詞を修飾（説明）しているのだから副詞だとヒントを与えた。生徒は peace を引いて、peace 名詞→peaceful 形容詞→peacefully 副詞と答を導き出していた。

・Program 5-2　centimeter（新語）
　→centi- で始まる語を調べさせ、その意味を確認した。centi-「100」、「100 分の 1」の意味を表す。century「100 年」。
　　追加で centipede「ムカデ」にも言及した。運動会の競技名（centipede race）にあるため。

・Program 5-3　below（新語）
　→ under との違いを調べさせた。

・Program 6-1　interested（新語）
　→名詞・動詞形（interest）から interesting との違いを調べさせた。

・Program 6-1　wrestling（新語）
　→wr- で始まる知っている言葉を探させた。wrap, wreath, wrench, wrist, write, wrong

・Program 6-2　both（新語）
　→ both の使い方（語法）を読ませた。

4．辞書指導の効果

認知語数（receptive vocabulary）
平成25年度 3 年生対象調査

1　調査方法
　チャレンジ英和辞典を使って意味がわかる語にマーキングする（複数の語義がある場合は 1 つの語義がわかればよい）。

2　調査時期
　5 月連休明け〜12月10日　毎時間 3 分を使って

3　生徒のデータ

平均語数……………………………2889語

学年の真ん中の生徒の語数……2900語　（40名中20位）

1位の生徒………………………6120語

2位の生徒………………………5982語

3位の生徒………………………4132語

4位の生徒………………………4078語

5位〜13位の生徒………………3000語台

＊参考：北研愛媛支部八木教諭による追試（令和元年度）では平均3100語。

旧学習指導要領（〜令和2年度）で規定されている指導すべき語彙数
中学校……1200語　　高校………1800語

合計3000語だが、北原メソッドだと中学校だけで半数の生徒がその数字に達している。

新学習指導要領（令和3年度〜）で規定されている指導すべき語彙数
小学校……700〜800語　　中学校……2200〜2500語（増加率108％）

北原メソッドなら現状の語彙指導だけで十分足りる。

赤坂中に限らず、そのまた前任校でも私の教え子たちが高校で教師・友達から必ず言われたことが2つある。それは①発音の良さ、②語彙の豊富さ。私の授業を参観した先生方も口を揃えて言う。「発音も語彙力もこんな学校は他にない」。その語彙力を支えているのが日々の語彙指導と辞書使用であることは間違いない。

4−2　語彙指導の実際

0．指導語彙数の変遷（文部科学省学習指導要領から）

・2つ前の指導要領（〜平成23年度）…………………………………900語程度

・旧学習指導要領（平成20年告知、24年度実施）………………1200語程度

・新学習指導要領（平成29年告示、令和3年度実施）……2200〜2500語程度

ウ　語，連語及び慣用表現

> （ア）　1に示す五つの領域別の目標を達成するために必要となる，小学校で学習した語に1600〜1800語程度の新語を加えた語

　中学3学年間に指導する語は，改訂前は「1200語程度の語」としていたが，今回の改訂で「1に示す五つの領域別の目標を達成するために必要となる，小学校で学習した語に1600〜1800語程度の新語を加えた語」とした。これは，五つの領域別の目標を達成するために必要となる実際のコミュニケーションにおいて活用される可能性が高いと思われる語彙の定着を図るためである。

　中央教育審議会においては，「指導する語数については，これまでの実績や<u>諸外国における外国語教育の状況</u>などを参考に，実際のコミュニケーションにおいて必要な語彙を中心に，<u>小学校で600〜700語程度，中学校で1600〜1800語程度，高等学校で1800〜2500語程度</u>」を指導することとして整理している。

　「1600〜1800語程度」については，前回の改訂における「1200語程度」と比べると増加幅が大きく見えるが，小学校において中学年の外国語活動で扱ったり高学年の外国語科で学んだりした語と関連付けるなどしながら，中学校で語彙を増やしていくことを考えれば，言語活動の中で無理なく扱うことのできる程度の語数であると考えられる。また，<u>平成28年度版の検定教科書においては，3年間で扱われている語数の合計が6社とも1200語程度をかなり上回っている</u>ことにも留意が必要である。なお，「1600〜1800語程度」としている語数について，「1600語」とは中学校の外国語科で新たに指導する語数の下限を，「1800語」とは指導で取り扱う一定の目安となる語数を示したものであり，<u>1800語程度を上限とするという趣旨ではない</u>。

→　語彙が大幅に増加して、教室は混乱するだろう。しかし、中学校段階でこの程度の語彙数を持っていないと<u>中国・韓国に追いつけない現状</u>がある。生徒は単語を書いて覚えることはできなくなる（従来の単語テストでは太刀打ちできない。授業の中で語彙指導を充実するしかない）。

→　新学習指導要領施行2年後、上の見方は現実化している。語彙の大幅増加に伴って教科書本文が長く、分量が大変多くなった。その結果、先生方は教科書を終えるのに苦労し、生徒はやることの増加に苦しんでいる。

1. フラッシュカードなどを使った語彙指導の実演
北原メソッドの基本①　Bパターンの授業

2. 北原メソッドBパターン実演　＊反転は語彙指導部分
北原メソッドBパターンのコンポーネンツ（指導順）
（1）Spiral Worksheet の答合わせ（教科書付属教材、北原作成）
（2）ピクチャーカードを使ったQ & A（3年生は Picture Describing）
（3）本文のオーラル・イントロダクション
（4）新語の導入（フラッシュカードを使って）
（5）本文の内容理解（gesture reading）
（6）音読
　　　（repeating→paced reading/parallel reading→
　　　shadowing→individual reading）
（7）ライティング（教科書の Scenes 右ページ Speak & Write を使って）

....

（1）Spiral Worksheet の答合わせ（以下は教科書付属教材、北原作成）
学習日（　　／　　／　　）

スパイラル学習ワークシート　No. 3

1年（　　）組（　　）番　　氏名（　　　　　　　　　　　）
Program 8-1　　　　　　　　　　　　　　　　　　　　教科書 p.98
The Year-End Events

Jack ： Hey, Emily. Please help me. <u>Can you</u> come here?
　　　　　　　　　　　　　　　　　　①

Emily: <u>Sorry, I can't</u>, Dad. I'm cleaning the bathroom now.
　　　　　　　②

Jack ： OK. <u>How about</u> you, Mark?
　　　　　　　③

Mark ： I'm <u>busy</u>. I'm cleaning the living room.
　　　　　　④

Emily: <u>Are you sure?</u> You're watching TV. I can <u>hear</u> <u>the sound</u>.
　　　　⑤　　　　　　　　　　　　　　　⑥　　⑦

Mark ： No, I'm not watching TV. I'm wiping the TV set.

Jack ： All right. Turn off the TV <u>then</u>.
　　　　　　　　　　　　　　　⑧

Mark ： Oh, no!

---

① Can you 〜? 「〜　　　　　　　　」

② Sorry, I can't.
　「わかりました，いいですよ」と言う時の表現をできるだけたくさん書きましょう。

_____

③ How about 〜? 「〜　　　　　　　」

④ busy （　）詞 「　　　　　　　　」

⑤ Are you sure? 「　　　　　　　　　　」
　同じような意味を表す表現を書きましょう。　_____?

⑥ hear （　）詞 「　　　　　　　」

⑦ the sound
　何の音ですか。（　　　　　　）

⑧ then
　この場合の正しい意味を下から選び、記号を書きましょう。（　）
　ア　それから　　イ　そのとき　　ウ　それでは

　Spiral Worksheet は、私の手作り教材の中で最も古くから生徒に支持されている教材です。生徒が「わからない」のは、新しく習ったことよりもずっと前に習ったことの方がずっと多いのです。このプリントはそんな視点から、①既習語彙、②既習文法だけを問題形式にしてつくられています。同じ問題が何度も何度も現れ、最後には全員ができるようになります。また、全員のスタートラインを揃える意味があります。プリントはどんどん印刷して生徒に配布しておき（生徒のタブレットに送っておき）、生徒は時間のある時にどんどんやって授業に備えます。新しいことを教えるだけなら学校以外にも選択肢はありますが、「復習を」「みんなで」励まし合いながら行うのは対面の学校教育しかできません。もっと授業に復習の機会を持ちたいものです。

（2）ピクチャーカードを使ったＱ＆Ａ

　新学習指導要領では「即興で話す」ことが旨とされています。北原メソッドでは授業の随所に即興発話の練習があります。このＱ＆Ａもそのうちの１つです。ふつう、本文を扱う場合、オーラル・イントロダクションから入ります。しかし、そこでは教師ばかりが話していることに気づき、「生徒が言えることは生徒に言わせよう」と思って始めました。全員を立たせて教師が本文のピクチャーカードに関する質問をし、正解できた生徒から座らせる活動です。３年生になると先生の質問はなくなり、生徒が自ら絵の説明をします（Picture Describing）。

（3）本文のオーラル・イントロダクション

　授業参観をすると「オーラル・イントロダクション」と称してピクチャーカードを見せて教科書本文のみを言う先生がいますが、それは本来のオーラル・イントロダクションではありません。教科書本文は採択率を上げるために分量はギリギリに削られています。これは30年近く教科書著者をやってきた私が言うのですから本当の話です。いわば本文は人体に例えると骨格見本のようなものです。それだけでは男か女かはもとより年齢もわかりません。そもそも文章は短ければわかりやすいのでしょうか。いえ、そんなことはありません。日常の言語操作を考えてみるとよくわかると思います。私たちは相手にわかってもらおうと同じことを「繰り返し」たり、「例を挙げ」たり、「言い換え」たりしています。教科書本文には分量的にそれらが入れにくいのです。そこで教師がそれらを補って初見の教科書本文を生徒が理解できるようにしなければなりません。これこそが、教師の腕の見せ所です。教師の英語力が問われる所なのです。また、オーラル・イントロダクションは生徒が「自力で読むことが難しい段階」だから先生が背景知識（backdrop, schema）などを補ってやるわけです。なので「生徒が自力で読める段階」や「背景知識を持っている状態」の時にはスキップすべきです。研究授業を拝見していると、３年生２学期になってもていねいにオーラル・イントロダクションをされている先生を見かけますが、生徒の自立を奪ってはいけないと思います。

1　Productive Vocabulary（発信語彙）：<u>dad</u>　<u>set</u>　**all**　*All right.*　*turn off* 〜

　　註１：教科書の New Words 欄で強調文字で書かれている単語（このセクショ
　　　　　ンでは **all**）は教科書会社が発信語彙（Productive Vocabulary）と見
　　　　　なした語ではなく、従前と同様に単に「重要な語」に留まる（令和３
　　　　　年度に使われ始めた教科書はすべて同様である。教科書巻末のグロッ
　　　　　サリーに「発信語彙」「受容語彙」の記載がない）。**all** は北原版「中
　　　　　学校発信語彙リスト三種」リスト（下巻 pp.50-61）によれば発信語
　　　　　彙なので採用した。

　　註２：下線の語はそれ以外に北原が発信語彙（Productive Vocabulary）と
　　　　　見なした語。

2　Receptive Vocabulary（受容語彙）：Jack　Mark　hey　wipe　wiping

プリントにして生徒に渡す受容語彙（計11語）

・Sunshine 1 Program 8-1

　　ここに載せた単語は、発音通りの語以外はつづりを覚える必要はありませ
ん。□はチェック欄です。意味が言えるようになったら✓を入れましょう。

1 Scenes（Basic Dialog）	2 Think（本文）	3 Interact（やりとり）
□ persimmon　柿	Jack　ジャック	□ crane　鶴
□ mango　マンゴー	Mark　マーク	
□ avocado　アボカド	□ hey　ねえ、ちょっと	
□ chestnut　栗	□ wipe　拭く	
□ in the air　空中で	□ wiping　wipe の ing 形	

＊人名や固有名詞などは正しくつづりを覚える必要がないので□チェックボッ
クスはつけていません。

3　題材語：ここではゼロ

　　北原メソッドで最も力を入れていることは語彙指導です。単語の意味だ
けを教えておしまいなどということはありません。語彙の持つ「広さ」は
もちろん「深さ」も獲得するためには語彙指導が欠かせません。使える語
彙に転移するためには語彙指導が必要なのです。ところが、新学習指導要
領によって語彙がそれまでの倍ほどに増加しました。その結果、すべての

新出語に対して今までのような語彙指導はできなくなりました。そこで使えるようにならなければならない語彙である「発信語い」と、聞いて読んでわかればいい語彙である「受容語彙」とに分けて軽重をつける必要があります。昨今の語彙研究から、最も語彙を覚えるのはリスト化することだと言われています。そこで授業で深く扱えなかった「受容語彙」については、前ページのようなリストにして生徒に渡す方法があります。受容語彙にもならない人名や題材語はリストからもはずします。

（5）本文の内容理解

北原メソッドが従来の英語教育から消し去りたいのは、①単語テスト ②悪のノート ③なんでも和訳です。特に中学段階では和訳は不要です。私は生徒に和訳をさせたことがありません。その代わりに生徒の内容理解度を把握するのがジェスチャーです。ジェスチャーの利点は内容理解だけではありません。映像（ジェスチャー）で脳に入った情報は取り出すのが容易なのです。英語←→日本語ではなく、英語←→映像です。

（6）音読

一歩教室を出ると英語が聞こえてくる環境ではない日本では、音読の位置づけは重要です。自分の声で脳内に英語の音をインプットします。だからカタカナ発音ではなくて正しい英語の音声で読むことが大事なのです。

（7）ライティング　教科書 Sunshine p.97 Speak & Write

北原メソッドAパターンでは新出文法導入をし、それを使ったリスニング、スピーキング練習を教科書を使ってします。Bパターンでは教科書本文の扱いが終わった後でライティング練習になります。その時も教科書の練習を使います。教科書にある練習はすべての生徒ができるように簡単になっているので飛ばしてはいけません。2021年度から使われている教科書では、スペースの関係でスピーキングとライティングの活動が一緒になっている教科書が多いです。「言ったことを書く」という基本は守っているものの、前時に自分が言ったことを覚えていない生徒もいるのと、面白みに欠けるという点で教科書作りとしては後退だと思います。

　　同じ箇所を扱った下記授業ビデオを指導案とともに学生に見せました。上智大で教えた学生が新規採用で勤務している学校で、2021年12月に行った示範授業の指導案です。

＊2021年12月３日　千葉県Ｋ３中１年生の授業ビデオ（北原示範授業）視聴
以下、その指導案（ 反転部分 がＢパターンの授業）

Teaching Procedure

Items	Teacher's Guide/ Help	Students' Activities	Points/ Evaluation
1. Greeting (3 min.)	Greets with Ss and introduces himself.	Greet with T.	Every S must look at T.
2. Routine Work Song Eternal Flame (4 min.)	JTE plays the CD player. Ts lead Ss to sing better.	Sing along.	
3. Q & A Speaking (8 min.)	Shows Ss picture cards.	Stand up and answer T's Qs. If the answer is correct, he/she can sit down.	Praise good As.
4. Oral Introduction of the text Listening (3 min.)	Shows picture cards and explains the story.	Listen to T and try to get the gist. Answer the questions if needed.	Aural input of the new words and the content.
5. Introduction of New Words Vocabulary (7 min.)	1. Shows Ss flash cards. 2. Shows Ss model pronunciation. 3. Shows the other side and makes some comments on the usage. 4. Shows the Japanese side to Ss.	Try to pronounce the words. Repeat after T. Understand the meaning and the usage of the words. Say English words. Spell each word in the air.	T shows the new words in two categories ; productive vocab. and receptive vocabulary.

第4章

131

6. Comprehension of the text **Reading** (5 min.)	Reads the sentences once.	Read the passage silently trying to get the gist, and stand up when they finish. Repeat after T showing the context with gestures.	T must see what part seems to be difficult for Ss to understad.
7. Reading Aloud **Reading** (6 min.)	Reads the passage aloud. **Paced Reading** **Shadowing**	Repeat after T. Read at the same pace and pitch as T. Shadow T's reading.	Ss must hold the textbook so that they concentrate on reading.
8. Writing **Writing** (8 min.)	Corrects mistakes.	Write sentences using present continuous. Come to T to get checked.	Fast Ss to finish the task will be "small teachers" and help their peers.
9. Closing (1 min.)	Assigns today's homework. (workbook)	Take notes.	

第1、2回は私が実演して見せ、第3回目の授業から毎回一人の学生に
じゃれマガを使った授業のプレゼンをさせています。

じゃれマガのつくり方について

1　浜島書店の HP からじゃれマガの申請をしましたか。土日を除く、毎日登
録したデバイスに送られてきていると思います。送られてくるのはもちろ
ん英文の素材だけです。それをワードなどに貼り付けます。

┌───┐
じゃれマガの登録・登録解除について

●登録

　携帯電話などのメールアドレスの場合、事前に、「catchawave.jp」ドメインからのメールが受け取れるよう、迷惑メール対策の設定をご確認ください。https://www.hamajima.co.jp/jaremaga/form/registration-form#!/registration にアクセスしていただき、必要事項をご記入の上、お申し込みください。その後、自動的にメールアドレス確認のためのメールが送信されます。メールに記載された Web ページにアクセスしていただくことで、登録手続は完了です。

◆登録解除

　https://www.hamajima.co.jp/jaremaga/form/quit-form#!/quit にアクセスしていただき、ご登録されているメールアドレスを記入の上、「登録解除」ボタンをクリックしてください。確認のためのメールが自動的に送られますので、そのメールに記載された Web ページにアクセスしていただくことで、登録解除の手続が完了となります。
└───┘

2　貼り付けた英文に対して、次の加工をします。

　・中3の1学期段階で未習であり、その意味がわからないと文章全体の理解に不都合が生じる語（句）には日本語訳を書きます。未習語であるかないかは Sunshine の教科書を基準にしてください。3年生教科書の一番後ろのグロッサリーに単語一覧が出ています。何年生で学習した語なのか記述があるので参考にします。そもそも何年生の何月頃にはどんな文法事項や語句を習うのかを知っておく必要があります。ひまがあったら教科書を見て研究してください（これを教材研究と呼びます）。

　・既習語や既習文法で自分が質問にしようと思った語（句）に下線を引きます。

3　全員分＋北原の分を印刷して自分の当番の日に持ってきてください。

4　3時25分になったら担当者が前に来て授業を始めてください。

　・1分間黙読させる。かかった秒数をメモさせる。

　・読み終わったら Question に対する答の部分に下線を引かせる。

　・Question を読み上げる。生徒は下線を引いた部分を答える。

　・範読する。

　・下線部を質問する。生徒は答える。なるべく日本語使用を控える。

　所要時間は3分〜5分程度です。5分経ったらベルを鳴らします（4、5月は2年生までの語彙や文法の確認が多く下線部の質問が多いので5分で終わらない）。

次は、中学校で新学習指導要領が施行された2021年４月の北研月例会のレポートです。テーマは以下の通り。①参加者全員の自己紹介と最近の授業の様子（困っていることなど）、②高校から降りてきた文法事項の扱いについて、③ speaking「やりとり」について。学生に up-to-date な内容を知らせるために掲載しました。

新旧学習指導要領の違いによってどう授業をアジャストしていくか
2021年４月17日（土）第181回北研４月例会（オンライン）会員からのレポート
（＊下線は北原）

北原先生、北研メンバーの皆様

　先日は貴重な学びをありがとうございました。熊本県のＨです。今まで部活動に充てていた時間をオンライン研修で有効に活用でき、とても嬉しく思います。昨年度までは部活動がさかんな学校に勤めており、何度も全国大会に参加する機会に恵まれましたが、このオンライン研修は「教科指導の全国大会」のようで、自分の意識を下げないための大事な機会になると感じました。

　昨年度、北原先生の指導法に出会って初めて１年生指導に北原メソッドを導入しましたが、１年後のテストでは他クラスと大きく差がついてしまい（学年としては課題かもしれませんが…）、北原メソッドの与える影響の大きさを実感している所です。今年度は、別の中学校で２年生を担当することになりましたので、東京都のＴ先生の実践のように、生徒たちの実態を見極めながら、今やることと後からやることの精選をして良い授業をつくりあげたいと思います。自分の授業はまだまだ改善点が多いですが、研究授業などは積極的に引き受け、授業上手になっていきたいと思います。以下、レポート報告です。

【学力差について】

　できる生徒もできない生徒も伸ばすメソッドでなければならない。集団教育で大事なのはできない生徒へのサポートをし、集団における基礎学力の底上げをすること。ペア活動ではより強いラポートを築くことを要求する。「人に教えることは決して損にならない」ということを全体に伝え続けること。

【特別支援学級の生徒について】

　１年後には、特別支援学級の生徒もテキストの音読ができるようになり、ピンポンブーボタンで大喜びし、挙手もどんどんするようになる。大事なのは、「絶対可能だ！」と教師が信じること。

【文法移行措置について】

　じゃれマガ、Teacher Talk で補っていく。文法の導入は必ず復習からやっていく。

【クイック Q and A】

　４パートから構成される使用法で、生徒たちの即興で話す力はどんどん上がっていく。１年生の３学期〜２年生の４、５月まで毎回やっていく。Retell は難しい活動なので、クイック Q and A を使って慣れていくべき。教科書単元によってはとても難しい題材を扱っていて、それを Retell するにはハードルが高すぎるので注意する。「生徒たちがその活動をやりたいと思うかどうか」が大事なポイント。

【ライティング】

　口で言えたことを書けるようになる。そのためには accuracy が大事！　頭の中に正しい英文を落とし込んでいく活動。

【じゃれマガ実演】

　４月は５分以上かかるかもしれないが、慣れたら５分以内におさめるべき活動。「今日わからなくてもまたいつか出てくるから大丈夫だよ」と伝えてあげると生徒は安心する。

2021年度第3回優秀リアクションペーパー

　┄┄┄┄┄　中高時代に習った英語授業　━━━　北原メソッド
反転文字のリアクションペーパーは超優秀

外国語学部ドイツ語学科

　今回の「辞書指導」についての講義を受けながら、自分が受けてきた辞書指導について思い出した。私が英語を始めたのは小学４年生であったが、学校ではなく知り合いのイギリスに長年住んでいた方に教わっていた。その方が Challenge の英和辞書を買ってきてくださり、辞書指導30のポイントにあるように引いた語にはマーキングをつけるように言われた。また、できれば１日１語何か引くようにも言われていた。その辞書をもらった当初は、初めての英語辞書にワクワクしてお気に入りのペンで引いた語に線を引き、毎日楽しくやっていた記憶がある。しかし、いつの間にかやらなくなってしまった。私が飽き性だというのもあるかもしれないが、次第に楽しさがなくなってしまったのだ。北原先生の辞書指導30のポイントの解説を読み、そして聞いたことで、なぜあの頃の私が興味を失ってしまったのかがわかった。まず１つ目に辞書の引き方をよくわかっていなかったことが挙げられる。ただ辞書を毎日引けと言われただけだったので、とりあえず引いてその解説を読むだけで終わっていた。だから品詞や多義語、phrasal verbs などあまり気にせず、辞書を引くという目的を達成する

ためだけに辞書を引いていた。そして辞書を引く特段の必要が感じられなかったことも理由の一つだと考えられる。その方の授業は週に1回マンツーマンで行っていて、わからない語があった時に、辞書がすぐそばにあるのにも関わらず、その方が意味を教えてくれていた。授業中に宿題の確認をし、わからない単語がない状態で宿題をやっていたため辞書を引いて単語を調べる必要もなかった。また、プライベートレッスンだったこともあり、周りに助け合ったり、競い合ったりする仲間もいなかった。これ以外にも理由は考えられるが、この3つが私が辞書を引くことを習慣化するのに失敗した大きな要因だと考える。私の知り合いは教員でもなければ、お子さん以外に勉強を教えた経験もなかったため仕方がないと思っていたが、『幹』の上巻110ページから始まる辞書指導ワークショップ参加者の声を読み、教員でも辞書指導をうまく行えていない人や、紙辞書のポテンシャルに気づけていなかった人が多いということがわかった。多くの場合時間がないため辞書指導を行えていなかったと書かれているが、辞書指導をすることで、楽しく英語を学べ、自主学習の促進にもつながり、語彙が増え、結果的に英語が好きで、できる生徒が増える。一石二鳥以上のこの指導をやらない手はないと感じ、教員になる前にこのことを知れた私はラッキーだと思った。おそらくこれを知らないで教員になっていたら、他の先生方同様、辞書指導をしようとも思わなかったと思う。電子辞書ばかり使っているが、まずは自分が紙辞書に慣れることから始めていこうと思う。

　上記に加えて、ピクチャーカードを使ったQ＆Aはただただクイズをやっているだけのような楽しさもあり、時には間違えないように細かいところまで注意しなければならない緊張感もあって、とても楽しいものであった。私が中学生の頃を思い出すと、実際に授業でやったような「Wh」から始まる、いわゆるOpen Questionには単語のみで答える生徒が多く、その中でもwhyから始まる質問に対しては答える人がいなかったと記憶している。それを今回の授業では、まず全員を立たせることから始まった。立たせることで、全員を強制的にその活動に参加させることができる。もちろん生徒は早く座りたいから一生懸命考え、答え、間違えても何度も挑戦する。そして、自分が間違えた問題を他の人が答えていると悔しい。だから次は間違えないように必死になって覚える。たくさん間違えることが語学上達の鍵ということを聞いたことがあるが、この活動では楽しみながらそれが思う存分できる。私が受けてきた英語教育の場では間違えることが怖く、進んで手を挙げることなどできなかった。それをできる活動や雰囲気作りが今までの授業では受けたことのないものだった。また、これを本文に入る前に行うのがポイントだと考えた。本文に入ってからやるとその本文に引っ張られて自由な回答ができなくなってしまうからだ。自由な発言と伸び伸び間違えることのできる空間作りは教師が生徒に提供すべき大事な要素だと思う。こう

いう授業を受ければ私も英語にコンプレックスを抱かずに済んだのかもしれないと感じる。この思いを生徒にさせないためにも北原メソッドの真の部分までしっかり学ぼうと思う。

総合人間科学部教育学科

　今回の授業で、辞書に対する考え方が大きく変わりました。私は今までわからない単語があったら、すぐに電子辞書で検索をしていました。正直なところ、今回の授業を受けるまで、どうして電子辞書ではなく、調べるのに時間がかかる紙の辞書をわざわざ使うのかと思ってしまっていましたが、この授業を受けてから、このチャレンジ中学英和辞典の内容、活用の幅広さに驚き、今まで電子辞書を使用していたことに後悔するほどでした。まず、「辞書」に対する生徒の気持ちが多く反映されている点です。辞書指導のタイミング、単語の大きさ、イラストなど、生徒が辞書を開きたい、引きたいと思わせる工夫がたくさん含まれていました。特に単語の大きさは、重要な語が大きく書かれていることが、本当はわかりにくい、見逃してしまうという生徒の本当の気持ちを拾い、"あえて"同じ文字の大きさになっていること、そして私が本当に苦手だった、多くの生徒が苦手とする"phrasal verbs"は、すべての語義の後にまとめてわかりやすく書いてくださっていることに本当に驚き、生徒の本心をここまで理解し、反映してくださっているのかと感銘を受けました。そして、辞書の使い方に関しても新たな発見ばかりでした。まず、「辞書を縦に読む」ことです。縦に読むということが、こんなにも生徒を惹きつけるとは思いませんでした。kn-, wr- のページを開くと、kn-, wr- で始まる言葉、そしてその中で中１が理解できるカタカナ言葉が、私が思っていた以上にありました。kn- や wr- から始まる語に対して、どうしてこう発音するのですかという生徒の疑問を、「決まりだから」という理由で終わらせず、生徒が心から納得し、そしてさらにあの言葉はこう綴るのかという興味やこの言葉はこう発音すればよいのかというような発見にまでつなげることができるのかと思いました。さらに、カタカナ語で興味を持たせるきっかけにはするけれど、カタカナ英語を使わせないという部分も本当に勉強になりました。カタカナ英語から興味を持たせてから、正しい発音を提示することで、生徒がカタカナ英語から"英語"に興味を持ち、"英語"を学習できる素晴らしい流れだなと驚きました。また、接頭辞、接頭語の指導に関してもそうです。中高時代、接頭辞や接頭語がまとまったリストが配られ、暗記するように促されましたが、私はその膨大な量に絶望した記憶があります。しかし、北原メソッドでは、辞書を使用し、生徒が単語の暗記ではなく、単語の成り立ちを「理解」することができるように促すことで、生徒の中で自然と語彙を増やすことができるなと感じました。私が何度も間違えたり、覚えるのに苦労したりしたものが、辞書

の活用の仕方によって、こんなにも身につけやすくなるのかと驚きました。調べる時間の短縮や楽さばかりを重視し、電子辞書で単語をそのまま打ち込み、一番上の意味だけを見て納得してきた私の勉強方法は、全く頭を使っておらず、もったいなかったと感じましたし、この辞書を中学時代に使いこみたかったと思いました。

　また、ピクチャーカードを使った導入も私自身が自然と楽しみながら授業にのめり込んでいました。自分の言葉で一生懸命説明したら認めてもらえること、発音が正しくなるまで不正解とされること、積極性が試されることなど、気づけば必死に頭を使っていました。恥ずかしいからカタカナ英語でとりあえず言えばいい、先生に当てられたら話せばいい、他の人が言ったからわざわざ言わなくていい、間違えているかもしれないから言わないというような、中学生が考える（私が中学生の時に思っていた）こと、英語力の低下につながってしまいそうなことを全くさせない、どんどん発言させて英語で話すことに慣れさせる、英語で話すことが楽しいと気づかせることで、気づけば授業にのめり込み、英語が話せるようになっている授業だと思いました。辞書指導に関してもそうですが、毎回、北原先生の授業は、生徒の"本当の気持ち"を拾って寄り添い、それを大きく反映してくださっている授業だからこそ、生徒が面白いと感じ、そして「主体的な学習者」を育てる授業なのだなと感じます。次回も楽しみにしております。

文学部英文学科

　本日の授業で、辞書指導を実際に受けました。私自身、英語の紙の辞書を使ったことがほとんどなく、高校で電子辞書を使った記憶しかありません。ましてや中学生で英語の辞書指導を受けたことはなかったため、実際に授業で使ってみると、慣れておらず大学生なのに苦戦してしまいました。しかし、自分できちんとアルファベットを探し、紙をめくりながら調べたために、電子辞書で調べた時よりも調べた内容が確実に記憶に残っているし、その単語の意味もしっかりと頭の中に入っています。また、紙の辞書だと自分が調べた単語にマーキングができるという点でも、目に見える形で自分の認知語彙が把握でき、とても効果的であると感じました。他にも、中学生は特に、競争心が強いと思うので、辞書で調べられた人から立ち上がるという「ゲーム性」を持たせている点でも、通常の「辞書指導」とは違った味が出る、「生徒にとって楽しくてしょうがない辞書調べゲーム」に変身していると強く感じました。

　また、印象に残った点として授業の中で、先生が、「ある熟語が出てきた時に、その熟語の意味を丸暗記するのではなく、動詞のイメージを与えることで（turn off や turn up の例にあったように）、知らない熟語が出てきた時にそのイメージから連想・予想が出来る」とおっしゃっていたことが挙げられます。ただ単に「この熟語はこう

いう意味ですよ。覚えといてね」という授業を受けてきた私にとっては、新しい扉が開かれた感覚でした。単語のイメージが頭の中にあれば、ただの丸暗記に比べ新出熟語が出てきた時の生徒自身の感覚、捉え方も大きく変わってくると強く思います。

文学部英文学科

　今日の授業で久しぶりに紙の辞書を実際に使ってみて、紙辞書を引くことの楽しさを思い出したように感じた。私は、中学までは毎回フェイバリット英和・和英辞典という紙の辞書を使って調べていたが、高校ではめったに紙辞書を引くことはなく、大学生の今は専ら電子辞書に頼りっぱなしである。電子辞書は持ち運びも楽だし、すぐに音声を再生できてとても便利で効率的だが、今回の授業を受けて紙辞書には紙辞書ならではの良さがあると再認識できた。例えば、早期から紙辞書を引く習慣をつけることでアルファベットの順番を覚える助けになるし、複数の意味を持つ単語や名詞と動詞両方の意味を持つ単語などはすべて太字で記されているため、1つの意味だけを拾うということは起きない。また、調べたい単語の前後の単語も紙辞書だと自然と目に入ってくるため、「こんな単語があったんだ！」と思いがけない新たな単語との出合いもあるかもしれないので、語彙力の増強にも役立つと思った。そして、私が辞書を使う一つの楽しみになると思うものは、"英語で話そう"や"単語図鑑"などのコーナーを読むことだ。チャレンジの辞書では、シチュエーションごとに分けられた表現や単語など、とてもオーセンティックなものが多く、隙間時間にパラパラと目を通すだけでもすごく勉強になると思った。また、3年生になったらすぐに辞書を引かない指導に切り替えるという指導法は、文中の流れから推論したり、接頭語や接尾語の知識などを使って何となく意味を掴んだりする良い練習となるので、英語で英語を読むことにつながる非常に大切な方法だと思った。このような辞書指導も、赤坂中学校の語彙力の豊富さにつながっている1つの要因なのだなと知ることができた。

文学部英文学科

　今回の授業では中学校入門期の英語指導と、辞書指導、そして発音・音読指導を学んだ。中学1年生の1学期のスピーチテストの映像を見て、まず驚いたことは、生徒たちがほとんどスクリプトを見ていなかったことだ。原稿を見ないことが評価基準に入っていながらも、机に置くことは許可しているという説明があったが、これは生徒たちの実力を最大限引き出す非常に効果的なやり方に思えた。私も中学時代にスクリプトを見ないでスピーチをすることが時々あったが、その間スクリプトを自分の手元に置いておくことは許されていなかった。テストの緊張感に加えて、内容を忘れたらどうしようという不安感もあり、練習では完璧に暗記していた内容が本番で飛んでし

139

まうことは1度や2度ではなかった。映像では1学期の段階ですでにかなり高いレベルにあると感じたが、2学期のスピーチテストでの生徒たちが1学期と比べて格段に生き生きとした様子でいたことも印象的だった。この成長はもちろん生徒の努力と日々の指導の賜物だと思うが、同時に1学期のスピーチがトラウマになっていないからこそだと感じた。3学期の紙芝居は、多くの生徒たちにとって懐かしく、馴染みのある絵本だったということが楽しさの要因だと考えた。英語を母語としない子どもたちにとって、自分たちにとって馴染み深い「ばばばあちゃんの絵本」が1つの掛け橋となったのではないかと思う。それが単に成績のためではなく、小学生に読み聞かせるという目的があったことも、活動に対する彼らの意欲をかき立てたと考える。

　辞書指導は私にとって初めての経験だったが、言葉から私がイメージしていた堅苦しいものとは全く異なるものだった。アルファベットや単語を見てどちらが前のページにあるかのクイズや、辞書がヒントになるなぞなぞを出して、ゲーム感覚で辞書に触れることで、辞書を引くことへの抵抗感が生まれないと感じた。辞書指導の中で、特に私が注目したのは、最も本文に合う訳語を見つけさせる、というポイントだ。私が中学生、高校生の頃は、本文に入る前に単語を調べてくることが宿題になっていたため、内容とマッチする訳語を調べてくるという発想がそもそもなかった。しかし大学に入学し、英文を自分でしっかりと理解することが重要になり、そのために内容に即した訳語を辞書で引く必要に迫られた時に、この点で非常に苦労した。大学生になり2年間が経つ現在でもまだ苦手意識が残っているため、こうした指導を中学校初期の段階で受けることができる子どもたちは恵まれていると感じた。また、3年生になったら「すぐに辞書を引かない指導」を始めるというのも重要だと感じた。わからない単語に出合った時に、すべてを日本語に変換するのではなく、前後の文から類推できるものは類推するということの重要性に私が気がついたのは大学生になってからだったため、この指導を中学生のうちに受けておきたかったと強く思った。

　私は、オーラル・イントロダクションを初めて経験したが、教科書はディテール情報や繰り返しが少なく、そのままではスケルトンのため、教師が肉づけしてあげることで生徒の内容理解を深めるというのは興味深く感じた。教科書の物語は短くテンポよく展開していくが、それゆえに、新しい単語や表現が多く出てくる中では、たとえ特定の登場人物が中心のストーリーであっても馴染めないもののように感じていた。自分と切り離されているように感じる物語の中の表現を自分が使えるようになることは難しいと思う。子どもたちが実際に英語を使えるようになるように指導するという意味でも、教科書に肉づけをして彼らにとって馴染みやすいものにしてあげるというのは非常に有効だと考えた。音読も、キャラクターに色をつけてドラマティックリーディングをしたり、訳ではなくジェスチャーをしながら行うというのは、オーラル・

イントロダクションと同様の理由で効果的だと感じた。さらに実際にやってみて、同じ内容を覚えてしまうほど何度も繰り返し読んだにもかかわらず、飽きたり退屈に感じることなく終始楽しく音読できたのも、教科書をただ機械的に読んだのではなかったからだと思う。「繰り返す」勉強は効果的だが、生徒の英語力だけでなく意欲ややる気も高めるためには、作業的に繰り返すのではなく彼らが楽しめる方法を工夫することが重要だと学んだ。

外国語学部英語学科（聴講生） （＊上智大では外国語学部英語学科の教職課程の授業は英文学科とは別に独自に実施されている。）

　今回は、２コマの授業を通して主に辞書指導と北原メソッドＢパターンについて学びました。それについて触れる前に、発音指導に関する生徒のビデオをまた新たに見させていただき、気がついたことがありました。それは、ただ単にネイティブの音をまねなさいというよりも、どの音をどう発音するのか、どの音とどの音がくっついてどう発音されるのか、といったポイントが明確だったことです。それに伴って評価規準も明確なので、生徒は練習しやすいし、結果的に正しい発音を身につけることにつながるのだと思いました。ここまでできるようになりなさいとゴールだけ提示されても、練習の仕方を知らないがために上達しないことも多いのだと思います。自己紹介の動画についても、原稿が見られるように手元に置いておけるという救済措置もありつつ、チラ見やガン見でどれだけ評価が下がるのか明確なので、生徒は過度な不安を感じることなく、少しでも見ないでチャレンジしようという気持ちになるのかなと感じました。生徒にとっての、評価ポイントや規準を明確にし、提示することの重要性を学びました。

　辞書指導に関して、私もやはり中学校に入学するタイミングで学校が指定する英和・和英辞典を購入しました。しかし、１、２度軽くインストラクションを受けて、その後の使用は「本文でわからない単語があったらこれ使って調べましょう」と任意でした。だから、今回30のポイントに沿ってゲーム感覚で早く引けるように練習したり、日本語の意味を確認するだけでなく、コアの語義や、品詞が違う前後の語、使い方まで確認したりすることで、こんなにも辞書を使うことができるのだと知りました。また、私は長いこと紙辞書に触れてきませんでしたが、チャレンジの中学英和辞典は大学生の私にとってもとても興味深いものでした。それは、ただ単に英単語に対して日本語の意味が書いてあるのではなく、イラストが載っていて言葉ではなくイメージで語の違いがわかりやすいようになっていたり、似た意味を持っているように見える英単語の使い分けやプラスワンの知識がページに頻繁に入っていたりと、ランダムにページを開いて読むだけでも新たに得られる知識がたくさんありそうだと、私自身が

思わず購入を検討しているほどです。そんな辞書を、ただ意味を確認するためだけに使う、ましてや授業中に全く触れないなんて、もったいないと思いました。私も、中学生を教える時には、紙辞書を効果的に使う習慣がつくような授業を行うように、そして英単語を逐語訳で覚えさせるのではなく、イメージや例文も用いて理解させられるような指導を行いたいと思います。

　北原メソッドのBパターンを生徒の視点で実際に体験してみて学んだことはたくさんあります。中でも特に印象的だったのは、宿題をやれと言われているからやるのではなく、やらないと自分が困るという雰囲気になっていると感じた点と、教員が授業の中で生徒のデータをとる工夫が可能であるという点です。Spiral Worksheet の答え合わせで、生徒が1回は挙手をして発言しなければならず、手を挙げないと徐々に挙げにくくなっていく雰囲気が、授業中に困るのは自分だと、生徒の中で言われなくてもきちんと宿題をやってくる動機になっていると感じました。また、家で5回音読をしてきたら、教科書の下のマークを1つ塗ってくるという宿題に関しても、たくさん読むことがゴールではなく、どんなに読んでも授業中の shadowing などの音読練習でついてこられないようなら、さらに多く練習する必要があると気づかせ、やらせるということは、生徒の中で宿題をやる意味につながり、多くの生徒がきちんと練習してくるのだろうなと感じました。私が中学生の時は、何回読んできたか確認はされるものの、その成果を確認されることも実感することもありませんでした。教員としてただ宿題を出すのではなく、何のための宿題なのかを生徒自身に気づかせられるような授業と宿題の関係があるべきだと気づきました。

　授業の中でデータを取り、教員がある意味与えるものを選択するという点も私にとっては新鮮な考え方でした。例えば、新出単語についてどれだけの生徒がスペルを書けるのかを挙手させて把握したり、音読で声が揃わないところを何度も練習させたりと、生徒の反応や状況を理解した上で、限られた授業時間内で重点を置くところにも緩急をつける必要があると学びました。振り返ってみると、私が教育実習で授業を行った際は、目の前の生徒のレベルに合わせる余裕がなく、準備してきたタスクをすることでいっぱいいっぱいだったように感じます。語彙や音読指導をとっても、形式的にならないように、教員としても生徒の理解度を把握することを心がけ、生徒にとって効率的な方法を常に考えようと思わされました。講義を受け始めて2回目ですが、着実に私の中で英語の授業を行う上での引き出しが増えていると実感しています。

北原の返信

　リアクションペーパーをありがとうございました。さすが実習を経験した4年生だと唸る内容で抜群の出来でした。特に発音の仕方を教えることが大切という部分。

native は発音の見本を示してはくれますが、発音の仕方を教えるのが日本人教師の仕事だと思います。あなたの言っていることをこれまで指摘した学生は皆無でした。また評価規準に関する記述も優れています。さらに「やらないと自分が困るという雰囲気になっている」という部分です。こういうことに気づいた人はいません。私自身も改めて認識できました。

北原メソッドで一番大事にしていることです。
①理論
②データ
③生徒目線
「着実に私の中で英語の授業を行う上での引き出しが増えていると実感しています」
これが嬉しいですね。

Kitahara de essay 531 北原メソッドのバトンは引き継がれる
2023年11月7日（月）

　12月3日までの研修会資料、示範授業指導案、その他の「マストアイテム」が終わって時間ができたので、次年度の学生のために今年度の優秀リアクションペーパーをまとめる作業に入っています。この作業は昨年もやりましたが、学生のリアクションペーパーを深く読んで加工するのでめちゃくちゃ時間がかかります。でも来年度の学生によりよく北原メソッドを理解してもらうためには必要なのです。また、「英語授業の『幹』をつくる本」と北原メソッド保存版である「北原メソッド大全　～中学校はもちろん、小学校、高校、そして塾でも抜群の効果が証明された英語教育法～」（仮称）上下巻が開隆堂出版社長の決裁を経て出版が決まったことで、そこにも掲載するのではずみがついています。

　その数あるリアクションペーパーの中で、春学期のフランス語学科の学生が書いたことが私が長いこと主張してきたことに見事に重なるので紹介します。

2022年度優秀リアクションペーパー

·············· 中高時代に習った英語授業　　　——— 北原メソッド

〜〜〜〜〜 北原の主張と重なるところ

外国語学部フランス語学科

　本日の講義では、「北原メソッドＢパターン」の実演を最後まで受けた。実際に受講した上でＫ３中の生徒たちの反応を見ると納得する部分や気づきが多くあった。以下述べていきたい。

　まず、新語の導入の段階で発信語彙と受容語彙に分けてから紹介するという方法を聞いて、学生時代に私が感じていた英語学習のジレンマを強く思い出した。発信語彙と受容語彙の存在は学習を進めていくうちに多くの生徒が気づくものであると思う。生徒たちは使用頻度が明らかに低い単語は優先度を下げるはずである。しかし、①教師が単語テストにして書かせてしまうことで生徒は戸惑いを覚えているはずである。少なくとも私はそう感じていた。そこで、「プリントにして生徒に渡す受容語彙」の一覧にあるような単語と、そうではないものを明確化することで安心して学習が行えると思う。必要語彙数が続々と増える中ですべての単語を書かせて覚えるように仕向けるのではなく、一英語学習者として生徒のためになる語彙学習指導を行うべきである。

　次に60秒クイズの実演を通して繰り返すことの重要性を感じた。思い返せばじゃれマガやスパイラルワークシート、辞書を引く態度やアルファベットの発音などさまざまな箇所でそれは見られる。私は、②繰り返して習慣づけを行わせることが学校で学習することの最も大きな意義であると考えている。昨今では英語に限らず、ほとんどの学習は学校に通わずとも習得することが容易であるように思える。NHK for school で動画を見て学習をすることは生徒にとって学校で授業を受けることよりも、楽で面白いかもしれない。私たちが教える知識の多くはネットで検索をすれば一瞬で出てくるものであり、先生に聞くより検索する方が早いと思われてもしょうがないのかもしれない。予備校の衛星授業や資料が安価な値段で配信されている今、学校教師の在り方について考えなければならないと思う。そこで私は、反復の機会を与えて練習を促し、学習に自律性を促すことが教師の大きな役割の一つであると考える。アウトプットの方法や機会を与える授業を行うことで、授業内容は生徒の成長に大きく還元できるのではないだろうか。③学校に行く意義や対面でクラスメイトと学習する意義を感じさせることができる授業であることで、授業参加の意欲を向上させられると考える。

　音読の方法は特に面白いと感じた。また④日本語で訳すことの危険性を強く感じた。私も「All right.」を「わかりました。」と訳語を書いてノートをとっていたうちの一人だが、言葉がどのようなタイミングやニュアンスで使われるかがわからないといっ

144

た支障が出ていることに今回の授業で気づくことができた。棒読みになってしまう理由はさまざまあるかもしれないが、音で聞いたり自分で大袈裟に読む機会があることで解消されていくのではないかと思う。私自身が英語で喋ることに対して抵抗感や苦手意識を強く持っているので、特に留意したい。

　最後に、オーラル・イントロダクションについては前回のリアクションペーパーにて記述したため詳細なことは省くが、授業中に見たＫ３中学校での授業DVDのことについて述べたい。DVDを見て、生徒の求心力が強く感じられたことが印象的である。オーラル・イントロダクションを聞いている際の生徒たちの集中を感じられることはもちろんだが、何を言っているのか聞きたい、もしくは聞けるのかもしれない、と好奇心を持っているように思える。生徒たちにとって、「英語を日本語に訳す」「内容を理解する」という授業内容では積極的に授業に参加する気持ちにはならないだろう。だからこそ純粋な知りたい聞きたいという気持ちを刺激することが重要であると思う。教科書の本文に文章を付け加えたり、身振り手振りを加えたりすることで英語が苦手な生徒でも内容を読み取ろうと努力をすることができる内容である。だからこそ、⑤クラス全員の英語力向上ができるのだと気づいた。

①教師が単語テストにして書かせてしまう
　多くの教師は語彙指導をしていないという事実。そのくせ単語テストはたくさんやる。単語テスト漬けにならなかった生徒は一人としていない（５年間にわたる上智大生からの聞き取り調査結果）。語彙指導をしないから使えるようにならない。
②繰り返して習慣づけを行わせることが学校で学習することの最も大きな意義である
　多くの上智大生が「中高時代の授業は新しいことの導入とその練習に終始していて、復習は自分でやるしかなかったが、一人ではできなかった」と書いている。私は「必ず１年生１学期に戻る指導（Ａパターンの文法導入）」「スパイラルワークシート」「じゃれマガ」など復習活動をふんだんに授業に入れている。
③学校に行く意義や対面でクラスメイトと学習する意義を感じさせることができる授業
　友達と一緒にやるから「楽しい」「わかる」「人間的なふれ合いが深まる」。「笑わせてやろう」とクラスメイトを意識するから意欲が湧く。peer pressure よりむしろ peer learning。私が昔から生徒に呼びかけてきた４つの合い言葉の１つ Learn from your friends. 今、コロナ禍だからこそ再考したい。
④日本語で訳すことの危険性
　先生も生徒も「何か書く（写す）ことが勉強だと思っている」、和訳することが当たり前（必須）になっている。それじゃあ話せるようにならない。「理解する」ことと「訳せる」ことは違う。「悪のノート」「なんでも和訳」「単語テスト」粉砕！

⑤クラス全員の英語力向上ができる

赤ちゃんがことばを覚える過程を大事にしているから、最終的には誰でもできるようになる。学力テスト、英検結果しかり。高校では誰もがトップクラス。

リアクションペーパーをありがとうございました。素晴らしい視点でした。

しかし、教師が単語テストにして書かせてしまうことで生徒は戸惑いを覚えているはずである。

→単語テストのここが問題ですよね。定期テストに出題するにしても「点差が広がりやすいように」重要度の低い、例外のつづりばかりを出題されませんでしたか。

私は繰り返して習慣づけを行わせることが学校で学習することの最も大きな意義であると考えている。昨今では英語に限らず、ほとんどの学習は学校に通わずとも習得することが容易であるように思える。

→本当にその通りです。いい視点を指摘してくれました。

そこで私は、反復の機会を与えて練習を促し学習に自律性を促すことが教師の大きな役割の一つであると考える。アウトプットの方法や機会を与える授業を行うことで授業内容は生徒の成長に大きく還元できるのではないだろうか。学校に行く意義や対面でクラスメイトと学習する意義を感じさせることができる授業であることで授業参加の意欲を向上させられると考える。

→この部分は北研 ML や私の講演の中で使わせていただきます。

オーラル・イントロダクションを聞いている際の生徒たちの集中を感じられることはもちろんだが、何を言っているのか聞きたい、もしくは聞けるのかもしれない。と好奇心を持っているように思える。生徒たちにとって、「英語を日本語に訳す」「内容を理解する」という授業内容では積極的に授業に参加する気持ちにはならないだろう。だからこそ純粋な知りたい聞きたいという気持ちを刺激することが重要であると思う。教科書の本文に文章を付け加えたり、身振り手振りを加えたりすることで英語が苦手な生徒でも内容を読み取ろうと努力をすることができる内容である。だからこそ、クラス全員の英語力向上ができるのだと気づいた。

→この最後の部分も秀逸です。前回に続いて「優秀レポート」でした。

For Further Reading

ALTs' comments on Kitaken Sessions

October Session held on October 17

Preliminary Remarks:

Of the books I have read about language teaching, few devote any significant amount of space to the proper use of dictionaries by students and teachers in the classroom. Yet, knowing how to make full and effective use of dictionaries in language learning and vocabulary building is an essential topic-one to which Mr. Kitahara gives a comprehensive treatment in his workshops. I am fortunate enough to have experienced firsthand the effectiveness of Mr. K's method in my own TT lessons. <u>Cracking open</u> a
パッと開く
heavy "paper" dictionary to look up the definition of a word seems like one of the most <u>mundane</u> of language study practices. But with the Kitahara
ありふれた
Method, it is a fun, engaging, and, ultimately, an indispensable aid to Japanese students learning new vocabulary.

Dictionary Use According to the Ministry of Education vs. the "Kitahara Method"

* The "Kitahara Method" has long recognized the importance of <u>acclimating</u> students to dictionary use in the classroom.
慣れさせる

* The Japanese government's Ministry of Education has been a bit slower in arriving at this recognition, but their revised goals of study for 2021 now state that it is essential for junior high school students to learn how to use dictionaries as a means toward comprehending written texts and communicating competently in English using a variety of expressions-skills that generations of Mr. K's students have accomplished through his method.

* The new standard for JHS vocabulary acquisition for the year 2021 is 2500 words. Compare this with the fact that Mr. K's students far exceeded this benchmark in the year 2013 when his third graders had an average of approximately 2900 words.

Reflections of a Graduate Student

* Mr. K shared some insights by a graduate student at Sophia University who attended one of his workshops.

* Among this student's many excellent observations, was the one that Mr. K's treatment of dictionary instruction gives due attention to features of English to Japanese dictionaries (e.g. the Challenge) such as the special pages that provide expressions for greetings, self-intros, phone conversations, shopping, and other situations.

* The Kitahara method for using dictionaries, this student noted, is helpful for accomplishing the ultimate goal of increasing one's vocabulary, which in turn, enables students to become more competent and independent communicators.

PowerPoint Slide Show

* Mr. Kitahara had us read some basic rules for looking up words in the dictionary that are usually taught to first graders. (And like in previous sessions, we read these in Doraemon's voice!)

* This was followed by a fun, quiz-like activity. On one slide, for example, Mr. K would display two letters (e.g. d and b, w and m) and then tell us to point to either the left or the right for which letter we think comes before the other in the dictionary. It was like a fun test in quick thinking, but more than this, one may notice that this activity acts as a further aid toward graphically differentiating between similar-looking lower-case letters like d and b.

30 Points about Using Dictionaries in Vocabulary Instruction

1. Begin dictionary-focused instruction in the classroom right after introducing lowercase letters. Teachers need not wait until students have fully mastered the letters; dictionary use can itself be an aid to learning them.

2. Jump start dictionary use when students are at the peak of interest-right after first graders have enrolled in junior high school.

3. In the beginning stages, try to provide at least one opportunity in every lesson for students to use their dictionaries.

4. Have students keep one dictionary for school and another for home use.

5. Encourage students to "customize" their dictionaries by highlighting them, adding sticky notes, and <u>creasing</u> the corners of the pages for
折り目をつける
easy page-turning.

6. Have students mark the words they look up.

7. When instructing the whole class to look up the same word, have students help each other to find the word faster.

8. For a basic verb, have students read example sentences provided by the dictionary demonstrating the verb's use, and teach how to use it.

9. Have students find the definition of a word that best matches its use in the text.

10. After first graders have encountered certain words, such as then, several times, have them look up the multiple meanings and uses of such <u>polysemantic</u> words.
複数語義を持つ

11. First teach the "core" meanings of polysemantic words such as turn (e.g. turn off, turn around, turn up etc.).

12. Help students to get "a sense" of the English language by having them confirm in their dictionaries the various nuances expressed by words that are nearly synonymous, but have subtle differences in meaning (e.g. every vs. each; any vs. some; learn vs. study; hear vs. listen; spend vs. use; until vs. by etc.).

13. Draw students' attention to how prepositional words should be used.

14. Point out to students that word entries in the dictionary are in vertical order.

15. Take advantage of loanwords written in katakana to guide students toward learning the original English words from which they derive.

16. Help students to understand the differences between such as words as another, other, others, the other (which can be a source of some confusion) by reading example sentences provided by the dictionary.

17. Teach students that if they encounter two words that follow each other in a text, and whose meaning, taken separately, they understand, but, taken together, seems <u>obscure</u> (e.g. take place), the two words
意味不明の
may be part of an idiomatic phrasal verb.

18. Phrasal verb definitions are generally found near the end of an entry for a verb (e.g. the definition of take place under the entry for take).

19. Rather than focusing on one-to-one translations of words, teach how the words are actually used in context (i.e. their pragmatic applications). ← [This is a very important point!]

20. Teach students that when they are looking up the definition of a word in the dictionary, they should not only check the definition of the word they are looking up, but at entries that come immediately before and after.

21. Dictionaries are not just collections of word definitions-we can use them to teach grammar as well. Have students also look up the part of speech or word class of an entry.

22. Point out common prefixes and suffixes of words under certain categories and use these as a way to increase vocabulary.

    [Here, Mr. K tested our own lexical knowledge as teachers. He had us get in pairs and take turns saying a word under one of the categories below.]

    noun + -ful, noun + -y, [job ending in] -ist, [job ending in] --cian, adjective + -ly-, -un-, ---able

    [A key point here is that teachers themselves should be able to list off a string of words on the fly. As a so-called "native speaker", I
    考えずに自然と
    should have had no trouble, but to my horror, when Mr. K asked me to name jobs that end in -cian, I stuttered out a grand total of three words (musician, beautician, statistician) before my brain completely stalled like a broken down car in traffic! Thank you, Mr. K, for trying
    エンジンが止まる
    to save my embarrassment by remarking that "even native speakers can't always say words on the spot"-I learned a valuable lesson here indeed!]

23. Use dictionaries to help student distinguish between countable and uncountable nouns. There are some words that are in most situations uncountable, but in special cases can have a plural ---s. Examples of these are paper ('He is the author of several scientific papers.'), water ('Two waters, please.'), fish (we can say fishes when talking about different species of fish, and fruit (in addition to the somewhat botched example I gave at the workshop, there is also 'You should
    不出来な
    eat more fruits and vegetables.')

24. Acquaint students with other ways of expressing sentiments like
   教える　　　　　　　　　　　　　　　　　　　　　　　　感情
   gratitude-the simplest one is "Thank you." Other possibilities are "I
   appreciate it," "I owe you [one] (IOU)," "Thanks [a lot, a bunch,
   heaps (in Australia)]," "Cheers," "Ta" (these last two are used in the
   UK and Australia).

25. Introduce collocations (e.g. for cooking, 'home-cooked meal,' 'do the
   cooking,' 'French cooking,' 'home cooking').

26. Caution students about when to use articles before words such as
   few (i.e. few vs. a few).

27. Student dictionaries provide interesting information about English-
   speaking culture-take advantage of these.

28. Have students pick up as many collocations, idioms, and set phrases
   as possible.

29. Teach students that adverbs of frequency (e.g. usually, yet, ever)
   have a specific place in the word order of English sentences.

30. Teach students when they are in third grade that they should try to
   surmise the meaning of a word without automatically relying on the
   推測する
   dictionary to provide the answer.

Examples of Dictionary Use in Class

   * Mr. Kitahara provided us with many detailed examples of where and
when to use dictionaries in English lessons.

   * I wish I had time to talk about these in detail, but putting it much too
cursorily, these include the introductions of words with flashcards, the
おおざっぱに
"Programs" found in the "Sunshine" textbooks (which contain a host of
useful phrasal verbs and collocations), Douglas Jarrell's じゃれマガ articles,
and the "Spiral Worksheets."

   There is so much more I wish to write about, but I will have to save
that for another time and place (especially if I want to send this off before
being banished from the mailing list forever)! A great many thanks again
        追放する
to Mr. Kitahara and all of you dear members for this wonderful session of
"Kitaken"!
J. V.

November Session held on November 21

Dear Mr. Kitahara and Fellow "Kitaken" ML Members,

This is J., ALT here with my report of the latest session of "Kitaken." I hope everyone is doing well and taking care in the cold autumn weather.

I'd first like to say a special 'thank you' to Kitahara Sensei for posting my past reports on the Kitaken website. I am extremely flattered and at the same time humbled-my reports are riddled with imperfections and are 穴だらけにする
lightyears away from being the best possible representations of the ～からはるかに離れて
"Kitahara Method" in English. Those will have to come from better qualified native speaking teachers (like Gabrielle Sensei), more of whom, I hope, will be able to attend future sessions.

As in my previous reports, I must admit my shortcomings when it comes to understanding all of the Japanese that was used at the session. So, I apologize for any inaccuracies in my report. If anyone should notice an especially glaring instance of when I misunderstood something, please 明白な
don't hesitate to put me right! I will welcome any corrections.

I. The Newest Edition of the "Challenge Dictionary"

 * Mr. Kitahara began the session by introducing the new edition of the "Challenge Dictionary" (published by Benesse). We took a sneak peek 覗くこと
inside the glossy, attractive dictionary by passing around sample copies, ピカピカの
courtesy of Ms. Yamada of Benesse.

 * Ms. Yamada gave us a brief but informative rundown of the additions 概要
and new features. As we looked up at example pages blown up on the projection screen, she pointed out the first striking feature-the fact that altogether there is a great deal more color than in previous editions. Some entries like "away" for example, are highlighted in red, and others like "award" are highlighted in yellow. Comprehensive definitions are provided for each entry, the more common definitions colored in blue.

 * Ms. Yamada noted that teachers won't necessarily have to tell students which words are important for learning-students will be able to notice such words on their own, aided in no small part by the new eye-catching colors.

II. Guiding Students toward Vocabulary Enrichment

152

A. New Goals for Vocabulary Learning

 * Owing to the new guidelines set by the Ministry of Education, teachers are under greater pressure to enlarge their students' vocabulary.

 * The standards, past and present, are outlined below:

Before Heisei 24 (2012) → 900 words

Heisei 24 to Reiwa 2 (2020) → 1200 words (33% increase)

From Reiwa 3 (2021) → 2500 words (108 % increase)

 * The new standard will require junior high school students to learn approximately 1800 words on top of their elementary school vocabulary of 600 to 800 words.

 * Before we balk or look up in despair at these seemingly skyrocketing
ためらう
numbers, we should remember that vocabulary is the bread and butter, the meat (or whatever staple food item you prefer) of language, and Mr.
重要な
Kitahara gives several reassurances that mastering them is not as herculean a task as it appears. We have every reason to trust him-back in
手強い
2015, he helped his students at Akasaka JHS to achieve an average lexicon count of 2900 words!

B. From the "Miki Book" (written by Mr. Kitahara and published by Benesse)

 * Chapter 5 of this book is loaded with fantastic ideas for helping students to enrich their vocabulary.

 * Descriptions of Word Bingo games appear on pages 126 to 130; they include...

 * Japanese Version Bingo (teacher reads words in Japanese and students check the English)

 * Sentence Bingo - Alphabet bingo - Phonics Bingo - Adjective Bingo - Verb Bingo

 * Preposition Bingo with Animals (the 4x4 bingo grid is filled with pics of animals; teacher describes the animals with sentences like, "a penguin under a cat," "a dog over a rabbit")

 * Ideas for using word flashcards are on pages 130 to 133. (Digital flashcards shown on fancy high-tech whiteboards are possible now, but they have their drawbacks. For one thing, they are difficult to customize with our own personal touches.) Good old-fashioned flashcards are capable

of conveying different kinds of information on both sides, front and reverse. For example, ...

* On the front side: important key words circled in red; words with certain graphemes underlined in color (green for sounds that follow
書記素◆ある音素を表す文字や記号、またはその組み合わせの集合を指す。
regular phonics rules, red for exceptions); words with accent marks; etc.

* On the reverse side: Japanese definitions, pictures, word classes, synonyms, antonyms, etc.

Mr. K also has ideas for practicing and reviewing words in a non-tedious
飽きない
way for students. Such ideas include...

* having students read words by themselves without the teacher's help

* pointing out a grapheme such as "ea" representing the [i] sound in "speak", and having students remember other words they have learned that contain the same one ("eat" and so on)

* hiding the word on the card and rapidly flashing it (students should recognize the shape of the letters and pronounce the whole word)

* showing only the first few (or last few) letters of a word and eliciting the pronunciation of the whole word

* showing the reverse side of the card (with the definition) and having students spell the word "in the air" with their index finger

* Another way to help students broaden their lexicon is to give them a category and have them write as many words under that category as possible within a time limit (this activity is described on pages 137 to 138). The exercise focuses on the sense relations between English lexemes or
＊語彙素
words known formally as hyponymy. This is a very important sense
上下関係
relation, and many words can be reviewed and learned by starting with a superordinate term or hypernym (e.g. "trees") and creating a list of
上位語　　　　　　　上位概念語
subordinate terms or hyponyms belonging to it (e.g. oak, chestnut, cedar, redwood, etc.). In the case of junior high school, teachers should, of course, choose topics that are appropriate to the students' ability level (e.g. sports, food, body parts, etc.). To do this activity in class, Mr. K recommends a procedure like the following:

＊異なる形態であるが同じ語であると考えられるものからなる語の集合をいう。例えば英語の child - children、go - goes - went - gone - going、あるいは big - bigger - biggest は、それぞれ同じ語彙素としてまとめられる。1つの言語の語彙素からなる何らか（またはすべて）の集合を語彙といい、語彙素は語彙の単位でもある。

1. Announce the category: "Today's category is ~ . You have one minute. Write as many ~ names as possible."
2. After one minute, ask, "How many words did you write?"
3. Ask the student who wrote the most words, "Will you tell us your words? Say them slowly so your friends can write them down."
4. Give the other students a chance to share their words: "Any other words? You don't have to raise your hand. Just tell us."

* Mr. K discusses the important distinction between "receptive vocabulary" (aka "passive vocabulary") and "productive vocabulary" (aka "active vocabulary") on pages 139 to 142 of his book. There isn't enough space here for me to go into detail, but I will note that everyone's lexicon consists of both kinds of vocabulary, and it is essential to take account of both when teaching vocabulary to students.

<u>aka</u>
= also known as

* The 60 Second and 90 Second Quizzes (described on pages 142 to 146): We as teachers actually tried out this exercise in pairs. First, we exchanged handouts containing a column of phrases in English, an <u>adjacent</u> column of three check boxes, and a third column of Japanese translations of the English phrases:

隣接した

at home　　□□□　家で(に)
stop ~ing　□□□　するのをやめる　　[etc.]

One partner must cover the English phrases and say them while only looking at the Japanese. The other partner must listen and check an adjacent box if the phrase was expressed correctly as printed on the handout. After 60 or 90 seconds, partners switch roles. Maintaining eye-contact and other nonverbal communication skills (e.g. shaking hands as a greeting before starting or pretending to) are still relevant to this kind of activity.

* Reviewing verbs-Mr. K's demonstration of the final teaching idea in this section started very <u>intriguingly</u>-he began by simply asking us to name a verb, any verb. As one verb was uttered after another, Mr. K sorted them into three separate columns on the whiteboard according to-what seemed to a rather dull person like me, at least-an <u>inscrutable</u> rule. If we could <u>ascertain</u> the rule, we were told to stand up.

興味をそそるように

真意の読めない

つきとめる

play, see, run, drive, stand ｜ make, eat, write, cook, put ｜ watch, catch, wash As more words filled the columns and faces (especially mine) were looking even more bewildered, Mr. K said good-naturedly, "My first graders could figure this out faster!" I wanted to smack myself in the forehead when the answer was finally revealed. I will only say as a hint that it has to do with a certain inflectional ending and how it is pronounced differently depending on the verb.

PART TWO

I. Some Announcements

* Mr. K kindly mentioned that by accessing (and properly registering to) the "On Demand" Kitaken website, we can check out my own past reports as well as the "グラレコ" art created by a certain English teacher who has made picture illustrations of Mr. K's workshops.

* Mr. K writes a regular (nearly daily) series of essays called "Kitahara de essay" (in Japanese) which the Kitaken ML members have the benefit of receiving via email. Mr. K is a <u>prolific</u> writer who has produced a huge
多作の
output and has recently completed the project of selecting the Best 100 essays out of his <u>oeuvre</u>. He shared one such essay with us last weekend,
全作品
an essay that retells the story of a school trip incident at Tokyo Disneyland which has become something of an urban legend. This urban legend, however, turns out to be true! In it, an unsuspecting Mickey Mouse suffers the indignity of being pushed by some students into a pond. One can see why this has become a legend-it can hardly be believed! Not surprisingly, that particular school was forbidden from taking any more trips to the park. (In a variant of this story, it is Donald Duck who gets wet-far less <u>demeaning</u> perhaps to a creature like Donald, Mr. K <u>quipped!</u>)
品位を落とすような   皮肉を言う

II. Reading じゃれマガ Articles

*It is an established fact from language research, that one of the most effective ways to remember vocabulary is to learn them in context, as opposed to memorizing <u>bland</u> vocab lists. One way by which Mr. K helps
つまらない
his students to do this is to have them read Jarrell Sensei's articles on various interesting topics.

* We read three articles by Jarrell Sensei with the following titles:

1. "Autumn is Here"-concerning birdwatching (or "birding") enthusiasts (vocab: "binoculars" etc.)

2. "Only Time Will Tell"-about the U.S. president and the First Lady testing positive for COVID-19 (vocab: "First Lady," "disease" etc.)

3. "A Special Mask"-about a U.S. based meat manufacturer's unusual prize for an online contest. The prize is a specially designed, scented mask that allows the wearer to enjoy the smell of bacon all day long (an affront to vegans everywhere, no doubt!). (vocab: "processed meat,"
侮辱行為
"pattern" etc.)

* After reading the article silently to ourselves for one minute, we counted our WPM (words per minute) and answered a comprehension question (such as "Name two reasons why COVID can be very dangerous to the president").

* Mr. K then read the article aloud and asked us the comprehension question.

* The text of each じゃれマガ article contains underscored key words
下線を引く
and phrases, a fruitful source of vocabulary learning. Mr. K would spend time with each one, asking such questions as

What's the opposite of ~ ?

What does ~ mean? Look it up in the dictionary. What [word class] is it? (E.g. verb, adjective). What kind of (verb) is it?

What is ~ in question form?

How do you gesture ~ ? (e.g. "across the front")

Where have you learned ~ before?

III. Building Vocabulary with Affixes
接辞

* In the results of a survey five years ago, the 3rd Graders of Akasaka JHS (where Mr. K taught) were found to have a lexicon count of 2,900 words, the level of a high school student at graduation. How is it that they knew so many words? It is because they had learned this fact of English vocabulary-that one major way that new lexemes have entered the English language has been through affixation or the building of words by attaching prefixes and suffixes to old ones.

* Within a certain time limit, we each had to write as many words as we

第
4
章

157

could think of with the prefixes.

re-, un-, bi-, dis-, im-, non-, sub-, super-, uni-, tri-, centi-, milli-, anti-, extra-, il-, ir-, mis-, over-, post-, pre-, pro-, under-, inter-, kilo-, mega-, micro-, min-, multi-

and the suffixes

-able, -al, -an, -tion, -ese, -ful, -ist, -less, -ment, -ness, -ous, -ee, -en, --ess, -ic, -ical, -ish, -ive, -ship, -made.

* This exercise could be very <u>taxing</u> on the brain and so to relieve the cognitive pressure Mr. K gave us occasional breaks. We also sometimes made pairs with each other and took turns naming off words. For me, at least, there were many moments of "Oh, of course! I forgot that one. Why didn't I think of that? Good one!" In this way, we could remind each other of words from our personal lexicon (and perhaps teach each other some unfamiliar ones).

* One must remember that one affix can have different meanings. For example, there is a difference between "unexpected" (which simply means "not expected") and "unwrap" (which has the specific sense of reversing a previous action). (This example is from the Cambridge Encyclopedia of the English Language, a wonderful book!) Mr. K makes sure to include the specific sense of each affix he is looking for. For instance, under "re-" he specifies in Japanese,「再び」という意味. It took me time to read and understand the Japanese first, which slowed me down considerably, but still that is a pitiful excuse. After one round, I only managed to write 38 words in total, while a native speaker like Mr. K's former New Zealander ALT, Joel Sensei, is capable of writing as many as 85 words in 20 minutes!

Well, that is all I have to report for now. For those of you who actually read through this lengthy report, THANK YOU, and お疲れ様でした！I appreciate the kindness and warmth you show me whenever I attend a session of Kitaken, and I express my gratitude again to Mr. Kitahara for not only allowing me to submit my long reports, but going so far as to post them as well. I'm greatly looking forward to seeing everyone at the next session in December. Until then, take care everyone!

Sincerely Yours,

J. V., ALT

written by Douglas Jarrell and arranged by Nobuaki Kitahara, Sophia University

No.104

....

Q　Why does each worrior have a different face?

　　because they <u>were modeled after</u> real people

....

▶▶▶ **Today's Topic ··· Which Card Would You Pick?**
3年7-2

Friday, October 7

　After I <u>got married</u>, my wife <u>asked me to pick</u> one of three cards; cooking,
結婚する　　　　　　　3年(　)-(　)

laundry, or cleaning. I asked why, and she answered that I should help with

the housework because we both had full-time jobs. I hated laundry and

cleaning, so I chose cooking. Since then, I <u>have been</u> do<u>ing</u> the cooking for
2年(　)-(　)

my family for 43 years, <u>including</u> making boxed lunches for them! When I
～を含めて

say that to women around me, <u>some gaze</u> at my face and say they need to
見つめる

<u>rethink</u> their <u>marriage</u>. <u>Others</u> say they <u>would have liked</u> to meet me when
結婚　　　　　　　　　　　(もしそうなら～していただろう) 仮定法 (高校レベル)

they were <u>single</u>. I <u>am</u> also often <u>asked</u> <u>how I decide the menu for each meal</u>.
2年(　)-(　)　　　　3年(　)-(　)

My answer is simple. I try <u>to use</u> food <u>which</u> is <u>in season</u> and at a <u>low price</u>
2年(　)-(　)　　　3年5-2

on the day.
134語

第4章

　Q1　How does the writer decide the menu for each meal?
　Q2　What are laundry **and** housework **? Write Japanese translation.**
　Q3　Who is the writer?
　Q4　Find a mistake. (extremely difficult)

A1　I try <u>to use</u> food <u>which</u> is <u>in season</u> and at a <u>low price</u> on the day.
A2　洗濯　家事
A3　Mr. Kitahara (本文中にはない)
A4　for 43 years → for 39 years (43年は北原の教職年数)

　　これは授業の4日前のじゃれマガ Readers' Corner に掲載された読者の
投稿である。実はこれは以前、私が投稿したもの。

159

第5章 語彙指導

語彙力増強のためのワークショップ

1. カテゴリー別単語書き（2年生2学期〜3学期）　上巻 pp.137-138

today's topic...（　　　　　　）

> 　2年生2学期〜3学期まで毎回の授業で行った vocabulary building を
> 学生にもやってもらいました。お題は something you see in the sky だっ
> たが、中学生を上回る語数には達しませんでした。語彙を覚える時には同
> じグループはまとめて覚える、という方法があります。それを中学生から
> 始めた赤坂中生徒との差と考えていいでしょう。

2. 60／90秒クイズ　上巻 pp.142-146

60秒クイズ「連語・熟語編」①

　ペアになってプリントを交換する。片方が英語を隠して日本語を見て英語を
言う。もう片方は相手が正しく言えたら□にチェックマークを入れる。

at home	□□□	家で（に）
stop -ing	□□□	〜するのをやめる
go to bed	□□□	寝る
look forward to -	□□□	〜を楽しみにする（to の後は名詞）
look like -	□□□	〜に似ている、〜のように見える
It takes -	□□□	〜時間かかる
hurry up	□□□	急ぐ
every day	□□□	毎日
at full speed	□□□	全速力で
look for -	□□□	〜をさがす
be fond of -	□□□	〜が好きである　= like
a cup of -	□□□	カップ1杯の〜
How about -?	□□□	〜はいかがですか
belong to -	□□□	〜に所属している
must not -	□□□	〜をしてはいけない　= Don't -
be going to -	□□□	〜をする予定である　= will

be able to -	□□□	～ができる　＝can, could
It ～ (for A) to...	□□□	（Aさんが）…することは～だ
call on -	□□□	～を訪問する　＝visit
Shall I -?	□□□	～しましょうか
		＝Do/Would you like/want me to -?
have to -	□□□	～しなければならない　＝must
a lot of -	□□□	たくさんの～
		＝many, much, lots of, plenty of
because of -	□□□	～のせいで
a pair of -	□□□	1組の～
from A till B	□□□	AからBまで
all day long	□□□	1日中　＝from morning till night
all of the -	□□□	すべての～
try to -	□□□	～しようとする、～しようと努力する
any other＋単数名詞	□□□	他のどんな～
go out of -	□□□	～から外へ出る
finish -ing	□□□	～し終える
go for a walk	□□□	散歩に行く
at once	□□□	すぐに
be in time for -	□□□	～に間に合う　←→be late for -
come back	□□□	帰ってくる
I wonder -	□□□	～かしら

第5章

　3年生2学期後半にやる帯活動です。高校受験を意識した内容になっています。このプリントをつくるにあたっては田尻悟郎先生（関西大学）の実践を参考にさせていただきました。

3．Spiral Worksheet を使って　本ハンドアウト参照　上巻 pp.133-134

　Spiral Worksheet とは新しく習う本文の中の既習文法、既習語彙を問題にしてあるプリントです。新出文法事項、新語を学習する前に「空いている穴をふさぐため」につくっていました。このプリントは生徒から「文法、単語の勉強になる」と好評で、北原がつくったプリントの中でロング

セラーとなっていました。Sunshine English Course には TM として北原
が執筆したものがついています。

4．じゃれマガを使って（いつもやっているので実演省略）

下巻 pp.65-66、授業映像編 pp.90-94

5．接頭辞・接尾辞を使って　授業映像編 pp.122-126

第1回　最重要接頭辞・接尾辞

2019.4.19.

5年前の調査によると赤坂中3年生は平均2900語を知っていました。これは
高校卒業レベル（中学1200語＋高校1800語＝3000語）に匹敵します。なぜそん
なに多くの語彙を知っていたかというと、語の成り立ちを知っていたからです。
また、ある単語の前や後に別の言葉（接頭辞・接尾辞と言います）をつけると
語彙が大幅に広がります。

次の接頭辞・接尾辞がつく語をできるだけたくさん書きなさい。また、今後
習った語もこのプリントにどんどん記録していくといいでしょう。3月に語彙
力王テストをします。

1．re-_____
「再び」という意味

2．un-_____
「〜でない」という意味

3．-able_____
動詞の後につけて「〜できる」という意味

4．-al_____
名詞の後につけて形容詞形を作る

5．-an_____
名詞の後につけて形容詞形を作る

6．-tion _____

　　動詞の後につけて名詞形を作る

7．-ese _____

　　名詞の後につけて形容詞形を作る

8．-ful _____

　　名詞の後につけて形容詞形を作る

9．-ist _____

　　名詞の後につけて「〜する人」という意味

10．-less _____

　　名詞の後につけて「〜がない」という意味の形容詞を作る

11．-ment _____

　　動詞の後につけて名詞形を作る

12．-ness _____

　　形容詞の後につけて名詞形を作る

13．-ous _____

　　名詞の後につけて形容詞形を作る

　語彙力増強には接頭辞・接尾辞の知識が役立つ、として毎年4月に実施する「テスト」です。評価のためのテストではなく、「これから1年間、習う新語はこのように覚えよう」という意識づけです。翌年3月に同じテストを実施してどれくらい語彙が増えたかを測りました。学生には実際に宿題としてやってもらいました。その日のリアクションペーパーには「私も中学高校時代にこのような語彙力増強法を習いたかった」と多くの学生が書いていました。

1．bi- _____

　　「2つの〜」を表す

2．dis- _____

　　反対の意味を表す

3．im- _____

　　反対の意味を表す

4．non- _____

　　「〜でない」を表す

5．sub- _____

　　「下の」という意味

6．super- _____

　　「超」という意味

7．uni- _____

　　「1つの」という意味

8．-ee _____

　　「〜する人」を表す

9．-en _____

　　動詞につけて「〜させる」という意味

10．-ess _____

　　名詞につけて「女性」を表す

11．-ic _____

　　名詞につけて形容詞形を作る

12. -ical _____
名詞につけて形容詞形を作る

13. -ish _____
名詞につけて形容詞形を作る

14. -ive _____
名詞につけて形容詞形を作る

15. -ship _____
名詞につけて「状態、身分など」を表す

16. tri- _____
「3つの」という意味

17. centi- _____
「100、百分の1の」という意味

18. milli- _____
「千分の1の」という意味

第3回　高校初級レベル接頭辞・接尾辞　　　　　　　2019.5.8.

1. anti- _____
「反〜」という意味

2. extra- _____
「外側の、範囲外の」という意味

3. il- _____
反対の意味を表す

4. ir- _____
反対の意味を表す

5. mis- _____
「誤った」という意味

6. over- _____
「越えた」という意味

7. post- _____
「後」を表す

8. pre- _____
「前」を表す

9. pro- _____
「プロの」を表す

10. under- _____
「下」を表す

11. inter- _____
「間、相互の」を表す

12. kilo- _____
「千」を表す

13. mega- _____
「大きい、100万倍」を表す

14. micro- _____
「超小さい」を表す

15. mini- _____
「小さい」を表す

16. multi- _____
「多い」を表す

17. -made _____
「〜製の」を表す

6．コロケーションを使って　上巻 pp.146-151

単語単体で覚えても実際には使えるようにはなりません。動詞＋目的語、
前置詞＋名詞、形容詞＋名詞のようにコロケーション（語と語のつながり）
で教えなければなりません。１年生のアクションカードもその一環です。

For Further Reading （フラッシュカードを使った語彙指導）
＊Kitahara de essay は北研 ML に書いているエッセイで、「Kitahara de essay
2020-2021」という書名で On and On から2021年６月に刊行されました。ま
た「Kitahara de essay 2021-2022」は2022年６月に刊行されました。

Kitahara de essay 108 立教学院での講演1　2020年10月10日（土）
　　北原メソッドをまとめて話した講演会のテープ起こしを見つけました。これは私が
赤坂中に異動した年（2008年）の６月に立教池袋中学校・高等学校を会場にして行わ
れたものです。参加者は立教大学の教授、立教大学付属中高の先生方、その他です。
実際の講演会は数時間という長丁場だったのですが、すべてを事務局が書き起こして
くれています。幹本が出る２年前の講演会で、北原メソッドはどういうものかが全体
像としてわかりますので、16回に分けてお送りします。北研の初期に話した内容も多
いので近年会員になったみなさんには参考になると思います。当時、立教学院は小・中・
高・大の一貫教育で先行する青山学院に追いつけ追い越せという姿勢でした。なお、
この講演の内容は以下の書籍（pp.64-90）に収録されています。
「英語の一貫教育へ向けて〜立教学院英語教育研究会編〜」
鳥飼玖美子・寺﨑昌男監修　東信堂2012年３月23日刊

Kitahara de essay 122 立教学院での講演11　10月19日（月）
　　時間も時間なので、最後かな。new words の導入といきましょうか。語彙指導をちゃ
んとやるということですね。授業でやっているみたいにやりますので、私の生徒になっ
てください。Ok, new words.

●会場　（沈黙）

●北原　先生方、たぶん自分ではそうやっていないですね。いつもこうやっていませんか。Everybody, new words. Please read after me. "eat".

●会場　eat.

●北原　eat.

●会場　eat.

●北原　こうやっていませんか。まず教師が必ず発音している。そんなことをしたら、子どもたちはいつまでたっても自分で読もうとしないです。まずは、読んでごらん、自分の力でと。はい、どうぞ。まず1回目が終わりました。2回目。2回目は見本を見せます。3回目いきます。いま緑線を引いていますね。赤丸は綴りを覚えてほしい語なんです。テストでこれを出すかもしれないよ。もし eat が書けなかったら減点よという対象です。こちらの custom なんていうのは、試験に出さないから書けなくてもいい。自由作文でもしこの単語を書きたい時には、これで綴りミスしても減点しません。だから、もう授業で書ける語を押さえること。635個を選定しました。これはさっき言った中英研のホームページに載っています。これだけは綴りを覚えましょうという。あとは読んでわかればいいです。そうやって時間を軽減してやるんです。その分をどこに持っていくか、その分を音読に持っていきます。一番重要なのは音読です。音読が大事なのはなぜかというと、頭の中に英語の回路をつくることなんですね。耳からいっぱい入れればいいですよ、子どもみたいに。これが日本という国じゃなくて、家の中でも外でも英語が聞ける環境であればいいですけども、うちへ帰ったら全部まわりは日本語。英語を聞くためにはわざわざテレビつけたり、CD 買ったりしなきゃいけないという環境だと、赤ん坊が言葉を言うようには覚えませんから。それを自分の声で自分の頭にインプットするんですね。正しい音調で。正しい音調で読める。発音をきちんとしてあげて、それを自分の声で自分の頭にインプットするということなんですね。だから発音が大事なんです。いい加減な発音とかイントネーションでいくらやっても駄目なんですね。生きないんです。リスニングも使えないし、非常に使えないです。

　では、今度、緑の線は何かというと、これは主にこの語はこういうふうに読むよと。eat の「ea」はだいたい「イー」と読むんだけど、他に「ea」を「イー」と読む単語。meat、neat、heat、seat、treat。sweet, really？　はい、終わりね。途切れたら終わりなんです。いま、このクラスは6つ出ました。隣のクラスは11個出たよ。どっちが得ですか。そういうことですよね。そこでもう1回語彙がリサイクルされるわけですよね。だから、みんなでやるというのはそういうことなんです。では、次に行きましょう。

●会場　ate.

●北原　これは「e」で終わっている時は、すぐ前は名前と同じように、「a」は「エイ」ですね。はい、どうぞ。

　tape、date、mate、chase、face 私の耳に届いたことしか言っていませんからね。fake、sane、pike？

●会場　違った（笑）。

●北原　はい、ここで終わりです。ここで逆転現象が起きますね。英語が得意な子じゃない子がこんな単語を知っていた。ああ、それあったんだ、出てこなかったと。さっきのやつもそうだけれども、さっきの vocabulary building でも、自分で考えた単語が発表語彙ですね。自分ですぐ使える語彙。それで、そういうのがあったというのは、境界線から下です。実際に productive vocabulary という。その狭間にあるやつで、なるべくその下に、氷山の下にあるやつを上に出してあげたいというのが、この授業でやっていることなんですね。なるべくたくさん覚えさせてあげたい。

　では、3年生になると飽きちゃうので、ペアでやりますよ。今度は協力してペアで勝負です。ペアが competitor ではなくて、ペアごとの勝負です。では、いまから問題を出します。「ow」を「アウ」と読む単語を4つ言って立ちなさい、どうぞ。協力してやるんですよ。これは中学生には難しいですね。教員にはちょうどいいかもしれません。4つ言えたペアは立ってください。4つでいいんですよ。たった4つですよ。まだ出てこないですか。ちょっと待って、4つですよ。たった4つですよ。マジ。中学生の語でなくていいですよ。自分の持っている語彙を全部出してください。はい、いいですよ。一番早かったペアはこの新座中高のペア。いま何をしていましたか。立ったあと。

●会場　他にないか話し合っていた。

●北原　偉いですね。先生方の生徒はそんなことをしますか。4つ終わったら立ちなさいと言ったら、どうしますか。

●会場　別の話をしています。

●北原　別の話をしていますよね。「今日終わったらどうする」とか、「あとでメールちょうだい」とか、関係ない話をしますよね。こういうペアってどういうペアですか。クラスの中で。優秀なペアですよね。こういうペアは遊ばせちゃいけないんですよね。さっき言ったような、どの場面を切っても、何かしておかなきゃいけない。その終わったペアは、次に終わったペアと勝負すればいい。自分たちが知らなかった「ow」を探してみなさいと言われたらどうでしょうね。一番遅いペアが立ち上がるまでにいろいろなことができますよ。あるいは、書かせるんですね。できるペアを遊ばせない。いままでの日本の教育は、できる子たちを結構スポイルしてきたんですね。塾に行っていればいいんだよ、塾行っているからいいじゃん、とかね。先生方は良心的ですから、

本当にできない子たちをなんとかしてあげようというので、スタンダードに持っていこうと努力してきたんだけど、それがいま批判されているでしょう。これで日本が駄目になっている、上の子が駄目にされている。こうやっていったら、上の子も伸びますよね。準2級にばんばん通ったのは、そういう裏があります。

Kitahara de essay 123 立教学院での講演12　10月20日（火）

　次行きましょう。今度は初めて意味の問題をやっていきますね。まず簡単なところから。eat, Gesture please。これでもう意味はいいですね。意味をわかっているからいいですね。eat。eat YAKISOBA, eat BANANAS, eat fast, OK。eat much。eat at the restaurant。こうやってコミュニケーションをとる。eat だけ教えても使えないのね。せいぜい eat lunch ぐらいしか言えない。eat at the restaurant、eat late という言い方が出てこないです。これをやっていかないと。そういうものも含めて、使い方を。tree, OK. What kind of tree do you have in mind?

　cherry tree、palm tree、chestnut tree、Xmas tree。こんなのは教科書で絶対に出てこないんです。ここで、全員がこの単語を覚えなくていい。chestnut tree なんてべつに覚えなくていい。でも、あの木って英語で何て言うんだっけな、ああそうか、こうやって言えばいいんだと。一人でも二人でも覚えれば、その子にとって残る。歩留まりの問題ですね。いろいろな子がいろいろな興味を持っているから。すべての生徒にすっと入っていくことはあまりないです。努力しなくても覚えちゃう。cherry。cherry blossom、cherry pie。どんどんいきましょう。under what。under water、under the tree。people。People under the cherry tree、キーワードはお花見です。

　今度はスペリングにいきましょうか。書けた人の手を挙げさせます。そうすると、どの単語が生徒にとって覚えにくいかわかるね。あの子は書けているなとか。「先生、これはさっき、赤丸は綴りを覚えると言ったけど、これは赤丸がついていないから書かせなくてもいいんじゃないですか」と言いたいでしょう？　違うんですよ。赤丸の単語と、発音と綴りが一致しているものは書きましょうねと。発音をきちんとしていたら、綴りを書かせる。「ou」は「アウ」と読むのだから、「ラウ」といったら lou だな。「アウ」となった時は「ou」だなと。こういうのを書かせるんですね。

　こんな感じで語彙指導をやったらどうですかね。慣れれば結構スピーディに、5分ぐらいでできます。このようにやっていると、力がつく。うちの生徒たちには、単語を家で勉強する禁止令。単語練習を家でしないということを言っています。そんなことをやっているのだったら、文章を書いたり言ったりしなさいよ。単語なんてものは書いて覚えるものじゃないんだよと。学校で発音できたら書けるようになるのだから、学校来て覚えちゃいましょうと。確かに1年生は厳しいですよね。1年生全部赤

170

丸で、基本語彙ばかりですから、赤丸の単語がずっと並んでいるけれど、2、3年に
なると難しい単語が出てきますね。そんなのはどうでもいいから、赤丸語だけと言っ
たら、授業中に全部覚えられるんですね。3年生、基礎コースの子でも。

　それが実際に試験で書けるかどうかは別ですけれども、そのように何度も何度も
やっていって、最後、入試の時に書ければいいだろうと。でも、本当にそうですね。
綴りを書けなきゃいけないですか。単語テストをやっているけど、入試で単語を書く
ところはありますか。自由作文の時にありますよね。でも、あれは単語の綴りを間違え
たら、全部バツですか。違うでしょう。部分点をくれます。都立高校の場合は部分点
が出ますよね。そうすると、英検はどうですか。単語を書きますか。書かないでしょう、
そうでしょう。だから、英検取るのも、高校入試でも綴りを書くことはあまり重要じゃ
ないんですよね。なのに先生も生徒も、語彙というと単語を書かせるんですね。単語
テストをやると、不規則な語ばかり出すとか、そういうのはフェアではないですね。

　では、5時10分になりましたので、ここで一度終わらせていただきますけれども、
よろしいですか。今日はいろいろな、こんなことをやってほしいというリクエストが
あったんですけども、英語の歌をやってほしい。一番やりたかったですね、英語の歌。
自分が楽しいですから。今日は最初なのでオーソドックスな話をしました。あとで
Q＆Aがあると思いますので、ここで。ありがとうございます。

2021年度優秀リアクションペーパー

・・・・・・・・・・・・　中高時代に習った英語授業　━━━　北原メソッド
反転文字 のリアクションペーパーは超優秀

外国語学部ドイツ語学科

　まず幹本を読んで驚いたことだが、教科書会社が作成しているフラッシュカードが
1学年2～3万円もするということを初めて知った。私の受けてきた英語教育でフ
ラッシュカードを使った語彙指導を受けた覚えはない。もちろんフラッシュカードの
存在は知っていたし、英語教育ではなく日本語教育の模擬授業ではあるが自作のフ
ラッシュカードを使ったこともある。ただ、まず教科書会社から出ていることも知ら
なかったし、ましてや値段がこんなにもするなんて予想もしていなかった。英語教育
の場でフラッシュカードが使われなかった理由は正確にはわからないが、そのために
私がフラッシュカードにあまり馴染みがないことだけは確かである。だからフラッ
シュカードなんて、パッと見せて日本語を英語に、英語を日本語に、または動詞の活
用が瞬時にできるようになることがゴールだろうとしか考えていなかった。幹本を読
み、そして今回の授業で体験したフラッシュカードの使い方は非常に勉強になった。

最初に驚いたことは、新出単語を生徒に読ませることだ。北原先生が「ずっと先生が読んでいたらいつ生徒は自立するの」とおっしゃっていたその言葉に衝撃を覚えた。最初に手本を見せてあげないとできないだろう、読めないと困るだろう、そんなお節介のような気遣いが、いつまでも自分一人で勉強できない生徒を増やしている。日本語のこの比較が正しいかはわからないが、私たちが漢字を読む時、決してすべての読み方を教わったわけではないのに正しく読めるのは、部首やつくりを見て読み方を予想する力があるからだろう。その力を獲得できたのは失敗と成功を自ら繰り返してきたからだと思う。英語だからといって突然すべてを教えてしまうのはおかしな話だと、北原先生の言葉を聞いて感じた。また、北原先生の作成したカードにはルール通りの読み方と例外の読み方が色分けされていたため、全く困難な課題というわけではない。生徒が間違える機会であったり、自分でやったという達成感を味わわせてあげたりするのも教師の役目で、今の英語教育はその機会を奪ってしまっていると感じた。新出単語を日本語を使わずに、ジェスチャーだけで導入するやり方も素晴らしいと感じた。単語を１語１語、日本語と共に導入するといつまで経ってもすべての単語を日本語に訳して読まないと英文を読めない生徒になってしまう。語彙という基礎的な部分から、日本語なしで行うのは非常に重要だと思う。そして、この活動に関しても先に生徒に答えさせるということが徹底されていた。生徒が答えることで、わかる生徒がわからない生徒に示すこともできるので、助け合いながら勉強しているという気持ちも強くなるように感じた。そしてここで答えられるのがかっこいいと思った生徒が、「もっと単語を覚えたい」と思うかもしれない。その生徒は自ら辞書を引き語彙を増やすだろうし、そうすれば自律的な学習の促進にもなる。楽しく学んでいるのに、いつの間にか勉強をやる気になっている、それが北原メソッドの強みだと考えた。

総合人間科学部教育学科

　　まず、語彙の増やし方についてとても驚きました。私は、中学時代、「ユメタン」を使って単語を覚え、毎授業の初めに小テストがあったので、自分の中では単語をできるだけ多くインプットしていたつもりでしたが、カテゴリー別単語書きをやってみて、中学レベルの単語にも関わらず、自分があまりにも単語が出てこないことに驚きました。ただスペルが書けるだけでは意味がなく、すぐに頭から出てくる"使える"語彙を増やさなければならないと感じました。また、他の生徒と語彙を共有させ、iceberg effect における「自分の意識下の語彙」に気づかせること、「逆転現象」を起こすことも重要だと感じました。クラス内で語彙を共有することや容易に逆転現象が起きることで、クラスみんなで高め合える環境作りが可能になると感じました。

　　また、new words の指導方法にも非常に驚きました。私の中学時代は、new words

を事前に調べることが宿題で、授業内で調べてきた意味を日本語で共有し、すぐに教科書の内容に入っていました。調べたことに満足し、それで覚えた気になっていましたが、家に帰ったらわからなくなり、また意味を調べることがよくありました。しかし、北原メソッドでは、日本語を使用せずに必ず「授業内に覚える」ことができます。まず、フラッシュカードは"生徒から"発音させてみて、先生が正しい発音を提示するということに驚きました。"自立した学習者"を育てることができ、そして、こういう風に発音するのかと興味を持たせて気づきを得ることで、より正しい発音を身につけさせることができるなと感じました。さらに、北原メソッドにおけるフラッシュカードは、カード自体にも多くの工夫がありますし、フォニックスのルールで、「同じ発音をする語は？」と尋ねたり、ジェスチャーをさせたり、カードを少しだけ見せたり、空中でスペルを書かせたりと、同じフラッシュカードでも、こんなにも幅広い使い方があるのかと驚きました。生徒からすると、次から次にやることが変わり、さまざまな視点からその単語を見て覚えることができるという、まさに幹の本における"飽きない繰り返し"であると感じましたし、自分の脳内にある語彙も思い起こすことができる、尚且つ、正しい読み方、発音を定着させることができる方法だと感じました。そして、スペルを覚えさせる単語は全部ではないことに驚きました。教える単語はすべてスペルを覚えさせなければならないと思っていましたが、これが幹の本における、「受容語彙と発表語彙を区別して指導する」ということであり、単語をあえて同じように扱わずに"区別する"ことで、すべての単語を確実に生徒が使えるようになるのかと驚きました。

　また、教科書の本文を指導する際、和訳は全くせずに、しかし、生徒に意味を完璧に理解させる指導方法に感銘を受けました。もちろん、先ほどの new words の指導方法もそうですが、まずは、ジェスチャーの取り入れ方です。北原メソッドでは、生徒一人ひとりが自分の思う、独自のジェスチャーを単語ごとにさせることで、楽しみながら、そして生徒が内容を完璧に理解できます。意味を捉えていなければジェスチャーができない、だからこそ、ジェスチャーができれば、自然と内容を捉えられるという、楽しく、そしてスムーズに、必ず内容を定着させることができる指導方法だと感じました。

　ピクチャーカードのＱ＆Ａでは、前回の授業に加えて、先に発表した生徒に、文を書かせるということも勉強になりました。書いた文章をポイント制にすることで、早く文章を組み立てて発表したくなる、発表した後も、発表したからいいやと"他人事"にならず、生徒が必死に文章を考え続ける、ずっと生徒が"主体的に"学習することができる指導方法だと感じました。

　今日の授業で扱われたフラッシュカードやピクチャーカードを用いた活動がとても印象的だった。まずフラッシュカードについてだが、カードの形式は、丸や色付けをしてあり、裏面には意味が書かれているだけのものであり、自分が予想していたものよりもかなりシンプルなものだった。しかし実際講義中に体験してみると、赤丸や線引きなどにより、どの単語や語句、慣用句が重要で使えるようになれば良いのかとメリハリがあり、またポイントが整理されていたため、集中して活動に取り組むことができるようになると感じた。

　次にカードの活用についてだが、自立した学習のため「楽しく学べる飽きない繰り返し」を意識し、語彙を定着させることの重要性に気づかされた。講義中で体験した工夫された実践パターンは、私が中学時代に受けた「単純な繰り返しをベースとした語彙の意味を覚えるだけの学習」とは違い、単語の意味、活用、発音などの多くの収穫が得られる楽しい学習方法だった。その中で、度肝を抜かれたのが、初出の英単語を生徒たちに発音させるという方法である。私の中学時代の英語の教員は、初出の語彙を扱う際、正しくない語彙の発音をさせないために、CDの音源や教師の発音に続いて生徒が発音することばかりしてきた。しかし、生徒に先に発音させることで、注意を引き、考える機会を与えて主体的な学習を実現することができ、仮に間違えていても後に教員が発音を修正し、正しい発音が習得できるようになるため、非常に説得力がある効果的な方法であると感じた。以上からフラッシュカードで強固な定着を図るために、必要最低限の情報量のカードで工夫された、飽きない繰り返しを意識することが最も重要だと学んだ。

　続いてピクチャーカードを用いたQ＆Aも同様に非常に興味深く、英語力の養成のためにも多くの教員が積極的に取り入れるべき教材だと思う。その理由は、Picture Describingは、日常生活や旅行先など実際に英語を用いる場面を想定することが可能であり、実用性が高い教材であるということ、そして何よりも、英作文能力や会話力、正しい文法事項、発音、表現力などをはじめとする広域な英語のスキルを同時に磨き、全体の能力を育成することが可能になると考えるからだ。改めて、自分の中学時代の英語教育を振り返ると、文法は教科書に関連したワークで、作文は教科書中の該当のセクションで、会話力はALTが来た時にというように、本来は授業を通して最終的には1つの英語力として統合されるべき4技能がバラバラに指導されていたことに気づいた。それでもテストでは点が取れていた方かもしれないが、案の定4技能をうまく統合することができず、英語力が養われた自覚など全くなかった。しかしピクチャーカードを採用することで、中学時代の私のように「英語ができないがテストで点が取れるだけの子」の出現を抑え、実用場面でも難なく対応できる統合された英語力が自然と

養われると思う。よって手段として英語を活用できるようになるためには、ピクチャーカードの利用はほぼ不可欠だと思う。ピクチャーカードを用いることの意味に加え、非常に良いと思ったのが、カードを用いた授業展開である。クラス全体を巻き込み、自分以外の生徒が用いた回答方法や英単語を共有する機会をつくることは、あまり多くの学校ではやっていない気がする。しかしそうすることで、自然と表現や単語のバリエーションを増やすことを可能にするのと同時に、ライバルであり仲間でもあるクラスメイトが面白い回答をすることで、生徒間で学習意欲が刺激されることも見込まれる。上記のように、ピクチャーカードを用いた Picture Describing は、発展性が高い教材であると思った。

　今回は、2つのカードを用いた英語教育法を学び、どちらも非常に学習効果が期待できる教材であるということを理解できた。しかしこれらの教材を扱い、良い学習を展開するためには「生徒全員が学習に積極的に参加し、楽しんでいること」「生徒同士切磋琢磨する機会を設けること」「間違えても大丈夫であるということ」などについて、教員が全体の雰囲気をつくれるように意識することが重要なのではないかと感じた。

外国語学部ロシア語学科

　今回は語彙指導の続きと北原メソッドBパターンの実演であった。カテゴリー別単語書きはカテゴリーで単語を覚えることができ、またたくさんの単語を書こうとするため、思い出そうとしてより記憶に残りやすくなると感じた。今回はキッチンにあるものを書いたが、思い浮かぶけど英語ではなんていうのだろうかという単語が多くあった。英語で書けなかった悔しさはあるものの、「あれはなんていうのだろうか、気になるな」と感じ、英語に対する興味が増えた気がする。これは生徒にも当てはまることだと思う。身近なものが英語でわからないことは結構あると思う。カテゴリー別単語書きでは語彙力増強という効果だけではなく、生徒に英語に対して興味を持たせるという効果もあるのではないのかと感じた。連語、熟語60秒クイズは自分のわからないものとわかるものを仕分けるのに有効だと感じた。わかっているものを何度も繰り返しても意味はないし、それよりも覚えられていなかったものに力を注いだ方がいいと思う。またチャイムが鳴る前に始めることで英語の授業への切り替え、英語で考える頭への切り替えが生徒のみでできると思った。限られた授業時間を最大限に有効活用するための方法だと感じた。接頭辞、接尾辞別に単語をたくさん書いたが、単語間のつながりを意識しながら覚えていくことができ、また似たような表現を見つけることができると思う。また生徒間で見せ合いリアクションをさせることで、褒められて嬉しく感じ、相手のプリントを見て関心したり悔しく思ったりして、生徒のモチベーションをあげることにつながるのではないのだろうか。カテゴリー別単語書きでは一番多

く書けた人が単語を言っていき、書けなかったが「ああ、そうか」といった単語を書かせた。これは一番多く書けた人にとって、発表させることで有能感が高まり、内発的動機づけが高まるのではないのかと思う。

　北原メソッドのBパターンの実演では、まずスパイラルワークシートを解いた。文法事項の復習にもなるし、内容以前にわかっていてほしい文法を確認できるので、どこがわかっていないのかが文章を読む前にわかる。読んでいる途中につまずくよりもいいことだと感じた。Good と同じ内容の単語を多く書かせることは、表現力を豊かにするために有効だと思う。言い換えができるだけで英語ができるという自信をつけさせることができるのではないのだろうか。Picture Describing は以前質問を投げかけられて答えた実演（註：Picture Card を使った Q & A）とは異なり、自分で考えることが多くなり頭をよく使う活動だと思った。自分が中学生だった頃は質問を投げかけられて、それに答える活動しかしていなかった。これだと自主性が育たないし、主体的な学びではなくなってしまう。自分で表現しようと考え、どんどん発表していくことで主体性が育つのではないのだろうか。新語の導入でフラッシュカードを使っていたが、今まで使った記憶がないので新鮮であった。ただ発音させて練習させるだけでなく、さまざまなパターンで練習をした。こうすることによって生徒たちは飽きずに練習ができる。途中で集中力が途切れない工夫がなされていて生徒のことが考えられていると感じた。また家で単語の練習をしないようにと言い、授業内で単語は完結できるようにしているとテキストに書かれており、自分が中学生の時にもこのようだったらなと思った。授業では文法中心の読み取りだったため、単語の練習は家でするしかなかった。これでは単語だけに時間がとられてしまい、他の活動ができなくなってしまう。授業内で毎回行うことで復習にもなるし、家での英語学習の幅が広がると思う。フラッシュカードとともに発音指導を行い、ジェスチャー付きでイメージと単語をつなぎ合わせることで定着率がアップすると思った。本文の内容理解が読むだけで終わったのは驚いた。細かく文構造やいちいち文で止まって解説していたのが中学時代の英語だったが、間延びしてしまって飽きてしまっていた。しかしこのパターンではテンポ良く授業が進んでいて飽きなかった。テンポの良さを考えることも大切だと感じた。

総合人間科学部教育学科

　今回の講義で学んだことの１つ目として、インプットの重要性が挙げられる。テキストの中でも言及されていたが、さまざまなメディアにアクセスできる現代において、学習のために自分の趣味の時間を使ってまで、動画の視聴や音楽の再生を進んで行う生徒は少ないと考えられ、インプットの時間は学校での限られた授業のみとなってし

まっている。ここで北原先生から「自分の声を自分の耳で取り込むこともインプットの1つ」として、これまで私が経験したこともないような回数の音読を生徒に宿題として出しているとおっしゃっていた。☆読みと呼ばれるこの方法は、学校外でのインプットする機会の少なさを解決すると同時に、自身の努力の可視化、周りの友人から手近な目標を得るということを可能としていた。

　また2週連続ピクチャーカードを用いた指導を実際に受けたが、これに加えてジェスチャーを使った内容理解という項目も追加され、その効果に感銘を受けた。というのもこれらは実際の会話をするための能力育成を可能にしていたからだ。まずピクチャーカードを用いた指導の中で北原先生は、1つのフレーズだけを使用し表現することをやめさせていた。私も実際に英語で会話をしていて、1つの事柄をさまざまな表現によって相手に伝える能力の重要性は常に感じている。だが、私自身の学生生活を振り返ってみると、教科書に載っているフレーズを覚えることが最優先で、そうした言い換えの能力を育む機会はないに等しかった。テキストに「暗記しなさい」とは言わない、ということが書かれていたが、まさに暗記することにすべての意識を向け、言葉を使っている感覚は全く養われてなかったように感じる。また学年ごとに質問する内容を変えている、ということも生徒が常に思考できるような発展的な方法だと感じた。ジェスチャーを用いた内容理解で最もその効果を感じたのは、テキストにも記載されている「理解・表現に日本語を介さない」という項目である。これも私自身の体験を踏まえた話になってしまうのだが、単語の意味を問われた際に、頭の中に浮かぶのが文字ではなく、映像であることが非常に重要になってくると考えている。なぜなら日本語という文字のみでその単語を暗記していると、その日本語の意味にとらわれすぎて、ピクチャーカードを用いた指導の部分に記した「言い換え能力」の妨げになる、という経験をしているからである。この指導には他にも、常に脳みそと体全体を使って思考・表現を繰り返していることから生徒の意識が先生から逸れることなく授業が行える、という利点もあると感じた。まさにテキスト内の「単調な繰り返しを避ける」といったことの実現だろう。

　これらのことを含め、全体を通して感じたのは、北原先生の指導には「一貫性」はあるが、それは決して単調な繰り返しなのではない、ということ、また3年間の指導の中で「発展すること」を忘れないものである、ということである。生徒が常に思考する、音読指導の重要性を理解してインプット量を大切にする、文字としての理解以外にも、実際の会話を想定した指導という「一貫性」は持ちつつも、多様な指導を通して、先生だけで成り立つ授業ではなく、生徒がお互いを常に目標であると意識して努力しあうことを実現していると講義を通して考えた。

文学部英文学科

　Bパターンの流れを復習している時に「Spiral Worksheet の "Spiral" の意味はなんだっけ」と思いました。その時に講義内で語義のジェスチャーで手をくるくる回したことを思い出し、「らせん状の」という意味を思い出すことができました！　きっと生徒たちも家で復習をしている時に私のように単語の意味を忘れても、ジェスチャーで語義を思い出しやすくなるだろうということが身をもって実感できました。「和訳を行わなくて大丈夫なのかな？」という一抹の不安もあったのですが、ジェスチャーをしながら教科書の本文を読んでいくことで、身体に意味を落とし込むことができ、そして忘れても思い出しやすくなるのだということに気づけました。Spiral Worksheet やピクチャーカードのアクティビティでは「一人1回は必ず手を挙げること」というルールがありましたが、このような決まりがあると「間違えてもいいから何か発言しよう」という気持ちになり、発言することに対してハードルが少し下がりました。

　オーラル・イントロダクションは、生徒の background knowledge を与えるために行うとおっしゃっていましたが、これは高校生に対しても行った方が良いのでしょうか？

　余談ですが、Sunshine の音読チェック表は、自分が使用していた当時、1回読んだら塗れば良いのかと思い「5回だけって少ないな」と当時思っていました。それから、中学1年生の2学期の最後に行うお正月のお話の寸劇もよく覚えています！　とても懐かしかったです。

〈気になった点〉

　音読テストをしている時に生徒が身振り手振りをしていたのは、Body Language としてでしょうか？　それとも手話をしているのでしょうか？

北原の返信

　和訳を廃止するために私が考え出したのがジェスチャーを使うことです。2003年のNHK「わくわく授業」という番組で私の授業を紹介した時に初めて世に出て以来、広まってきています。ジェスチャーは生徒が自分が覚えやすい動作をしますから手話でも sign language でもありません。いい質問でした。Sunshine のことを思い出してくれてありがとうございました。

文学部英文学科

　実際に中学生の授業を体験してみて感じたことは、自分が実際に中学生の時に受けてきた英語の授業と共通点がほとんどなく、断然、格段に、北原先生の授業の方が楽しく、自分が当時抱いていた「英語を覚えなくてはいけない！」という感覚・気持ち

が全くなく授業に参加していたなということです。当時の私は、「新しい英語の単語が出てきて→日本語ではこういう意味なんだ→悪のノートに書き込み→覚えなきゃ！早く覚えなきゃ！」というサイクルで英語の授業が終わっていました。しかし、本日の授業では「早く英語の意味覚えなきゃ！」という思いがこみ上げてくる瞬間が1ミリもなく、ピクチャーカードを使ったアクティビティや、ジェスチャーを使って楽しく本文の内容に触れていたら、「楽しく授業を受けていたら、なぜか内容がしっかり頭の中に入っている!?　日本語訳も一言もしてないのに!?」という驚きでいっぱいでした。日本語訳を一切しなくても内容が理解できているし、なにより身体を使って理解しているために、すぐに頭や身体からこの理解したものが抜けないという特徴も強みだと思いました。

　また、私はオーラル・イントロダクションも受けたことがなかったため、これのおかげで教科書の内容に入るためのバックグラウンドを活性化してもらうことができ、生徒の理解の手助けになると感じました。本文に入るまでの「一連の流れ」を大事にすることで、スムーズな理解を促すことができ、生徒自身の頭の中でのイメージも掴みやすいと感じます。

　北原先生の授業を見ていると、ただ授業を「こなしていく」のではなく、1つひとつのアクティビティ、生徒への質問を取っても、すべて理にかなっているという点、また常に、生徒目線に立ちながらも、逆に教師目線として「データ収集」もしている点で、私が今まで受けてきた先生とは全く質が違う授業だなと感動しました。

文学部英文学科

　後半の授業では、実際にフラッシュカードなどを使っての実演を行った。1つ目に驚いたことは、新語の導入の際のフラッシュカードの利用の仕方である。ただ語義を与えて終わりにするのではなく、最初に生徒自身に発音させるところから始まり、フォニックスのルールを思い出させたり、カードを少し隠して瞬発的に行ったりすることで、ほとんど日本語は補助の役割しか果たさずに語彙を覚えることが可能だと思った。カード自体は非常にシンプルながらも、耳、目、ジェスチャーなど五感をフルに活用して何度も何度も違う形で反復することで、飽きさせることなくこれ1つで語彙を定着することができると思った。2つ目に、ピクチャーカードを使ったQ＆Aは、アウトプットの絶好の機会だと感じた。文法を正しく理解し、頭の中で文を組み立て、それを相手に伝わる正しい発音で行うことで、今までの学習と実際に英語を使うことを結びつけることができると思った。3つ目は、これでもかと思うほど音読の練習を重ねることである。私が中学生の時の教科書の音読は、授業中にまず教科書本文を聞き、リピートアフターミー形式が1回、シャドーイングが1回程度で家に帰って音読

するということはまずなかった。音読を重ねるうちに自然と本文や単語の使われ方を覚えられ、発音も良くなるしスムーズな発話にもつながると思った。上記のように、今日の授業では英語が得意な生徒だけでなく、苦手な生徒も楽しく、着実に英語力や語彙力を伸ばしながら学ぶことができる工夫をたくさん感じることができた。

北原の返信

リアクションペーパーをありがとうございました。とてもよく書けています。ただ1点だけ誤解があります。「頭の中で文を組み立て」とありますが、私が教えた生徒たちは日本語を元に頭の中で英作文をしているわけではありません。日本語は頭になく、ジェスチャー（イメージ）をそのまま英語にしているだけです。だから生徒の感覚だと「組み立てている」という気はしていないです。頭に浮かんだ英語をそのまま言っている感覚です。これは昔からの英語教育では不可能で、北原メソッドだからこそ可能なことです。

文学部英文学科

今回の授業の中で最初に感銘を受けたのは、録画された動画の中で英語を用いた劇を発表する中学生の姿である。話によれば、その劇の内容やプロット、そして台詞はすべて中学生によって構成されたものであり、完全に授業時間外で彼らが独自で練習に励んでいたという背景には重要な意味があるように感じた。自立的かつ自発的に英語の台詞をつくり、英語を話す練習を行っているから可能なことであるように私は感じ、これほどまでのモチベーションを保有することは、彼らが受ける英語の授業のクオリティー、満足度がいかに高く、そして充実しているかが見受けられる。私はパフォーマンスをする重要性も感じ、自分たちの努力、表現性、そして英語の力をオーディエンスに見てもらうことで、英語を学ぶ彼らの意欲が促進されるのではないかと感じた。また、私は彼らの鮮明な発音に着目し、劇とは関連しないが、生徒が 'Nick's Diary' を読み上げる発音テストを見ても、そのレベルの高さは明らかであった。これほどの発音を用いながら英語を読むには、しつこいと感じるほどの個々の語の発音、そしてイントネーションの指導が必要になること、そして教師本人が正しい発音を生徒に聴き慣らすことができるのかが重要になると感じた。

また、個人的に印象に残ったのは、ピクチャーカードを使ったＱ＆Ａである。イラストが描かれているピクチャーカードを使って、生徒に何が描かれているか、そして描写についての細部まで質問を投げかける内容であった。正解が言えた生徒から順に椅子に座るというゲーム要素が含まれていることから、楽しい雰囲気となり、描写を具体化した表現を求める場面もあったため、チャレンジとして生徒は受け入れるこ

とができるのではないだろうか。また、バックグラウンドを想定できるようになり、個人で本文を読む前に、このような oral introduction を行うことで、本文内容も理解を促すことができるのではないかと感じた。

文学部英文学科

　まず、はじめに断りとして、10/12の５限に出席ができなかったため、DVD を拝見した上でのリアクションだということをご承知おきください。

　今回は、北原メソッドのBパターンについて主にリアクションを行いたいと思います。まずは「Spiral Worksheet」ですが、ポンポン復習がリズムよく行われるので、導入として非常に気持ちいいものだと感じました。宿題としての負担も重くないですし、何より単なる一問一答だけではなく、Good の Variation をいくつも問うことで、英語が得意な生徒のモチベーションにもつながる工夫が素敵です。次に、「ピクチャーカードを使った Q & A」ですが、最も興味を引いたのは「教科横断型」という視点です。英語が苦手でも理科や社会が得意な生徒はたくさんいますし、そういった生徒が活躍できたり、また彼ら彼女らが英語に興味を持つきっかけを与えることができます。他教科の先生と連携を取ろうとする姿勢も流石でした。また、こちらも Spiral Worksheet 同様、ポンポン質問が出されて進んでいくので、生徒の自発的な姿勢が促されると感じました。

　そして、「本文の oral introduction」の狙いに、situation (context) を理解してもらい、new words に expose させることで、単語を幾分推測させたり、discourse を理解してもらうという話を聞き、唸らされました。新語の導入においては、シンプルに回数が圧倒的に多い点が効果的だと思いました。私が中学生の頃に受けた授業では、多くて３回くらいの Repeat after me しかなかったように思います。回数が記憶に密接に結びついていることは明らかになっていますから、北原メソッドはやはり理論に裏打ちされているものだと感じました。ただ、紙よりも、ICT を使った方が flash card は効果的なのではないかとも思いました。もしかしたら、同じ時間でも単語に触れさせる回数が結構増えるのではないでしょうか。

　５段階目の「本文内容理解」については、No Japanese、及び gesture をふんだんに使えという視点が斬新でした。とはいえ、じゃれマガでいつも北原先生がおっしゃっていることではあるのですが。先生が教えられていた中学生の speaking test（自己紹介のもの）を見て、gesture が非常に豊かな生徒が多いなという印象を持っていました。日頃から、授業の中で鍛えられた成果だったのですね。第一言語においてもそうですが、特に外国語を話す際に、gesture のような non-verbal なものの役割は本当に大きいと感じます。まさに、TPR が体現された授業に思います。

第 **6** 章 音読指導

音読に関する大学生のギモン、ベスト3

①そもそも必要なの？
②何回読んだらいいの？
③大きな声で読まないといけないの？

①への回答

　日本の英語教育では「音読」の地位がとても高いと思う。それは漢文学習の一方法としての「素読」と関係があるかもしれない。ただ、「何のために音読をするか」といった議論はこれまであまりなされてこなかった。教育活動はすべてに意味があるものである。「自分が教わったように」漫然と音読を生徒にさせていないだろうか。

　私が考える音読の意義は次の通りである。日本では教室を一歩出ると英語が聞ける環境にはない。自分で求めればテレビ、ラジオ、インターネットなどでいくらでも英語が聞けるが、多くの生徒はそんなことはしない。赤ちゃんが言葉を覚えるまでの過程を考えてみると母親の問いかけ（Mother Talk）を十分に聞いて自分でもまねて発話する。発話には多量のリスニング（インプット）が不可欠なのだ。しかし日本の状況はそうなってはいない。そこで自分の声で自分の脳に音を送り込む必要がある。授業で数回程度読んだだけでは全く足りないのである。またその際に「カタカナ発音」で読んでいては後に正しい発音の英語が聞こえた時に脳が反応しない。だから「正しい発音」「英語らしい発音」が必要なのである。

②への回答

　私の師匠である長勝彦先生（元武蔵野大学教授）は中学校教師定年の時に次のようにおっしゃった。「私の生徒で教科書をスラスラ音読できない生徒で英語が好きな生徒は誰もいなかった」。彼は教科書本文を5回音読したら余白に☆印を1つ書くことを生徒に求めた。家に帰ってから全部で5つの☆をつけて次の授業に臨むように。私も同じ実践を長年続けてきた。そこでわかったことは、「☆5つ（25回音読）」の場合はクラスの半数が教科書をスラスラ読めた。赤坂中では「☆8つ（40回音読）」が平均的だったが、その場合はクラスの8割がスラスラ読めた。「☆9つ（45回音読）」の学年は9割、「☆10こ（50回音読）」

の学年は全員がスラスラ読めた。ただしこれは結果論であって、絶対値ではない。☆３つ（15回音読）で本文内容を暗唱できる生徒がいるかもしれないし、☆８つ（40回音読）でも足りない生徒もいるだろう。結局何回読んだらいいかは生徒個人にしかわからない。そのために私は音読をした次の授業で閉本のまま私のジェスチャーを見て本文が言えたら（イメージを言葉に置き換える）音読回数は十分であると伝えている。ところどころ言えない箇所があったら「次からは☆の数をもう１つ増やしてみよう」と言う。無駄な音読をしないために自分が必要十分な回数の音読をするように勧めている。

③への回答

人間の聴覚は小さい声でしゃべっても頭蓋骨の骨振動で自分の声が聞こえる。そうではなくて音を鼓膜から入れる（インプット）ために大きな声で読む必要があるのだ。具体的には生徒には「自分の声が黒板に跳ね返って耳に入るか」を確認させている。

ここで私の指導案の指導項目（Ｂパターン）を再び掲載する。

３．ピクチャーカードを使ったＱ＆Ａ　Speaking（8 min.）
４．Oral Introduction of the text　　Listening（3 min.）
５．Introduction of New Words　　Vocabulary（7 min.）
６．Comprehension of the text　　Reading（5 min.）
７．Reading Aloud　　Reading（6 min.）

実は６の最初に次のような小さなステップがある。
①黙読で大意をつかむ
②教師の範読
③リピーティング（教師の後について１回本文を読む）
公開授業などでは ③を「音読ですか」という質問を受けるのだが、それは違う。音読とは内容理解が終わった後にやる活動である。そうでなければ「素読」と一緒になってしまう。それなら何のためにリピーティングを行うのか。それは教師のデータ取りのためである。５の新語導入の時に、まず生徒に読ませたのと同じ理屈である。初見の英文をどれだけ読めるか、というデータを取っているのだ。クラスの大部分がきちんと読めているのであれば、生徒は内容理解もできている可能性が高い。また読めない生徒がいたり、間違った読み方をしている文があったら、７の音読の時にその文を何度か言わせる。最初からス

ラスラ音読できた文は1回しか読ませない。こうして指導の軽重を図っているのである。

2021年度優秀リアクションペーパー
------------ 中高時代に習った英語授業　　　───　北原メソッド

外国語学部ドイツ語学科

　音読指導に関しては納得する部分が多かった。私自身、中学での英語勉強の中心が音読だったからだ。というのも、1 lesson ごとに先生の前で音読（教科書を読んでも良いが点数は下がる）しなければならず、それがないと成績がもらえなかったのだ。私は高得点が欲しくて、CD の音声のどこにアクセントやイントネーションが置かれていて、どのような感情でその人が話しているのかを注意深く聞き、それを再現できるように努力していた。そのため、回数は数えていないが何度も何度も練習して、最高点がもらえるまで何度も先生のところへ行き音読した。そのおかげで試験前はワークを終わらせ、スペルを確認するだけで終わっていて、毎回学年でも上位の点数を取れていた。ただ北原先生の授業と異なる点は、生徒同士の協力がないところだと思う。本文の確認をしたら、自分の好きなタイミングで先生のところへ行って音読をするというやり方だったので、遊び始める生徒も多かった。本文の確認も先生が重要な部分を解説するだけだったので、やる人は伸びるし、やらない人は全く伸びないという状況だった。その点、本文の確認も教師ではなく生徒がみんなでやっている感じがしたし、『幹本』上巻の158ページに書かれているように北原メソッドでは、クラスメイトがどれくらいやっているかを気にするように指導している。他人と比較しない方が良いと言われることも多いが、他人と比較して負けたくないと思う気持ちも私は大事だと考える。もちろん他人と比較して劣っているから悪いというのではなく、他人と比較してできる人がなぜできるのかを知り、それを盗む（まねする）ことが、できるようになるためのはじめの一歩となると思う。北原メソッドには他の生徒と助け合い、みんなでできるようになる、という考え方が多く、それが私の受けてきた英語教育にはなかった点だと感じる。

総合人間科学部教育学科

　シャドーイングに関しても、先生が教科書の文章から少し変えている部分が印象的でした。私の中学生の頃のシャドーイングは、CD を追いかけることが多く、正直、CD を聞いていなくてもわかるので、教科書を見て、なんとなく読んで終わるということが多かったですが、聞く力も向上させ、的確にまねて発音させる、咄嗟に意味を理解させるという点で、シャドーイングの活用方法に驚きました。今まで、教科書の

指導は、先生が話して、訳して、覚えるという受け身の授業にしかならないものだと思っていましたが、今回の授業で、北原メソッドで生徒を楽しませながら、主体的に学習させる方法、そして、語彙や教科書の内容を完璧に定着させ、英語力を向上させる方法を知ることができました。次回も楽しみにしております。

外国語学部ロシア語学科

音読は何度も行ったが、強調するところに気をつけたり、感情をこめたりして練習ができ、楽しく生徒たちは音読に触れることができ、家でのやり方も学べるのではないかと思う。音読を行うことでスピーキングへの橋渡しにもなり、英語に慣れることもできる。家で何回も音読をすることを宿題にすると音読をする癖がつき、英語に触れる時間が増えると思う。

文学部英文学科

教師の英語能力にもよるが、dramatic reading を行うことで、文章に感情を入れることができ、生徒も文章に集中できるようになると感じた。教師を参考に、paced reading の練習も行うことで、自然な読み方を身につけることができると感じた。最初から文章を訳さず、イラストを用いて質問をし、最後にジェスチャーを用いながら文章を読むことで、明らかに内容理解を促進できると授業を通して実感した。

文学部英文学科

「音読」で最も印象に残ったのは、rhythm の指導です。私自身どうしても、Bruno Mars や Ed Sheeran が歌えなさすぎて泣きそうになったことがありますが、それは日本語よろしくモーラ拍で発音しようとしすぎていたからです。勿論、connected speech の部分もありますが、英語は強く置く所と弱く置く所があるのだということに気づけないと、まず歌えません。Listening が聞き取れない１つの理由もここにあります。それを普段の授業から教えているとは、なんとも authentic な method だと言わざるを得ません。

最後に、これは attitude の話になるのですが、気になるお言葉がたくさんありました。全体的に、北原メソッドはいわゆる ZPD にかなりスポットが当てられていると感じます。教師ではなく、英語が得意な生徒が授業を引っ張っていくという授業スタイル、時に他の教科が得意な子がその英語が得意な生徒に教えてあげるという現象も、教科横断型だと起き得るでしょう。特に英語が苦手な生徒の伸びが非常に期待できるように思いますし、英語が得意な生徒も教えることで知識を定着化させることができますし、良いこと尽くめだと感じます。さらに、同時に手を挙げた時には英語が苦手

な生徒を当ててあげるというテクニックも何気ないことかもしれませんが、非常に大事なことだと感じました。長くなりましたが、Bパターンについてコメントしたいことはすべて書けたかと思います。ありがとうございました。

For Further Reading
ALTs' comments on Kitaken Sessions

December Session held on December 19

I am excited to write my first report on a Kitaken session held on Saturday December 19th 2020. I would also like to extend a wholehearted thanks to Kirahara Sensei and the other members for providing me a chance to attend this meeting, especially in these hard times. I would also like to extend a personal thanks to Tamaki Sensei who first invited me to participate in this meeting.

First, I am going to apologize for how short this report will be. I am not that great of a writer, but I hope I will be able to portray my thoughts and feelings accurately enough so that you will truly understand how grateful I am to have been able to attend this session and learn as much as I did.

Initial Thoughts:

I am going to begin by just stating what I thought of the session as a whole. My thoughts are my own and are not influenced by anyone else. My overall thoughts on this session are positive.

I enjoyed this quite a lot. Initially I was nervous as I wasn't sure I would be able to get much from this as it was in Japanese. My Japanese isn't the best; however, I was able to learn a lot and I also had fun doing it. I truly believe that this session and the others would be beneficial for not only the Japanese English teachers but also for the native English teachers. A's someone who has worked at an eikaiwa school and as an ALT in public schools, the knowledge from these sessions has been beneficial. I hope that I can continue to participate in these sessions and that I will continue to make use of what I learn from them.

Session Contents:

Now, I will talk about the session in general. Here, I will talk about what we did and what we were able to learn in this session. We learned about the

186

importance of reading aloud, how to do Q&A, (third year students-Picture Describing) how to use flash cards, and how to get the students to listen more. We began this session by doing a spiral worksheet (a worksheet Kitahara Sensei uses as homework to get the students thinking about a topic before the class). Then we went through the answers. I really enjoyed doing this worksheet and it is a great way to get the students thinking.

Next, we did picture cards. For the 1st and 2nd grade students asking questions to get them thinking is a good idea. For the 3rd year students, it is a good idea to get them to describe what they see. What I really liked about this was that the students are only able to sit down if they said a correct answer. Two important things I learned from this is that we don't want to say useless information, especially to the 3rd year students and it is always important for the students to learn multiple ways of saying the same thing.

Next, we did an oral reading of the passage. I found this to be quite useful. Kitahara Sensei read the passage out loud but he also changed it a little bit. This is important so that the students can learn other phrases and words. After a few days of lessons after this session, I have been able to think of another reason why this is important. This shows the students that even if it is not the same words, the meaning can still be similar. It shows them that it is OK to change the words. After the oral introduction to the topic, we did flashcards. I really enjoyed this section as well. I learned why flashcards are called flashcards. I also really enjoyed seeing different markings on the cards to indicate different pronunciation tips.

Kitahara Sensei also taught us that native speakers can see part of a word and still know what is says. I have never realized that before but it is true. After learning this, I mentioned it to my partner teachers and now we check to see if the students can make out a word only by seeing the first few letters. Lastly, I now 'flash' the cards and the students have to read them. Although, holding the cards has been a struggle, but hopefully I will get a handle on it soon. These flash cards are important because it gives the students a chance to learn new words without the pressure of understanding a whole passage. Another thing I learned through the flashcards and other parts of the session was that gestures can be really important. Next, we did reading aloud. During this section we did paced reading and we read the passage multiple times. During paced reading Kitahara Sensei read the passage and we had to follow him. The thing I really liked though was that he changed a word every now and then. And if we said the same word as was written in the textbook we stopped and started again.

I also like when we were required to read the passage five times and if he couldn't hear us, he would tap our desks to make us start all over again. This is important because it is not good to just read the passage but hearing yourself is extremely important to practice pronunciation as well letting the teacher know you are getting it. I really do want to start incorporating this into my lessons more.

Lastly, we did a writing section. In this section we had to write questions for finding out certain information. This is a great activity to get the students thinking backwards.

Final thoughts:

In conclusion, I just want to say that I really enjoyed the use of the dictionaries throughout the class/session and I am extremely grateful we got to take them home with us. I am really glad I attended this session and I learned a lot. I loved seeing how fun your classes probably are and I hope I can make my classes both fun and educational for my students. I really liked the buzzer machine. It was really fun and I kind of want one now.

Lastly, I would like to just say one final thank you to Kitahara Sensei and all the other members for allowing me to opportunity to participate in this session. I know this report is not that good and I hope I showed you how grateful I am. It was fun and I hope to participate again sometime in the future.

Thank you!

K. I.

Dear Mr. Kitahara and Fellow "Kitaken" ML Members, This is J. V., ALT in Musashino, with my report of the 180th Session of "Kitaken." I hope everyone has had a pleasant and merry Christmas. ♠

As always, I wish to express my sincere gratitude to both Kitahara

Sensei, the "Kitaken" participants, and JapanLaim for allowing me to attend the last session. In it, I was joined by a fellow ALT, Kayla, and her presence was a huge benefit to the meeting. A special thank you to her for coming.

My apologies beforehand for the extraordinary length of my report this time. Although I would greatly appreciate it, no one need feel the obligation to respond with detailed comments about my report-just knowing that you read (some of) it would be gratifying enough for me.
<ruby>喜ばせるような</ruby>

However, if there are statements in my report that do not accurately portray the "Kitahara Method" in English, then please feel free to inform me and the other "Kitaken" members of them.

Topic:

Teaching Reading with the "Kitahara Method," B Pattern Lesson Before the Session: "Gra-Reco" (グラレコ)

I was delighted to see a couple of early Christmas presents on our tables before the start of the session. One was Matsushita Sensei's "Graphic Recordings" of Kitahara Sensei's previous seminars, which I had been longing to see ever since I first heard about them. These "Graphic Recordings" are in the form of notes consisting of key concepts, terms, and ideas from the "Kitaken" meetings illustrated with colorful, hand-drawn diagrams and pictures. Matsushita Sensei's enthusiasm for the "Kitahara Method" is evident in these illustrated notes, and I can't think of a more effective way to record the "Kitaken" meetings-or any meeting, lecture, or seminar, for that matter! If I had any artistic talent myself, this is the way I would choose to take notes. As many of you know, research shows that the visual encoding of information is a much more effective way to improve memory retention and learning than mere textual encoding ("The Psychology of Education," Routledge, pp.30-31). This is true for both children and adults alike. So, I tip my hat to Matsushita Sensei for these "Graphic Recordings." I wish to emulate Matsushita Sensei, but it may take time for my own notetaking to evolve from the chaotic scribbles that they are now!

The New Challenge Dictionary:

The other delightful gift was the brand-new Challenge Dictionary published by Benesse. Thank you to Ms. Yamada a hundred million times for such a generous present!! I was tempted to jump for joy when you said we could have the dictionaries for free, and that is no exaggeration!

New Miki Notebook:

Among the other new materials coming out, is the new Miki Notebook (a notebook that students use to practice writing from about the middle of 1st grade to the first term of 3rd grade). We passed samples of the old and new ones around for comparison and noticed the advantages of the latter.

Sophia University Student Comments:

We read a selection of comments by Mr. K's Sophia U students on the merits of the Miki Notebook. Apparently, students are able to write as many as 2,800 sentences in these books. Mr. K elaborated that common punctuation errors start dropping away after about 1,500 sentences, and grammar errors become less frequent after about 2,000 sentences.

Mr. K's Comment on My Heritage:

I was flattered that Mr. K made special mention of an email I had sent to the mailing list about my American ancestry. When he asked me to explain the email briefly, however, I admit that I became overly bashful (unlike the almost boastful tone of my email) and I'm afraid my clumsy, muffled explanation was difficult to understand. But again, I am so grateful to Mr. Kitahara for taking such an interest in my heritage and in my most (and only) famous ancestor, William Bradford.

The Session Itself:

This session of "Kitaken" was special in the sense that Mr. K conducted it as if it were a real English lesson taught to junior high school 2nd graders. The flow of the lesson followed the "B Pattern" of the "Kitahara Method." Specifically, this pattern entails the following procedure:
伴う

1. Spiral Worksheet Answer Check

2. Q&A using Picture Cards ("Picture Describing" in the case of 3rd Grade)

3. Oral Introduction to the Text

4. New Vocabulary

5. Comprehension Check

6. Reading Practice (repeating → paced/parallel reading → shadowing → individual reading)

7. Writing

1. Spiral Worksheet Answer Check

In consideration of the ALTs present, Mr. K explained the nature of his "Spiral Worksheets" in English. Basically, they are worksheets that Mr. K prepares for his students each time they are about to start a new lesson. The worksheets-assigned as homework beforehand-overview the material in the lesson by reproducing the original text with some of the keywords and grammar points underlined. The sample Spiral Worksheet given in this seminar comprised of a dialog taken from "Program 2-2" in the Sunshine textbook, book 2. In this dialog, Mike asks Yuki about what she intends to do during her trip to Finland. Words and phrases such as, "are you going to," "do," "meet," "Finnish," "are you," "anything," "I'll," "museums," "good," "is famous for," and "designs" are underlined. The review questions beneath the text aim to confirm the students' understanding of these words and phrases (the following is a rough rewording of the Japanese into English):

① What is the name of the tense expressed by the phrase, "are you going to"?

② State the word class of "do" and conjugate it into its various forms (infinitive, past, past participle).
活用させる

③ State the word class of "meet" and conjugate it into its various forms (infinitive, past, past participle).

④ State the word class of "Finnish." What is the name of the country (from which it is derived)?

⑤ "are you?" Response questions like this to an interlocutor's statement
質問者

are called "echo questions" or "echo tags." What are the appropriate echo questions to such statements as, "I play the flute," "I played the drums in the concert," "Mr. Kita plays the drums in the teachers' band," "I am hungry," "I can swim fast," "I will go to Paris this summer"?

⑥ Define "anything."

⑦ "I'll" is a contraction of ____ ____.

⑧ Define "museums."

⑨ Write down synonyms of the word "good" as in "Good idea!" (e.g., nice, fantastic, amazing, wonderful).

⑩ Define "is famous for" (the answer in Japanese is provided by the worksheet).

⑪ Define and state the word class of "designs."

Students are allowed to use their dictionaries and textbooks to complete the worksheets, and if the questions prove too difficult even after consulting these resources, students can skip them.

Mr. K starts off the Spiral Worksheet Answer Check portion of the lesson by declaring, "Let's check the homework. Did you do your homework?" He prompts the students to raise their hands and answer a question at least once. Students who timidly raise their hands only halfway are told to "stretch their elbows." After a student has had a chance to answer once, he/she is told, "You don't have to raise your hand again; just relax." If several students raise their hands at once, Mr. K recommends giving priority to the students who are less advanced in terms of ability. Students are not only expected to provide the correct answer, but the correct pronunciation of the answer as well. When checking the answers to such questions as, "List other words that have a similar meaning to 'Good'," one representative student is told to recite his/her list slowly so that his/her classmates can write some of the words down. Students don't have to write every single word down, only the unfamiliar ones. Mistakes are not discouraged; on the contrary, students are told that "it's OK to make mistakes."

What is the ultimate purpose of the Spiral Worksheet Answer Check? Mr. K asked the teachers to consider this question thoughtfully. His own

answer is that, beyond serving as a routine review of lesson material, the worksheets help to equalize the ability levels of the students by filling in the gaps in prerequisite knowledge, and make sure students are on the
_{必要条件の}
same page, as it were, before starting a new lesson. This is especially beneficial to those students who may have missed some prior lessons due to absence.

2. Q&A using Picture Cards

To introduce a new lesson, Mr. K displays picture cards depicting the content of the textual material and asks questions about them. This is standard procedure for most if not all junior high school lessons. But Mr. K's manner of introducing new material is particularly engaging because of its interactive nature with the students. His questions in the picture Q&A are clear, to the point, and invite concentrated thinking. For this demo lesson, Mr. K adapted his questions to the ability of adult teachers, rendering the demo more realistic because it was genuinely challenging.
= make
In addition to basic questions like, "How many people do you see? Who is this boy and girl? Where are they? What are these?" Mr. K also asked plenty of "Why do you think so?" questions to encourage deeper critical thinking. Mr. K also formulated questions in such a way as to make
周到に準備する
connections with other subjects like social studies. While showing a picture depicting foreign stamps for instance, he asked us why we thought they were stamps and what country we thought they were from. This interdisciplinary approach is effective for engaging student interest. We
多くの学問分野にまたがる
also had to think "on our feet" in both the figurative and literal sense-we
比喩的な   文字通りの
all had to stand up for the Q&A and could only sit down once we had answered a question correctly. Correct answers, incidentally, were greeted with a chiming sound from Mr. K's electric bongo drum toy, while incorrect answers got a buzzing "buu-buu" sound. After we could, to our relief, answer a question and resume our seats, we weren't necessarily "let
元の席に戻る（立っていたものが座る）
off the hook"-Mr. K doesn't allow for passivity in his classroom. The sitters had to remain attentive because if the remaining standers were unable to answer questions, the sitters were then asked. Sitters could become standers again if they failed to answer questions.

3. Oral Introduction to the Text

In his oral intro to the text material, Mr. K redisplayed the picture cards and performed the dialog (the same one mentioned above between Mike and Yuki). Mr. K evoked the reality of the situation by way of his voice acting, changing the tone of his voice for each character.

'Why do we do oral introductions? What is the purpose of the Q&A?' In answer to these questions, the attendees and Mr. K opined that oral
_{意見を述べる}
intros/Q&As done right can help students to have a grasp of the situation depicted by the text. "Students must be given context," insisted Mr. K. Knowing the "backdrop" of the material is vital for meaningful learning, because much of it is "far from the students' experience." A corollary
_{必然的結果}
question is, 'How long should teachers keep up the Q&A approach described above?' Do we maintain the same approach indefinitely, all the
_{無期限に}
way through the students' third year? Mr. K's answer is an unequivocal
_{明白な}
'no.' The Q&A format is amenable to first and second grade students
_{～に適応が可能な}
because of their greater need for teacher input or scaffolding, but by the time students are in 3rd grade, they should have sufficient knowledge of the topics and reading ability to be relatively independent of the teacher's help. "Students must be independent," says Mr. K. "Stop spoon-feeding!" Mr. K did a short mock example of a bad oral intro in which he held up the picture cards and gave superfluous information that would easily bore
_{余計な}
students: "This is Mike. Isn't he handsome?" etc. (I blushed at this because I myself have been guilty of making such needless, yawn-inducing statements in my own oral intros.) Upper grade students should be capable of supplying basic information about a scene on their own (more on this below in 'Picture Describing').

4. New Vocabulary

Mr. K's procedure for introducing and practicing new vocab are as follows:

* Flash English side of word cards; students pronounce on their own
* Flash cards again; students read on their own again, but with teacher doing model pronunciation of words with tricky pronunciation; teacher focuses on phonemes such as [l] in "I'll"

* Point out the where the primary stress is in words (e.g., per'haps)

* Point out certain phonetic features of words and prompt students to recall other previously learned words that share the same features; for example, if introducing the word "meet," instruct students to say 10 other words with the [i] sound (e.g., sleep, street, etc.)

* Have students associate consistent gestures with each word; flash the word card and elicit the associated gesture from the students

* Use gestures to elicit recall of related words; for example, after students gesture "tomorrow," ask them to gesture "yesterday," "the day before yesterday," "the day after tomorrow," etc.

* Elicit recall of previously learned verbal phrases; for example, when introducing "go cycling," ask for other constructions using "go ~ing"

* Instruct students to look up some words in the dictionary

* Hide the word on the flashcard and gradually reveal the first few letters to elicit the pronunciation of the whole word from students; this trains students to read more like native-English speaking children, who have the ability to deduce an entire word from only the first few letters

* In the final round of flashing cards, have students spell the words silently "in the air" using their forefinger; take a moment to discuss the <u>orthographic</u> peculiarities of some words-for example, why there are two
正しいつづりの
"p"s in "shopping" (The full explanation is actually not so straightforward and requires us to look at the messy history of English orthography-double consonants weren't always employed like this in English-but Mr. K provided an elegant phonetic explanation that would be easily understandable for the average junior high schooler).

5. Comprehension Check

If there is ever a place for a Japanese translation of the text by the teacher in a contemporary English lesson, surely it is here in the Comprehension Check portion of the lesson? However, the "Kitahara Method" turns this notion on its head and reduces the need for Japanese translations to a minimum. How is this done?

① Have the students read the passage silently to themselves

② Do a model reading of the text

③ Students read the text aloud while holding the textbook up as opposed to leaving the book flat on their desks (it is important for students to maintain this practice as a habit for the rest of their school career; it is more than just a matter of good posture or decorum-it is an aid to disciplined concentration)

④ Listen to students as they read aloud, for it is an opportunity to collect "data" about the students' reading ability; make mental notes of what parts of the text pose a challenge to students

⑤ Have students then replace the textbook on their desks and do "gesture reading" (my personal favorite reading practice!). Some words and sentences will be easier to express through gestures than others; for nonconcrete words like "famous," ask the students to provide a proper gesture-you'll find that they can be unexpectedly creative I mentioned that "gesture reading" is my favorite way to practice reading, namely because I've seen students get a lot of enjoyment out of "acting out" the text, and, as Mr. K himself says, translations into the native tongue become unnecessary. Nowhere in the foregoing procedure do we see, 'Teacher translates text into Japanese,' which is perhaps what we might expect to see in a grammar-translation approach.

6. Reading Practice (Repeating → Paced/Parallel Reading → Shadowing → Individual Reading → Star Reading, "Hoshi-yomi")

Repeating:

Mr. K introduced a couple of techniques for repeating. To get a sense of the prosody of English, Mr. K advises to read with a focus on stress. One
音韻体系
technique for doing this is to elide non-stressed words in the sentence and
省略する
only pronounce the content words that carry the main stresses. For example, in "What are you going to do in Helsinki?" try pronouncing only "What...going...do...Helsinki?" (Mr. K called this "Degawa English" after the name of the Japanese TV comedian who is known for traveling to anglophone countries and asking for directions to tourist spots in his
英語が話される
pigeon-English.) Another technique is back-chaining, which is especially good for more complicated sentences. Have students repeat only the last word in the sentence, then the last two words, then the last three, and so

on. ("...students. ...Finnish students. ...some Finnish students. ...with some Finnish students." Etc.)

Paced/Parallel Reading:

Students attempt to read in <u>sync</u> with the teacher or audio without
<u>lagging behind</u>. Repeat several times for stress and pitch practice.
同調
遅れる

Shadowing:

Without looking at their textbooks, students listen carefully to the teacher and repeat, but with a slight delay this time rather than in sync. This is an exercise in listening as well as in reading aloud, so teachers can opt to change certain words in the sentences on purpose to see if students are really listening.

Individual Reading:

Students read to themselves in a loud voice and in the "hold your textbook up" position. Students attempt to read at least five times and records the number in their textbooks. The teacher walks around to each student, and if he/she <u>deems</u> that a student is not reading loudly enough
～と考えられる
or is not holding the textbook up, then the teacher taps the student's desk. A tap on the desk means that the "reading counter" is set back to zero and the student must read five times again!

Star Reading, "Hoshi-yomi":

For homework, students practice reading the text at home several times and records each reading with a star. When back at school, students are asked how many stars they recorded.

7. Writing

At the end of the dialog in the textbook, there is a writing question which students must answer and have checked in class. When a student has had his/her written answer checked by the teacher, that student is promoted to "small teacher" and is delegated the task of checking his/her classmates' writing for the teacher.

And finally, Picture Describing...

There are two kinds of Picture Describing. In the first, the teacher displays a series of picture cards from the textbook and instructs the entire class to stand up. Students raise their hands once they have thought of a sentence describing something in the picture. The teacher calls on students to share their descriptions, and if there is anything <u>amiss</u> with the grammar, content, or pronunciation of the sentence, then there is a "buu-buu" buzz from the bongo drums. If a sentence is wrong, then the next student to raise his/her hand must provide the correct sentence (this requires careful listening). If a student is successful, then that student may sit down.

Mr. K demonstrated this exercise with the "Kitaken" participants. We all stood up and attempted to describe the pictures of Mike and Yuki at the marketplace talking about potatoes (I am not as familiar with the Sunshine textbooks, so forgive my <u>sparse</u> description here). I admit that I had a challenging time coming up with a decent sentence, and when I did finally raise my hand and speak, I received the dreaded "buu-buu" buzz from Mr. K! At that moment, I felt that I had the IQ of a potato and retreated in shame. But this, I confess, was the wrong attitude, and instead of being discouraged, I should have taken to heart Mr. K's <u>dictum</u>, "It's OK to make mistakes."

In the second kind of Picture Describing, students are given a minute to write as many sentences as they can describing a scene from the textbook. After time is up, all the students circle the room checking the writing of their classmates. Students draw a smiley face on good sentences.

I left this session of "Kitaken," feeling the warmest admiration for Kitahara Sensei's <u>expertise</u>, not only as an educator, but also as a trainer of other teachers.

Getting adults to experience a lesson through the eyes of a student is no easy <u>feat</u> (I have, I'm afraid to say, felt just the slightest bit silly pretending to be a student in some other teaching seminars). Mr. Kitahara has an almost <u>inimitable</u> way of <u>tailoring</u> the content of a lesson to the learner, no matter his or her age or ability level.

I also have the warmest admiration for all the teachers who attended the session. Intelligent, articulate, enthusiastic educators each and every one of you! I wish everyone a Happy Holiday Season and a Happy, Healthy, and Safe New Year!

Sincerely Yours,   J. V., ALT

198

第**7**章 リスニング指導

前時に北原メソッドBパターンを指導しました。今回は幹本「授業映像編」に収録されている北研会員を生徒役に見立てた模擬授業DVDを視聴させました。テロップで必要な解説が出るので理解しやすいというメリットがあります。

7-0 前回の積み残し

「北原メソッドBパターン模擬授業DVD」視聴

「英語の『幹』をつくる本（授業映像編）」2014年　ベネッセコーポレーション
新語の導入〜内容理解〜音読

メモ
＊映像を見て思ったことを書く。
（スペース省略）

7-1 リスニング指導の実際　上巻第7章 pp.165-179

1. 教科書のリスニング問題

①各課にあるリスニング問題
　＊各学年教科書 Sunshine 本課 Scenes「Listen」参照
　・習った文法事項を文脈の中で聞き取るのが目的
　・未習語はなるべく使わない
　・誰でもできるように簡単（だけど面白くない）
　実演：1年生 Program 8-1 Listen（p.97）
②リスニングに特化したページ Power-up
　実演：1年生 Power-up 5（Listening）（p.94）

2.「新・中学生のための Listening Training POWERED」

2012年　学校図書（北原作成教材）
- ・聞いていて面白い教材（教科書のリスニング問題の補完をする）
- ・満点を目指させない
- ・8割正解で Excellent, 6割正解で Pretty Good
- ・毎学期決まった時期（定期テスト返却時）に数種類まとめて使用
- ・個人で記録が残せるようにしてある　→　評価・評定へつなげる

実演：Level 1-1, 2, 3, 4, 5　Level 2-1

3. Teacher Talk

- ・Mother Talk に対する言葉。母親が赤ちゃんに優しく語りかける Mother Talk に対して、教師が生徒にわかりやすい英語で語りかける言葉。生徒のインプットになるので非常に重要。
- ・日常の話し方（使う語彙、話すスピード、抑揚、articulation など）とは違い、すべてを意識して使うこと。できれば授業前のリハーサルが望ましい。
- ・文法事項を前もって Teacher Talk で耳に入れておくことが大事（計画的に）。
- ・Teacher Talk と Student Talk の割合では生徒が英語を比較的多く使う授業でも7：3（東京都中英研研究部の研究と海外文献の数値が一致）。それより Teacher Talk が多くなると、生徒の発話を圧迫する。
- ・北原がかつて研究部長を務めていた東京都中学校英語教育研究会（都中英研）研究部の研究冊子には有益な情報が収められているので、要参照。
    http://www.eigo.org/kenkyu/
    「語いと英語教育（16)」1992年〜　　「語いと英語教育（19)」1995年

4. 英語の歌　＊下巻 pp.100-122 （後で読んでおくこと）

1　英語の歌を授業で使う目的
　①リスニング力
　②語彙力
　③文法力
　④英語の絶対量のインプット
　　　（新出文型導入の時に先に例文が頭に入っているように）
　⑤リーディング素材として
　⑥生徒のアウトプットにつながる例文として

⑦ Just for fun
⑧思い出として

学生には Thank You for the Music by ABBA を使って実演しました。
手順は以下の通りです。
（「英語授業の『幹』をつくる本（下巻）」第5章 p.105から引用）

実際の指導手順

新しい歌を導入する時には次のような指導手順で行う（第2章文法指導に掲載した歌詞カードを参考にしてください）。

1. プリントを配布して答（英文）の部分を隠すように折ることを指示する。
2. 歌を聴かせる前に3分間で、対訳と Notes を頼りに（　）にどんな語が入るかを予測させる。
3. 3分経ったら How many blanks did you fill in? と尋ねる。One, two, three...とカウントアップしていき、生徒は挙手する。
4. 歌を聴かせる。この時に②では書けなかったが聞き取れた語を書かせる。
5. You can talk to your friends. と言って、近所の友達と聞き取れなかった語について相談させる。
6. How many blanks did you fill in this time? または How many more blanks did you fill in? と尋ねて挙手させる。
7. もう一度歌を聴かせる。この時に教師は一緒に歌いながら（　）が空欄のままの生徒の近くに行き、その語をはっきりと歌ってあげる。
8. 折った紙を開いて答え合わせをさせる。
9. How many correct answers have you got now? と聞く。生徒は挙手で答える。
10. 1行ずつ発音練習をする（1年生のみ）。
11. 曲に合わせて歌う。
12. 3週間過ぎたら（歌えるようになったら）カラオケに切り替える。

第7章

3年間で習った英語の歌　いくつ知ってる？

Songs April, 2015 - March, 2018

1st year		♪♪♪♪♪♪♪♪♪♪
1 The Alphabet Song / Nursery	April, 2015	ABCDEFG HIJK LMNOP...
2 Do Re Mi / Nursery	April	Doe, a deer, a female deer...
3 Old McDonald Had a Farm / Nursery	May	Old McDonald had a farm EIEI
4 Hello Goodbye / the Beatles	June	You say yes, I say no...
5 Happy Birthday / Nursery	July	Happy birthday to you, happy...
6 Mary Had a Little Lamb / Nursery	July	Mary had a little lamb, little...
7 Edelweiss / Nursery	July	Edelweiss, edelweiss, every...
8 My Bonnie / Traditional	July	My Bonnie lives over the ocean
9 Michael Row the Boat Ashore / Traditional	July	Michael, row the boat ashore...
10 Top of the World / the Carpenters	September	Such a feelin' comin' over me...
11 Ob - La - Di, Ob - La - Da / the Beatles	October	Desmond has a barrow in the...
12 Eternal Flame / Emiko Shiratori	November	Close your eyes, give me your
13 We Wish You a Merry Christmas/ Traditional	December	We wish you a merry...
14 Santa Claus Is Comin' to Town / Traditional	December	You better watch out, you...
15 Silent Night / Traditional	December	Silent night, holy night, all is...
16 Yesterday / the Beatles	January	Yesterday all my troubles...
17 Because You Loved Me / ?????????	February	????????????????????????????

2nd year		♪♪♪♪♪♪♪♪♪♪
1 the Loco-Motion / Kylie Minogue	April	Everybody's doing a brand new
2 Thank You for the Music / ABBA	May	I'm nothing special. In fact I'm
3 未来へ / Emiko Shiratori	June	You were there whenever I was
4 When Will I See You Again / the 3 Degrees	July	When will I see you again...
5 Someday My Prince Will Come / E. Shiratori	September	Someday My Prince Will Come
6 I Just Called to Say I Love You / S. Wonder	September	No New Year's Day to...
7 Till There Was You / the Beatles	October	There were bells on a hill. But
8 Take Me Home, My Country Roads / Olivia Newton-John	November	Almost heaven, West Virginia...
9 Last Christmas / Wham!	December	Last Christmas I gave you my...
10 Stand By Me / Ben E. King	January	When the night has come and...
11 Honesty / Billy Joel	February	If you search for tenderness...
12 We Are the World / U.S.A. for Africa	March	There comes the time when we

3rd year		♪♪♪♪♪♪♪♪♪♪
1 Live While We're Young / One Direction	April	Hey, girl, I'm waitin' on ya...
2 We've Only Just Begun / the Carpenters	May	We've only just begun to live...

3 Linda / Mariya Takeuchi	June	Hey, Linda, the lonely days are
4 Have You Never Been Mellow / Olivia Newton-John	June	There was a time when I was...
5 Because / Dave Clark Five	July	It's right that I should care...
6 Every Breath You Take / Police	September	Every breath you take, every...
7 You Belong With Me / Taylor Swift	October	You're on the phone with your...
8 If We Hold on Together / Diana Ross	October	Don't lose your way with...
9 That's What Friends Are For / D. Warwick	November	And I never thought I'd feel...
10 Someday at Christmas / S. Wonder & A. Day	December	Someday at Christmas men...
11 All I Want for Christmas Is You / M. Carey	December	I don't want a lot for Christmas
12 I Saw Mommy Kissing Santa Claus / Jackson 5	December	I saw mommy kissing Santa...
13 Happy Christmas / Plastic Ono Band	January	So this is Christmas and what...
14 Love / John Lennon	January	Love is real, real is love...
15 You've Got a Friend / James Taylor	January	When you're down and troubled
16 500 Miles / Traditional	January	If you miss the train I'm on...
17 My Bonnie / Traditional	January	My Bonnie lives over the ocean
18 Edelweiss / Traditional	January	Edelweiss, edelweiss, every...
19 Bad Day / Daniel Powter	February	Where is the moment we needed
20 Tears in Heaven / Eric Clapton	March	Would you know my name...
21 This Song for You / Emiko Shiratori	March	May you stay free. May your...

　中学校に入学してすぐに英語の授業に失望しました。先生の後について繰り返したり、黒板を写したりするばかりで楽しくなかったからです。だから通信簿もずっと3でした。中学2年になって東京外大を卒業したばかりのH先生が赴任し、大きなテープレコーダーで毎回英語の歌を聴かせてくれました。英語の歌にハマってしまった私はラジオFEN（米軍放送）から流れるアメリカンポップスをテープに録音して何度も聞いて歌えるようにしました。意味がわからないとつまらないので英和辞典を独力で引けるようになりました。すると発音がネイティブ並みになり、語彙力が爆発的に増えました。教科書から出題される定期テストなんてバカみたいに簡単に思えるようになり、3学期には評定は5になっていました…。そんな自分の経験を生徒にも味わわせてあげたいと思い、毎時間英語の歌をかけていました。果たして私の生徒たちも私と同様になったのです。楽しく英語の力がつく英語の歌。使わない手はありません。

第7章

5．映画

・毎週1回「国際科」の授業で実施。
・映像の助け（場面と人間関係）を得ながら聞き取る。
・習った語彙・文法事項を耳で確認する。
・ナチュラルスピードに慣れる。
・教科書には載っていない大事な生活用語・表現を学ぶ。
実演：E.T.（1年生用）　　School of Rock（3年生用）

　　港区には通常の英語の授業の他に週1回「英語科国際」という授業がありました。ALTが中心になって進める授業です。その半分の25分を使って毎週映画を見せていました。やり方は簡単です。準備も要りません。映画を再生して生徒がすでに知っている表現や既習文法を含んだ文が出たら、一時停止してALTに黒板に単語の長さに合わせた下線を書いてもらいます。聞き取れた生徒はノートに書いて立ち上がります。聞き取れなかった生徒のためにリモコンの「10秒戻し機能」を使って何回か聞かせます。「最初の文字」「最後の文字」などのヒントを出し続けます。この授業ではリスニング力の大幅アップと口語表現の獲得が望めました。

　　大学の授業ではE.T.（1年生用）とSchool of Rock（3年生用）の一部を見せました。E.T.ではE.T.とEliotの最初の出会いの対話を聞かせます。Do you talk? など1年生でもわかる表現が頻出します。School of Rockは私がロックが好きなので見せました。先生が好きなものを聴かせる・見せるのが一番です。

2021年度優秀リアクションペーパー
　　………　　中高時代に習った英語授業　　　———　　北原メソッド
総合人間科学部教育学科

　　前回のリアクションペーパーにも書いたことであるが、やはり北原先生の授業は「一貫性」を通して生徒の「発展」できるものであると感じた。今回の講義では、リスニング指導と英語の歌、そして映画を使用した指導を受けたが、それらを通して感じた「一貫性」と「発展」という点について、それぞれ気づいた点と共にまとめていく。
　　リスニング指導では、生徒主体という北原メソッドの特徴が顕著に現れていた。教材作成はもちろん、8割でExcellentという評価、程よいリスニングの速度という部分から生徒が楽しみつつ、モチベーションを保ったまま学習を進めることが可能だと

いうことが理解できた。また前回の講義から続いて、生徒のインプット量を増やすために Teacher Talk が有効であることを学んだが、テキスト（上巻）170ページに記載されている「英語で授業をするとは？」という部分は特に勉強になった。というのも、私の中学校の頃の英語の担当教員が授業をすべて英語で行っていた経験があるからである。長期間海外に住んでおり、非常にきれいな発音だったことは記憶しているが、当時英語という言語に触れたばかりの私にとって、それはただの音であり、理解可能な言語として捉えることはできなかった。英語で指示や説明をされても理解することができず、結果的に1学期の間、何も理解することができずに中間テストを受けた。リスニングだけでなく、文法事項の理解すら危うかったため赤点すれすれの点を取り、両親に叱られたことをとてもよく覚えている。これはテキストに記載されている③に当てはまることだろう。こうした経験から英語で授業をするとはどういうことなのか、全く想像することができないままでいた。しかし北原先生の授業を受けて「音としてのインプットさせる場面」と「生徒が構造的に発音等を理解するための場面」でどのように英語と日本語を使い分けるのかを体験することができた。特に Teacher Talk の特徴である、まさに生徒に語りかけている、という点から生徒が私のような「英語がわからないから理解を諦める」という状態に陥ることもないだろうと感じた。

　後半に行った英語の歌では、Teacher Talk にも共通する「英語の思考回路をつくる」効果があることが印象的であった。単語や構文を音として事前に記憶させ、なんとなくの意味や使い方をつかんでいる状態で、該当する単元に取り組むのとそうでないのとでは学習の理解度だけでなく、生徒の関心にも雲泥の差が出てくるだろう。初めに英語の歌を授業で扱うと聞いた時は、単純にインプットの量を増やすことを目的としていると考えていたが、テキスト内で生徒が学校外に意識せずとも口ずさんでいる状態になることが望め、自然とアウトプットの機会も増えていることに気づいた。生徒の家庭学習の機会は課題を出すことでしか増やすことができないと考えていた私にとって、これは大きな驚きであった。それらに加え、単純に私たちが想像する机に座って板書するスタイルの学習とは異なる、楽しみを感じることができるという面からも、飽きさせない授業の形が見えてきた。歌詞カードの空欄をいくつ埋められたか、生徒に挙手をさせることによって、前回同様、身近なライバルを意識できるとともに、生徒間の逆転現象や向上を自覚できることにもつながっているように見えた。

　今回の講義までで学んだのは、北原先生は一貫して生徒が楽しむことを重視し、そこから生徒の学びを発展させているということだ。これまで学習において楽しさと学習の効果というのはあまり結びついている印象がなかったが、そういったイメージが徐々に覆されているのを感じている。次回の講義では、どのような新しい発見と体験ができるのか非常に楽しみである。

総合人間科学部教育学科

　今回の授業では、主に授業の DVD、リスニング教材、Teacher Talk の重要性、授業で英語の歌を取り上げる理由についてさまざまな学びや新たな考え方を吸収することができた。まず授業の DVD についてだが、何よりも印象に残っているのは、すべての生徒に開かれた非常に雰囲気の良い授業であったということだ。私が中高で受けてきた授業は、教師が全員に問いかけをするもののその質問に答える生徒は、いつも英語ができる子に限られていた。そのため実際は、全員に聞いているというよりかは、できる生徒に聞いているようなものだったと思う。一方、北原先生の授業では、「チャンス」など場を巻き込み盛り上げることを用いてミスを恐れない雰囲気をつくり出すことや、時には知識やひらめきを問うことなどで、英語の出来不出来や成績に関係なく積極的に発言・参加できる全員に開かれた授業だと思った。この開かれた授業をすることで、落ちこぼれを出さないことや英語学習に対するポジティブなイメージを与えることができると考えた。リスニング教材についてだが、自分が中学生の頃に似た教材を扱っていたのでさほど新鮮なものではなかった。しかしよく考えてみると非常に工夫された教材だと思う。その例が「連想ゲーム」の問題である。高校入試などで用いられる一般的な問題は、聞き取ったことをそのまま答えるタイプの問題が多いように思える。しかし連想ゲームは聞き取った内容から推測し、考えて答える必要がある問題で非常に能動性が高い教材だと思った。英会話など使える英語を習得するためには従来の受動的なリスニング教材ではなく、考えることや予測しながら英語を聞き取ることを養う能動的教材が適切だと思う。Teacher Talk を用いて生徒のインプットを促す考え方は非常に重要であり有効な教材の１つだと思う。私が高校生の頃の英語の教員は、多少早すぎてわかりにくい部分もあったが Teacher Talk を実践していた方だった。そのためリスニング力が鍛えられただけでなく、さまざまな語彙や慣用句を吸収することができた。私の高校の授業の宿題として週２で英語のダイアリーを書く必要があった。ダイアリーを書くにあたり、辞書だけでなく先生が使っていた使えそうな語彙や慣用句を多く用い、添削してもらっていた。この私の経験から Teacher Talk はリスニング力を鍛える他、新たな語彙、慣用句などの英語に触れる機会を与えてくれるものだと思う。やり方次第では作文能力までも鍛えることができる非常に発展性の高い教材だと思う。最後に英語の歌を取り扱うことの意味について、今回初めて説得力がある考え方を得られた。中学校の時にいくつかの英語の歌を歌ったが、ただ楽しいだけで何の学習効果が得られるものなのかが本当にわからなかった。しかし講義中に実践したような工夫した方法を用いることで英語の歌はただ楽しいだけでなく、文法、例文、語彙力、リスニング能力などの学習効果を十分に期待できる素晴らしい教材なのだということを強く感じた。それ以降、工夫したやり方を用いて、

英語の歌や映画をはじめとするオーセンティック素材に触れる機会をできるだけ増やし、フル活用していきたいと強く思えるようになった。

追記
　講義資料に記載された英語の歌のリストを見た時に、1つ驚いたことがあります。それは洋楽だけでなく英語で歌われている邦楽も取り上げられているという点です。自分は「英語の授業で歌う歌＝洋楽」という感覚だったので、リストに竹内まりやのリンダがあった時には「2番が英語の歌だし、使おうと思えば何の問題もないじゃん」と良い意味で裏切られました。このように邦楽であれ、優れた英語の発音と詞の歌であればどんな歌でも取り上げられるということを思いました。

外国語学部ロシア語学科

　今回の授業ではリスニング指導の内容を扱った。はじめに北原メソッドのBパターンの実演動画を視聴した。私たちに実演してくださった内容であったが、客観的に見ることができた。受けている人たちがとても楽しそうにしていた。私が中学校の時の英語の授業では、動画のように笑い声が起きたりすることはほとんどなかった。楽しく英語を学べるのが北原メソッドの効果の1つだと感じた。単語を出し合うペアワークでは終わったペアにさらに課題を出していた。1つの課題が終わってしまうと、関係ない話を始めたり、遊んだりしてしまう。それを防ぐには暇な時間を与えないことが大事だと感じた。暇な時間を与えずに常に何らかの形で学習を続けさせるように気をつけたい。初見の文を読ませて生徒の様子を伺いデータをとるのは、効率的に授業を進めていくために有効であると感じた。読めない文を重点的に練習させることができる。また理論通りにそのクラスが進むわけではないので、必要だと感じた時にはデータをとるようにしたい。単語のつながりを意識して音読させる練習は今まで受けてきたことがなかった。自分で音読活動をしていく中で「なんとなくだけどこのように読んだ方がいいかな？」と自分で直していくしかなかった。教員が教えた方が生徒は安心して取り入れることができるし、自信を持って音読ができるようになると思う。音読活動の重要性を学んだが、私自身高校生の時から音読を中心に英語学習を行ってきた。リーディング教材を何度も音読して英文の流れを掴んだり、一度解いた入試問題を何度も音読したりしていた。それらのやってきたことが意味のあったものだとこの授業を通して改めて実感した。リスニング指導ではリスニングワークブックを実際に使って内容を確認した。リスニングワークブックには連想ゲームや、アルファベットの音を聞き分ける問題があった。教科書のリスニング問題よりもはるかに興味をそそる内容であった。ただある場面の会話を聞かせて、その内容理解ではなく、ゲーム感

覚でできるリスニングは生徒が飽きないし、英語を聞くということに対するハードル
を下げることができると思う。2年生のワークブックでは現在か過去かを聞き分ける
問題があった。副詞の有無だけでなく動詞の変化にも気をつけて聞く癖をつけること
ができると思った。教科書のようなリスニングも場合によっては行うことがあっても
いいと思うが、リスニングワークブックを使った方がはるかに楽しいと感じた。満点
を目指さなくてもいいというコンセプトがリラックスしてリスニングに集中すること
ができ、純粋に英語を聞く活動を楽しめる秘訣なのではないのかと思った。Teacher
Talk では生徒が理解できるように語彙やスピードに気をつける必要がある。未習の文
法事項でも普段から使っていれば聞き覚えのあるフレーズになる。そのように気にし
ながら未習の文法事項を取り入れていけば、いきなり新しいものを学ぶという事態に
はならないだろう。「なんとなく聞いたことがある」が生徒の安心感にもつながると
思う。英語の歌を使ったリスニングを高校の時に行ったことがある。流行りの洋楽を
流して、そのリスニングと意味を確認する活動であった記憶がある。しかし本講義で
行った活動の方が力のつく活動であったと思った。はじめは日本語訳を見ながらカッ
コ内を推測させることで、推測力を養うとともに、わからないところは気をつけて聞
いてみようという意識をつけることができる。ただのお楽しみ活動にならないように
組み立てられていると感じた。文法力や語彙力の確認や増強にもなり、また実際の英
語を聞くことができるため、現実と授業をつなげる活動になるのではないのだろうか。
オーセンティックな題材を扱うことで、英語を通して歌を理解したり、その中にある
文化を学んだりすることができると思う。

総合人間科学部教育学科

　　今回、リスニングをこんなに楽しく授業が展開できるのかと驚きの連続でした。ま
ず、「新・中学生のための Listening Training POWERED」が大学生の私にとっても、
解いていて非常に面白かったです。幹の本に「生徒の興味を引く内容であることとチャ
レンジングな内容であること」が特徴だとありますが、まさにその通りだなと実感し
ました。通常、教科書のリスニングは、聞いたことがそのまま答えになっている場合
が多いように感じます。しかし、この教材は、聞いてから"一度考えて"答える問題
が多いように感じました。例えば、「連想ゲーム」や「現在？　過去？」などの問題は、
なんとなく聞いているだけでは答えることができず、頭をフル回転させながら聞いて
おかなければなりません。「現在？　過去？」では、気をつけながら聞きつつ、「現在
形ではこういう風に言うから今のは過去形だな」と考えながら答えを出したり、「連
想ゲーム」では、単語を理解し共通点を見つけ出して答えを出したりするというよう
に、常に聞きながら考えておかなければなりません。また、「連想ゲーム」に関しては、

答えが一つではないという部分がとてもいいなと思いました。この連想ゲームでは、（大多数が答えるであろう）主な答えと違う答えが出ても、単語から連想できていれば、正解としてもらえます。この問題自体が複数の答えを用意することができるというのもありますが、北原メソッドでは、他の答えもどんどん考えさせ、褒める場面が多いなと感じます。通常は、どのような場面でも、解答の本に書いてある（大多数が答える）ものだけを"正解"とする先生が多いと思います。そのため、生徒は、皆と違う答えを出したことが"恥ずかしい"と隠してしまいがちで、自分が考えた答えを言わないでおこうと思ってしまいがちです。しかし、この連想ゲームやピクチャーカードの際もそうですが、北原メソッドでは、生徒一人ひとりの考え方や答え方を認めて、自己肯定感を高める場面が多いなと感じます。連想ゲームにおいても、当てはまるものであれば、「そういう発想もあったね！」と認めてもらえることで、嬉しくなり、そして、自信につながるなと思います。また、Teacher Talk において、幹の本にも「これから学習する表現を伏線的に話す」とありますが、文法事項を前もって計画的に生徒の耳に入れておくということもとても勉強になりました。今まではまだ教えていない文法事項は使わない方がいいと思っていましたが、Teacher Talk やじゃれマガ、歌などで少しずつ触れさせることが大切なのだなと思いました。確かに、生徒は普段から聞いている言葉や少し触れたことのある言葉は自然と覚えていることが多いので、新しく文法事項が出てきた時に、文法事項に対して難しそうと思うのではなく、「知ってる！」と、捉えやすくなるなと思いました。また、英語の歌や映画の使用方法についても、大変勉強になりました。私は中高時代、歌の時は、初めから歌を聞いて括弧の中を埋めていたのですが、"なんとなく"括弧を埋めていて間違いだらけで、そしてそれで終わらせていました。だからこそ、先に訳と照らし合わせて埋めてみて聞いてさらに埋めて答え合わせをするやり方に驚きました。今回やってみて、自分の頭の中にある語彙や文法で答えが書けるはずなのに、全く括弧を埋めることができませんでしたし、聞いてから埋めてみても後で見ると意味のわからない間違いだらけで、考えずになんとなく埋めて終わらせる癖がついてしまっているなと感じました。北原メソッドを学んでいると、実際に中学生として授業を受けさせてもらえるので、自分がいかに"テストのため"に英語を勉強して、真の英語力を身につけていたというよりは、点数のためになんとなく勉強していたなと思い、反省点がたくさん浮かんできて、改めて英語を勉強し直そうと毎回感じます。また、幹の本の、先生の英語の歌との出会いを読ませていただきました。先生は、小さい頃からずっと英語が大好きだったと勝手に思っていたので、中学生になったばかりの頃は、英語に期待しておらず、勉強する気も起きず、英語の歌と出会い、人生が大きく変わったと知り、とても驚きました。北原メソッドでは、どのレベルの生徒も楽しめるようになっていて、生徒が英語を好

きになるきっかけが多く含まれ、そして、生徒の本心が大きく反映されつつ、英語を確実に身につけることができる授業だといつも感じます。それは、先生が理論やデータを基に生徒目線で授業を形作ってくださっていることはもちろん、先生のご経験もつながっているのだなと感じました。次回も楽しみにしております！

文学部ドイツ文学科

本日は、リスニング指導について詳しく学んだ。シンガポールでインター校に通い始めた頃、毎日がリスニングテストのような日々だった。当初は教師の話の意味がわからなくても、少しずつ何を伝えたいかを理解できるようになった。授業の内容や課題でわからなかった時は、授業の最後で教師にジェスチャーを使いながら質問した。私がジェスチャーを使っていることから、教師も通常の授業よりもわかりやすい英語でていねいに教えてくれた。このように続けることで、私は着々と英語力を身につけていった。私にとって英語のリスニングは大変であり、授業の内容を理解する上で必要なものだった。この学び方は、英語の環境に囲まれていない日本では難しいだろう。そして、何より楽しみながら英語を学ぶことはできない。したがって、北原先生のリスニング指導の１つであるリスニング・トレーニングは楽しく効率的に学べることから、素晴らしいと思った。リスニング・トレーニングは面白く、そしてとてもためになると、生徒からの評価がとても高い。それは、このリスニング・トレーニングは楽しさをコンセプトにつくられているからだと考える。楽しみながら学ばせることで、自主的に英語を学ぶ力を養うことができるのだ。例えば、最初は簡単なアルファベットを聞き取る問題を出し、そしてラジオで流れる英単語を聞いて連想したものを日本語で書きだす連想ゲーム等がある。そして少しずつ現在形と過去形の聞き取り等の文法を含んだものもやるようにするのだ。実際にクラスでやった時も、英語を学ぶというよりも、ゲームで遊んでいる感覚だった。ゲームで遊んでいると意識させることで、継続的に英語を学べる時間を延ばすことができるのだ。

英語の歌に沿ってリスニング力を養うのも素晴らしいと感じた。リスニング力だけでなく、語彙力や文法力も養うことができるのだ。この英語の歌によるリスニング指導では、いきなり英語の歌を聞かせない。最初は、日本語訳からどのような英単語が入るのかを考えさせ穴埋めさせる時間を与える。日本語の歌詞の内容を定着させ、よりわからなかったものを英語の歌を聞いた後に、穴埋めがしやすくするためだ。そして英語の歌を聞かせ、残ったものをできるだけ穴埋めするのだ。教科書だけしか使っていなければ、英文の絶対量は不足すると北原先生は述べている。それを補う素材としてストーリー性のある英語の歌詞をリスニングだけでなく、リーディングとしても活用することができるのだ。英語の例文にもたくさん触れさせ、そして楽しく学ばせ

ることができるという一石二鳥なのだ。しかし、この授業をやる上で、どの英語の歌を教材として使うべきなのかを悩むだろう。確かに、有名でとてもためになりそうな歌を選ぶのは大切だが、教師にとっても思い入れの強い歌を選ぶ必要がある。この思い入れの理由を熱く生徒に語る上で、生徒自身もより歌の内容に共感しやすくなり、楽しく英語を学ぶことができる。

　何より授業を教える上で怖いのは、生徒がしっかりと授業についていっていない状況だ。ついていけない理由としては生徒によってさまざまだが、学ぶのがつまらないまたは、難しい等があるだろう。生徒に授業でつまらなく感じないようにするのが教師にとって重要な課題だと考える。そして楽しくなくても、集中してしまうような授業ではある必要があると考える。

文学部英文学科

　今回は、模擬授業の映像を視聴して北原メソッドＢパターンに触れたのち、リスニング指導について学んだ。ビデオ内のピクチャーカードを使ったＱ＆Ａを見て、回答を正解とするか不正解とするかの判断が絶妙だと感じた。センテンスを求める時は細かい文法の間違いも指摘していたが、単語の場合は必ずしもそうではなかった。例えば、回答者が"glasses"と答えた時には、"Yes! A pair of glasses!"とさりげなく、しかし"A pair of"を強調して生徒にわかりやすいかたちで返していて、授業の流れを途絶えさせないまま、より適切な言い方を示すには教師の力量が求められると強く感じた。また授業内で先生がおっしゃっていた、カタカナ語は正しい発音を教える、というのは非常に重要だと考えた。せっかく身近に感じられる言葉であるにもかかわらず、発音やアクセントの位置が異なることを知らないと、かえってそれが苦手な単語になってしまうことは十分あり得るからだ。実際に私は"volunteer"を「ボランティア」と発音したために全く通じず、以来この単語を使うことを避けてしまっている。発音のトラウマは長く残ると実体験から知っているため、カタカナ語と英語の発音の違いを知ることはとても重要だと考える。さらに、フラッシュカードの映像の中では、出てきた単語をすぐに使い、生徒にも使わせていたことが印象的だった。何度もフラッシュカードを繰り返せばそれだけで単語は覚えるだろうが、それらの単語を「知っている」から「使える」状態にまで１つのレッスンの中で引き上げていることにとても驚いた。ただ単語を暗記するだけではなく、ジェスチャーや辞書を活用して単語のコアの部分を捉え、その上でセンテンスをつくれるようになるという段階に、１つのアクティビティの中で到達できるということにハッとさせられた。フラッシュカード自体は、私が中学生の時にも単語の復習として使われることがあったが、使い方によってこんなにも効力が異なるというのは、ただただ驚きだった。

第**7**章

リスニング指導に関しては、テストに面白さを求めるという発想を新鮮に感じた。私にとってリスニングテストは点数をとるためのものだったため、簡単であればあるほど良かった。しかし実際にリスニング問題を聞いてみて、点数を抜きに考えれば、簡単すぎるものよりはチャレンジングなものの方が断然ワクワクするだろうと感じた。このリスニング問題を生徒に面白いと感じさせる肝となるのは、ただ難しい問題にすることではなく、満点を求めないことで生徒が持つ評価への懸念を軽減することだと考えた。これはまさに「生徒目線」のテストであるように思えた。また、文法事項を前もって Teacher Talk によって耳に入れておくというのも私にとって馴染みのない考え方だった。私の中学校では授業内では生徒も先生も、習った文法を使うことが当たり前だった。今考えると、先生たちは私たち生徒が理解できることを話すためにあえて未習の文法を避けていたのだと思う。しかし学ぶ内容が難しい概念であればあるほど、聞いたことがあって馴染みがあるものなのか、あるいは全く馴染みがないのか、ということは学習の進度や内容の定着に大きな影響を与えるということは理解できる。単語の場合でも、見たことがあるものの方が覚えやすいと感じるからだ。大切なのは、生徒が知らない表現を使わないことではなく、使った後に易しい言葉で言い換えたり繰り返したりといったことを、生徒の反応を見ながら判断することなのだろうと考えた。リスニング指導として英語の歌を活用することは馴染みあるものだったが、その方法は私が知っているものと全く異なっていた。私は中学時代、歌う前に英語の歌詞カードと日本語訳を渡され、それらを見ながら CD に合わせて歌っていた。しかし授業内で穴埋め形式で歌詞を完成させていく中で、今までにないほど真剣に曲を聞いている自分に気づき、リスニング指導として真に効果的なのは、単に曲を流すことではなく、それを生徒に集中して聞かせることだと実感した。また穴埋めをしながら曲を聞くことは、生徒のリスニング力を向上させるだけでなく、歌詞を聞き取れたという経験を与えることで生徒に自信ややる気を持たせることにも有効だと考えた。

　北原メソッドを学び、体験して感じるのは、「生徒はこんなことできない」という考えを前提にしていないということだ。今回の授業内容をとってみても、難しいリスニングテストや未習文法の使用、歌詞の穴埋めなど、一般的な授業と比べて明らかに難易度の高い内容であるが、生徒の実力を決めつけずにデータを取りながら調整することで生徒の能力を最大限引き上げることを可能としているように思われた。さらに、できること、できないことを教師が決めつけていないからこそ、生徒はのびのびと自由に学べるのではないかと考えた。

文学部英文学科

　学校の授業で、「リスニングをします」という先生からの声がかかるといつも気分が落ち込んでいた。どうせ自分はうまく聞き取ることができないし、皆リスニング内容を聞いてメモを取っているけど聞くことができない自分はメモを取ることもできないし、メモを取れていないという姿を先生に認識されるのもストレスで、授業だけでリスニング教材を用いたところでリスニング力がついたと実感したことなど一度もないと本気で毎回思っていたからだ。そのため今回講義内で Listening Training POWERED を実際にやってみた時、（中高の時よりも自分にリスニング力がついているという原因も考えられるが）リスニングに対して否定的な感情は抱かず、むしろ私自身も「この教材は楽しいな」と内心思っていた。楽しいと感じられる理由としては、ただ聞くだけでなく「自分で考える」ということをしているからだと考えた。例えば現在か過去かを選ぶ問題ではそれまで習ってきた文法事項を用いて問題が出されているため、生徒は学習事項を思い出し、聞こえてきた文はどの文法事項に当てはまるのかなどを考えていると思う。これは復習のきっかけにもなっていると思った。またリンキングしている言葉から、自分が知っている単語を思い出そうとする部分が楽しいにつながっているのだと思う。リスニング指導で意外だと感じたのは「満点を目指さない」ということだ。私自身完璧を求めてしまうことが多いわりに、完璧にできないことを悔やんで物事を継続してできないということがよくあるため、もっと早くにこの言葉に出会っていたら、リスニングに対するハードルをもっと低めて、リスニング力向上へ意欲を高めることが可能だったのではないかと思う。これはぜひ将来実践したい。

　前述のように自分はもともと英語がよくできるわけではなく、常に周りの英語が得意な人たちに引け目を感じていた。授業内でも英語ができる人は早くアクティビティなどを終わらせていることが多く、「早くこのアクティビティ終わらないかな」といった雰囲気を出していて（習熟度別で一番上のクラスだったため、できる人の割合がとても多かった）、そのような人たちの雰囲気にのまれて、楽しいはずの授業がどこか重苦しく感じ、「また自分はこの人たちよりも早く終わらせることができなかった」と自分のできないところばかりに目がいってしまっていた。しかし北原メソッドでは教科書の音読指導の部分や模擬授業ビデオにあったように、アクティビティをする時には暇を持て余す生徒が全くいないことに気づいた。音読をする際には同じ範囲内で読む回数を増やし、他の生徒が読んでいるのを聞いた後に繰り返すという方法は、すべての生徒が授業に集中し、たとえクラス内で習熟度に差があっても、できる人ができない人に引け目を負わせることはなく、皆自分の力を伸ばすためにすべきことを選択することが可能であった。この方法であれば授業の良い雰囲気を保つことができると思うし、生徒が自分で自分に足りない部分を考えて学習量を増減できるのは、今の学

213

習指導要領で求められている「生徒の主体性」の概念にかなうものだと思った。単語は生徒に自力で読ませるという点も然りだ。

　また、接頭辞・接尾辞の宿題確認の時に「自分が思い出せなかったものを相手が書いていたら声に出して褒める」ということをおっしゃっていたが、生徒の「できない」という自己認識を取っ払うためには他人から褒めてもらうことがとても有効であると思うし、これもクラス内の雰囲気を良いまま保つための一助となると思った。

〈疑問点〉

　Teacher Talk をする時、ジェスチャーを用いながら行ってもよいのだろうか。

北原の返信

　リアクションペーパーをありがとうございました。素晴らしい内容でした。なぜ素晴らしいかというと「英語が得意ではない」学生が自分の立場から書いたからです。心情を吐露してくれてありがとう。そうです、昔のあなたのような生徒のためにこそ、北原メソッドをつくったのです。それを理解してもらって嬉しいです。

　「Teacher Talk をする時、ジェスチャーを用いながら行ってもよいのだろうか。」

　もちろんです。特に未習語や未習文型を使って話す時などは必ず行います。

文学部英文学科

　リスニング指導について、教科書のリスニング問題は、習った文法事項を文脈の中で聞き取るためにあり、誰にでも解けるようにつくられているということを初めて知った。もちろんこれにもメリットはあるが、これだけだとリスニング活動としては不十分である。そのため、別のリスニング教材も使っているということを知ることができて良かった。また、「新・中学生のための Listening Training POWERED」を用いたリスニング指導の際、「満点を目指させない」という指導方針だったことにとても驚いた。塾で教える時には、リスニングの配点が高いため、１問も落とさないようにという指導をしている。しかし、リスニングが苦手な子の共通点として、満点を目指そうとするあまり、「一言一句聞き逃さず解釈しようとしながら聞いている」ということがある。知らない単語や聞き取れない箇所が１つでもあると、頭の中が混乱してしまうそうだ。教科書のリスニングのような確実に解けてほしい問題と、概略を掴むためのリスニングの両方を実施していくことが効果的だということを学んだ。

　北原メソッドBパターンの映像を視聴し、最初に思ったことは、クラスの雰囲気がとても明るいということだ。そこには先生の人柄が大いに影響していると思う。効果音を用いたり、手を挙げ発表し正解した生徒に対し、great! のようなリアクションを

したりするなど、生徒が発表しやすい空気感ができていた。教え方も重要であるが、それと同じくらい授業の雰囲気作りにも尽力する必要があると感じた。それ以外にも、先生の説明を聞くだけではなく、英語を実際に話す機会が多いことで、楽しみながら英語を学べているのだろうと感じた。また、以前のリアクションペーパーにも書いたのだが、単語だけで答えさせるのではなく、センテンスで答えさせる習慣をつけようとしているところも良いなと思った。たしかに、What is this? と聞いた時には It's a ~. というように答えられるが、What are these? と聞いた時には、These are ~. と答えてしまう子が多い。そういったところにも気を配る必要があるということを学んだ。そして、ペアワークが多いことも良いと思った。講義を受ける前は、ペアワークは、1人よりも2人で取り組むことで自分の知らなかった単語を学べることや、先生に質問しづらいという子がわからないところを聞けるからという理由で行われていると思っていた。もちろん、そのような理由もあるが、自分が知らないものをペアの子が言ったら「なるほど!」「頭良いね!」などといったリアクションをするように指導することで、「学力差のあるペアで逆転現象が起きる」という考え方をされていることが目から鱗であった。英語が得意ではない子でも、英語を学びたいと思える理由がここにもあるのだと感じた。また、早く終わったペアに対して新たな課題を出すということが盲点だった。早く終わってしまうと暇になり、関係のない話をしたり、集中力が切れてしまったりする。塾で教えていても、時間のかかる生徒につきっきりになってしまい、終わった子に対しての指示が疎かになってしまうことがある。なかなか授業について行くことが精一杯な子たちに対するアプローチだけではなく、頭の良い子に対する配慮も欠かないように心がける必要があると思った。新語導入の際には、普通であればせいぜい2~3周といったところだと思うが、北原メソッドでは色々手法を変えながら8周もしているという圧倒的な単語の反復に驚いた。8周もすれば、確実に意味もスペルも覚えることができる。その上で教科書を読むことで、単語の意味や発音の仕方でつまずくことがなくなる。また、北原先生の授業では語彙増強のための取り組みが多く行われているが、新語導入の場面でも、_oo_ や ph で f の音になる単語などを尋ねて考えさせるという活動が行われているということに驚いた。

「発音指導は中学校の先生の一番の責任」という言葉が強く印象に残っている。今の中学生は小学校の時から英語を学ぶようになるため、知っている単語も多く、文法規則の理解も早いという子も多いだろう。そのため、中学校英語の役割とは何かということについてずっと考えていた。私は、中学校は小学校と高校の橋渡しをする場だと考えている。小学校では先生もおっしゃっていたように発音指導を深くまではやらないだろう。しかし、高校生になると、十分に発音を学べていないにもかかわらず、発音の知識が求められる。このような理由から、中学校においての発音指導の重要性を感じた。

　　リアクションペーパーをありがとうございました。いい記述がいくつかありました。

　「*教科書のリスニングのような確実に解けてほしい問題と、概略を掴むためのリスニングの両方を実施していくことが効果的*」

　　前者を<u>ボトムアップリスニング</u>といい、後者を<u>トップダウンリスニング</u>と呼びます。

　「*クラスの雰囲気がとても明るい*」

　　いつも授業で「声出せ、元気出せ」と言っているのはまさにそのこと。私自身もワイワイ楽しいクラスの方が好きです。

　「*早く終わったペアに対して新たな課題を出すということが盲点だった。*」

　　このことを指摘したのはあなただけでした。これは現職の先生でもできていない先生がとても多いのです。<u>できる子を遊ばせる（成就感を与えない）と授業が荒れて授業崩壊につながります。</u>授業崩壊とは勉強の苦手な子たちが起こすのではなく、できる子たちをほったらかしにするために起きることもあるのです。

第 **8** 章　スピーキング指導

8－0　北原他著の英語の歌の本

　「決定版！授業で使える英語の歌20」2001年　開隆堂出版
　　https://www.kinokuniya.co.jp/f/dsg-01-9784304011719
　「決定版！続・授業で使える英語の歌20」2008年　開隆堂出版
　　https://ndlsearch.ndl.go.jp/books/R100000002-I000009593312
　どちらも歌つき、カラオケの CD 2枚つき。歌は歌手本人ではなく、声や歌
い方の似ている別人。演奏はニューヨークのスタジオミュージシャン（演奏の
クオリティは高い）。

　　前回のリスニング指導で、学生から出された「先生が書いた英語の歌の
　本はないのですか」という質問に答えて、授業の冒頭に2冊の本を紹介し
　ました。どちらも多くの先生方に使っていただいています。

8－1　スピーキング指導の実際

☆パフォーマンス（スピーキング）テストについては後でテスト編第7章を
　読んでその感想もリアクションペーパーに加えること。

第1節　スーパー・ペアワーク　上巻 pp.180-182
・「スーパー・ペアワーク　1年、2年、3年」（1996年4月正進社）
・「スーパー・ペアワーク（復刻リニューアル版）　1年、2年」
　　（2014年4月正進社）　　上巻 pp.180-182 実演（1年 No.13, 2年 No.2, 14）
　＊「スーパーペアワーク」は2021年に廃盤になり、その内容を発展継承し、
　　さらに3年生用をつけ、高校から降りてきた文法事項もカバーして、下記
　　より発売されている。
・「わくわくペアわーく1年、2年、3年　タブレット用」（2021年 On and On）
　　全学年用ワークシートを1年間使い放題で4,000円でサブスクリプショ
　　ン販売。（p.37参照）

新学習指導要領に変わってから、現場では「即興発話」をどう指導するかで先生方が大変な思いをされています。各教科書会社は「即興発話」を謳うさまざまな活動を提案していますが、実は「即興発話」を育成する魔法の方法などはないのです。赤坂中の生徒たちが即興で楽しそうに話すようになったのは、①楽しい　②継続的な　③友達に伝えたい（友達を笑わせたい）と思うようなスピーキング活動／評価活動を授業の随所に導入したからです。そのうちの１つがペアワークです。

第２節　クイックＱ＆Ａ　上巻 pp.182-185

・１年生12月から始める。２年生１学期末で終わる。
・レベルが４つある。学年進行に従って上のレベルに挑戦する。
・新学習指導要領にある話すことの技能「やりとり」（即興発話）の練習になる。
・２年生はチャイムが鳴る前の自主学習として実施。
　　　上巻 pp.182-185　実演

　2021年４月から施行されている現行学習指導要領では「即興で話す」ことがフィーチャーされたため、各教科書会社ともに「即興」で話せるアクティビティを盛り込んでいます。ところが私は自分が大学時代に ESS に入っていたこともあって「即興で話す」ことなんて40年前から授業でやっていたのです。今更そんな「特定の」アクティビティは必要としません。いや、即興発話を促す特定の活動などないのです。それではどうやって「即興力」をつけていたのでしょうか。
●トレーニングとして……１年生３学期〜２年生１学期の毎回の授業の帯活動でやった「クイックＱ＆Ａ」や１，２年生のＢパターンの授業で必ず行っていた「ピクチャーカードを使ったＱ＆Ａ」、３年生の「Picture Describing」などです。
●パフォーマンスとして……スキット、スピーチなどの発表活動です。
　要するに生徒が「伝えたい」「楽しい」活動をゴールに据え、日々の「楽しい」トレーニングを帯活動で毎日展開することです。
　授業では教科書 Sunshine に平成24年度版から掲載された「クイックＱ＆Ａ」（北原オリジナル）を取り上げて実演しました。

【クイック Q & A】

パート1（先生対生徒ペア　片道）2019.4.11.〜4.20.

先生のQ（10題）に素早く答える。相手より速く正しく言い終わった人が1点。1年生の時と同じやり方。自分で日付を確認して進めよう。

例）T : What time is it?
　　S1: It's ten forty.

> 中学1年生の英語は「疑問文とその答え方をマスターすることだ」という持論のもと、中学1年12月から3月まで帯活動として「クイックQ & A」を実施しました。それは上記「パート1」で先生（ALT）がQを言い、ペアになった生徒がAを言う活動です。2年生になったら転校生のためにもパート1の復習から入ります。2年生の1学期末までにパート1〜4までを行うのです。1往復の対話から2往復まで徐々に負荷を上げていくわけです。

パート2（生徒対生徒　1往復）2019.4.22.〜5.11.

ペアの片方が出題する。相手が3秒以内に答え始めて正しい答だったら相手に1点。3秒以内に答えられなかったり、間違った答え方だったら出題者に1点。5題出題したら交代する。1年生の時と同じやり方。

例）S1: How's the weather today?　　　S1: How's the weather today?
　　S2: It's sunny.　S2に1点　　　　　S2: It's Sunday.　S1に1点

> パート2からは「生徒対生徒」になります。勝ち負けにすることで出題者は相手が答えられそうもない疑問文を言うことになります。それらの疑問文と答え方は自分が習熟していないものなので、自己の弱点の克服となります。

パート3（生徒対生徒　1往復半）2019.5.13.〜6.7.

ペアの片方が出題する。相手が答える。そしたら出題者がもう一言言う。相手が3秒以内に答え始めて、正しい答だったら相手に1点。3秒以内に答えられなかったり、間違った答え方だったら出題者に1点。5題出題したら交代する。2年生用。

第8章

例）S1: Where did you go yesterday?

S2: I went to Harajuku.

S1: Really? / Me too. / I love Harajuku. / Let's go together next time. /

パート3は1往復半です。S1が疑問文を選択することによってトピックの主導権を握るので、プラス1は言いやすいのです。この時に大事なのが教師のモニタリングです。教師は生徒の活動中、その様子をモニターしていい表現、新しい表現を使った生徒とその表現をメモしておき、活動が終わったら "○○-kun used the expression like 'So do I.' instead of 'Me too.' That's great!" などとクラス全体にその表現を recast し、その生徒を褒めます。そして「すでに自分が言える表現ではなく、違う表現をどんどん使うようにしよう」と励ますのです。

パート4（生徒対生徒　2往復）2019.6.11.～7.19.

ペアの片方が出題する。相手が答える。そしたら出題者がもう一言言う。そしたら相手も何か言い返す。相手が3秒以内に答え始めて、正しい答だったら相手に1点。3秒以内に答えられなかったり、間違った答え方だったら出題者に1点。5題出題したら交代する。2年生用。

例）
S1: Do you have any sisters?	S1: Do you have any sisters?
S2: Yes, I do. I have a sister.	S2: Yes, I do. I have a sister.
S1: Really?	S1: How old is she?
S2: Yes. She goes to Hibiya High School.	S2: She is sixteen years old.

ここまでいけば即興発話が完成です。毎回違う友達に質問するので、飽きずに即興のバリエーションが広がりやすいです。生徒は「日本語では聞かないことも英語なら聞ける」、「友達のことがわかってよかった」という感想を述べています。

【クイックＱ＆Ａ　疑問文と答え方】２年生用

　１年生の英語がマスターできたか、できていないかは、疑問文とその答え方がわかっているかによります。２年生になりましたが、１学期のうちに１年生の復習をしておきましょう。

　紙を見ないでさっと言えるようになったら一番左の欄の□を塗りつぶしましょう。

疑問文	答え方
1　あいさつ □ 1. How are you? □ 2. How are you doing? □ 3. How do you do?	**1　Greeting** □ 1. (I'm) Good, thank you. □ 2. I'm doing fine, thank you. □ 3. How do you do?
2　天気 □ 1. How's the weather today? □ 2. What's the weather like today? □ 3. How was the weather yesterday? □ 4. How will the weather be tomorrow? □ 5. Is it fine today? □ 6. Was it rainy yesterday? □ 7. Will it be fine tomorrow?	**2　Weather** □ 1. It's fine/cloudy/rainy. □ 2. It's fine/cloudy/rainy. □ 3. It was fine/cloudy/rainy. □ 4. It'll be fine/cloudy/rainy. □ 5. Yes, it is. / No, it isn't. □ 6. Yes, it was./No, it wasn't. □ 7. I hope so.
3　名前、出身、年齢、身長 □ 1. What's your name? □ 2. May/Can I have your name, please? □ 3. Where are you from? □ 4. Where do you come from? □ 5. What's your hometown? □ 6. How old are you? □ 7. May/Can I ask your age? □ 8. How tall are you?	**3　Name, Hometown, Age, Height** □ 1. My name is ... □ 2. Sure. My name is ... □ 3. I'm from Japan. □ 4. I come from Tokyo. □ 5. My hometown is Komae. □ 6. I'm fifteen years old. □ 7. Certainly. I'm fifteen. □ 8. I'm 160 centimeters tall.
4　職業 □ 1. Are you a student or do you have a job? □ 2. What are you? □ 3. What do you do (for living)? □ 4. Can/May I ask your profession?	**4　Job/Profession** □ 1. I'm a student. / I work for a bank. □ 2. I'm a taxi driver. □ 3. I'm a doctor. □ 4. OK. I'm a taxi driver.

対戦表（相手の名前を書く。勝った方に〇、負けた方に×、引き分けは△）

date																
自分																
相手																

第8章

疑問文	答え方
5 家族	**5 Family**
☐ 1. Do you have any brothers/sisters?	☐ 1. Yes, I do. I have two.
☐ 2. How many brothers do you have?	☐ 2. I have one./I have no brothers.
☐ 3. What does your father do?	☐ 3. He works for a supermarket.
☐ 4. Is your brother a high school student?	☐ 4. Yes, he is. / No, he isn't.
☐ 5. Does your brother go to high school?	☐ 5. Yes, he does. / No, he doesn't.
6 住所、電話番号	**6 Address, Telephone number**
☐ 1. Where do you live?	☐ 1. I live in HonMachida.
☐ 2. Can/May I ask your address?	☐ 2. Why not? My address is …
☐ 3. What's your telephone number?	☐ 3. My telephone number is …
☐ 4. Can/May I have your phone number?	☐ 4. Sure. It's 723-3662.
7 趣味・好み	**7 Hobbies, Favorites**
☐ 1. Do you have any hobbies?	☐ 1. Yes, I do. My hobby is …
☐ 2. What's your hobby?	☐ 2. One of my hobbies is …
☐ 3. What do you do in your free time?	☐ 3. I usually play the piano.
☐ 4. Do you like judo?	☐ 4. Yes, I do. / No, I don't.
☐ 5. What's your favorite food/sport?	☐ 5. My favorite food is pizza.
8 時間	**8 Time**
☐ 1. What time is it now?	☐ 1. It's ten thirty.
☐ 2. Can/May I ask the time?	☐ 2. Sure. It's eight o'clock.
☐ 3. Do you have the time?	☐ 3. It's half past ten.
☐ 4. What time do you get up?	☐ 4. I usually get up at seven.
☐ 5. When do you play baseball?	☐ 5. I play it on Sunday.
☐ 6. Do you have free time on Monday?	☐ 6. Yes, I do. / Sorry, I don't.
☐ 7. When are you free?	☐ 7. I'm free next Thursday.
☐ 8. When is your birthday?	☐ 8. My birthday is February 24.
9 場所	**9 Place**
☐ 1. Where do you play baseball?	☐ 1. We play it in the park.
☐ 2. Where is the school library?	☐ 2. It's on the second floor.
☐ 3. Where did you go yesterday?	☐ 3. I went to Machida.
☐ 4. Where will he visit?	☐ 4. He will visit London.

対戦表（相手の名前を書く。勝った方に○、負けた方に×、引き分けは△）

date															
自分															
相手															

・授業冒頭の帯活動として行う。

・パート１は先生対生徒なのでチャイムが鳴り終わってから行う。

・パート２以降は、英語教室にきた生徒は自分の机に教科書などの荷物を置いて、パートナーがやってきたら上記「クイックＱ＆Ａ」シートと鉛筆だけを持って隣同士になるように座ってＱ＆Ａをどんどん始める

（5問ずつ）。

・チャイムが鳴ったら勝者が立って次のパートナーを決めて対戦表に相手の名前を記入する（教師の Winners, stand up. などの指示は最初の方だけにして、生徒の自律を促す）。

・その他の生徒（敗者と引き分けの生徒）が立って次のパートナーを決めて対戦表に相手の名前を記入する（こうすることによって「負け続けていやになる」ことを避けることができる）。

・自分の席に戻り、授業が始まる。

・次回の授業では対戦表に記入した新しいパートナーと対戦する。チャイム前に新しいパートナーと隣同士に座って始め、終わったら通常の席に戻る。

＊以上を先生の指示なしで行えるようにしたい。

＊生徒が活動中の教師の役割は「生徒のいい発言」をモニターして（集めて）活動後に全員に紹介することである。そうすることによって即興のやりとりの幅が増していく。

＊この活動は先生方相手の研修会でやると常に好評である。

研修会で実演した時の先生方の感想
　　（2023年3月辞書指導ワークショップ in 兵庫、新潟、東京多摩）

・クイックＱ＆Ａがおもしろく良い活動だと感じました。発話を引き出す方法に困っていたので是非導入したいと思います。

・「即興的なやりとりの力をきたえる」というのが大変勉強になりました。中1の生徒が楽しそうにやる姿が目に浮かびました。

・Ｑ＆Ａシートを使う先生方は多いのですが、生徒に即興で話させるための工夫は私も含めてできていないです。今日のご講演から生徒を動かすために教師が発問・指示をもっと考えるべきと改めて痛感しました（特にパート3, 4）。

・クイックＱ＆Ａは明日より試してみます。

・テンポの良さ、教師がしゃべらないなど間接的に授業を支えている要素も参考になりました。（以上、兵庫）

・クイックＱ＆Ａのシートを活用し、帯活動として継続的に行いたいと思います。

・interaction の活動で1 turn から1.5→2 turnsとやりとりを増やしていった時にコミュニケーションが純粋に楽しいと感じました。また上位者にも高度な表現に慣れ親しませるために対決をさせるという工夫に、なるほどと思い、参考にさせていただきます。

- クイックＱ＆Ａ楽しかったので、来年度の帯活動の１つに取り入れたいと思います。
- 生徒が早くしたくなるような活動、心地良いガヤガヤ感、あたたかさを教室にもたらす工夫、非常に勉強になりました。「学校でみんなで勉強する意味」を改めて考え直すことができました。
- 帯活動で地道にかつ Step 1-4があるように負荷を少しずつ増やしていきながら実践したいと思います。
- 辞書指導についても良かったけれども、即興のスピーキングもすごく勉強になりました。そしてそれを通してのあたたかなクラスの雰囲気作りも魅力的でした。早く、４月新しいクラスで授業がしたくなりました。
- 即興的なやりとりを実際に体験してみて、こんなに楽しいものかと改めて思いました。パターンで少しずつ負荷をかけていく形式はとてもいいですね。新学期から早速授業の始まりのところで使いたいと思います。 （以上、新潟）
- ペアワークを実際に自分でやってみることができて、より活動をイメージすることができました。テンポ良く進み、とても楽しい授業になると思いました。段階を踏み、トレーニングすることで徐々に自信をつけ、話すようになる生徒の姿が目に浮かんできました。
- クイックＱ＆Ａもゲームっぽく、楽しい要素もあり、「さすが北原先生！」と思うことの連続でした。
- Ｑ＆Ａは行っていましたが、勝ち負けをかけて工夫したり、ペアを変えて席も替わるというのはしておりませんでした。緊張感もあるので、達成感と達成度が違うと思います。また、リキャストをもっとていねいに行い、表現を広げたいと思います。
- 即興発話に関して、日々の授業に導入したいと思った。テンポ感も良く、帯活動でやってみたいと感じた。 （以上、東京多摩）

第３節　ピクチャーカードを使ったＱ＆Ａ　上巻 pp.186-190
＊第３回に実施済み

第４節　スピーチ　上巻 pp.190-193
生徒パフォーマンスビデオ視聴：「２年職場体験レポート」
＊「１年自己紹介」、「１年他人紹介」は視聴済み。

> 「2年職場体験レポート」は写真を画面に映して行う Show and Tell 形式です。どの生徒もユーモアたっぷりでスピーチしています。

第5節　スキット　上巻 pp.193-196

生徒パフォーマンスビデオ視聴：「2年スキット作りを楽しもう」、「2年道案内」、「2年買い物」、「2年 CM を作ろう」、「3年あの人にインタビューしよう」、「3年オリジナル」

> 「2年スキット作りを楽しもう」は教科書 Sunshine にあった My Project を利用しました。この My Project は私が書いたものです。モデルが教科書にあるわけではなく、各ペアがゼロから考えてつくっています。
>
> 「2年道案内」、「2年買い物」はいわゆるスキットになります。ある特定の場面を使ったスキット活動は1980年に盛んに行われ、NHK でもスキットコンテストを実施していたくらいです。ところが新学習指導要領で即興発話を打ち出してから New Crown 以外のすべての教科書から姿を消しました。一方、新学習指導要領が謳う「目的・場面・状況」をうまく使っているのがスキットです。Retelling は一人でやらなければならないので生徒の中には辛い活動と思う人もいます。その点、スキットはペアで協力してできるのでとてもいい活動だと思います。スキット活動の復権を望みます。
>
> 「2年 CM を作ろう」も「3年あの人にインタビューしよう」も Sunshine にあった My Project を利用しました。生徒たちの creativity が素晴らしいです。
>
> 「3年オリジナル」は3年間の総まとめということで、3人組になってゼロから寸劇をつくります。例年、前年度の先輩たちのものを見せてからつくり始めます。生徒たちは「先輩を超えろ」と張り切ります。生徒への告知とチーム編成は9月に行いますが、授業時間の中で作成時間を与えることはありません。すべて放課後などを使って行います。そして11月に発表となります。どのチームも5，6分の長い寸劇を披露してくれます。授業で見せたものは8分超えの大作で区大会で発表した時は観客（特にALT たち）は大爆笑でした。

第6節　紙芝居・絵本の読み聞かせ　上巻 pp.196-198

生徒パフォーマンスビデオ視聴：「Olivia」、「日本昔話」

＊「1年紙芝居 Grandma Baba and Her Friends on a Sleigh」は視聴済み。

Ian Falconer の絵本「Olivia」は子豚のオリビアがいろいろやらかしてくれる愉快な絵本です。1冊の絵本を5，6人のチームで分担して読み聞かせをします。（「読み聞かせ」とは言っても実際は本は見ないでジェスチャーをつけながら語る活動です）自分のパートをしっかり暗記して、聞き手に伝わりやすいように表情やジェスチャーを使い行います。赤坂中ではシリーズのほとんどを使いました。

「日本昔話」も絵本を使って行う読み聞かせ活動です。チームごとに違う昔話を語ります。

どちらも教科書が終了した3月に行い、赤坂小学校に行って小学生相手に披露するのが恒例になりました。

第7節　場面を与えて言語形式を自分で選択するスピーキング活動

上巻 pp.198-200

生徒パフォーマンスビデオ視聴：2年スピーキングテスト「場面と人間関係を選択して会話」

＊3年スピーキングテスト「日本文化紹介」は視聴済み。

10種類ある「場面と人間関係」カードから1枚選んで ALT 相手にインタビューする活動です。授業で見せた映像は、放送局のアナウンサー役の生徒が日本に来て働き始めたばかりという想定の ALT に即興でインタビューします。2分間会話が継続したら評価Bで、そこで使われた語彙や文法の豊富さと発音によってAや時にはA＋になります。

第8節　即興スピーキング　上巻 pp.200-201　実演

＊新学習指導要領の目玉のひとつ、"話すことの技能" が「やりとり」「発表」に分かれる。

生徒パフォーマンスビデオ視聴：3年「修学旅行土産話」

修学旅行で買った土産を使って、ALT 相手に修学旅行をレポートする Show and Tell 活動です。授業で見せた映像では生徒が、チェックポイントをパスしたために先生に叱られたことに対して不平不満を聞き手の ALT に訴えています。ALT も自由に質問をすることができるので、本当の即興発話になっています。時間は２分間です。２分間会話が継続したら評価Ｂで、そこで使われた語彙や文法の豊富さと発音によってＡや時にはＡ＋になります。

第8.5節　英語劇

生徒パフォーマンスビデオ視聴： ３年英語劇

＊「１年英語劇 A New Year's Visit」は視聴済み。

・英検準２級取得率と英語劇

平成23年度	23%	英語劇 Run, Melos, Run で都大会出場
平成24年度	32%	英語劇 If I Had a Million Dollars で港区英語発表会劇部門第１位
平成25年度	27%	英語劇 Barefoot Gen で都大会優勝
平成26年度	25%	英語劇 the Diary of Anne Frank で都大会特別賞受賞
平成27年度	28%	英語劇 Friends で港区英語発表会劇部門第１位
平成28年度	43%	英語劇 Illusion 2016〜Night on the Milky Way Train で都大会出場

３年生２学期　評定１, ２はゼロ

平成29年度	44%	英語劇 In This Corner of the World で都大会出場
平成30年度	56%	過去最高！　英語劇 Angels With Broken Wings で都大会３位

　赤坂中に赴任してから３年生に英語劇指導をしました。学年全員が役者か裏方になり、学年教師も手伝ってくれて学芸発表会に向けて英語劇を演じます。選抜された生徒だけで英語劇をつくる学校はありますが、赤坂中のように生徒全員で参加する学校はありません。区大会でスピーチ部門１位の学校と争って勝てば都大会出場になります。都大会は70回を超える伝統的な発表会でレベルがとても高いです。Barefoot Gen、Illusion 2016〜Night on the Milky Way Train、In This Corner of the World、Angels With Broken Wings の４作は日本語の原作から英語シナリオを生徒全員が手分けしてつくって演じました。いかに英語作文能力が高いかおわかりかと思います。

第9節　Picture Describing　上巻 pp.202-210 実演

> 　1, 2年生の時は、教科書本文のオーラル・イントロダクションの前にピクチャーカードを使ってQ＆Aをしていましたが、3年生になったら先生からの問いなしで、自分たちで絵を説明する活動を行います。これは英検準2級の二次試験対策にもなっています。だからあんなに高い合格率になるのです。

令和元年度生徒のパフォーマンス映像（1、2学期前半）

＊印は即興スピーキングの要素のある活動

1　1年生1学期　音読テスト「Unit 4-1」
2　1年生1学期　My Project 1 スピーチ「自己紹介」
3　1年生2学期　夏休み明け音読テスト
4　2年生1学期　My Project 4 スキット「スキット作りを楽しもう」
5　2年生1学期　音読テスト「Unit 2-2」
6　2年生2学期　Go for It! スピーチ「職場体験レポート」
7　2年生2学期　スキット「道案内」＊
8　3年生1学期　My Project 7 スキット「あの人にインタビューしよう」
9　3年生2学期　スピーキングテスト「修学旅行の土産話」＊
10　3年生2学期　スキット「オリジナル」＊

令和元年度生徒のパフォーマンス映像（2学期後半、3学期）

1　1年生2学期　My Project 2 スピーチ「他人紹介」
2　1年生2学期　英語劇「A New Year's Visit」（Sunshine Program 9）
3　1年生3学期　紙芝居 Grandma Baba and Her Friends on a Sleigh
　　　　　　　　（Sunshine Program 11）
4　2年生2学期　スキット「買い物」
5　2年生3学期　My Project 6 スキット「CM を作ろう」
6　2年生3学期　スピーキングテスト「場面と人間関係を選択して会話」＊
7　3年生2学期　My Project 8 スピーキングテスト「日本文化紹介」＊

一般的にスピーキング活動の多い授業だと「会話中心」といった見方をされます。その陰では「リーディング、ライティング軽視」といった批判もあるかもしれません。しかし、私が勤務してきたいくつもの学校で私はそうした批判を同僚からも保護者からも受けていません。その理由は英検、学力テスト、入試などによって生徒の成績が群を抜いているからに他なりません。なぜスピーキング活動が多いかというと、学んだ文法や語彙はスピーキング活動を通じて定着するからです。この視点を忘れてはなりません。

2021年度優秀リアクションペーパー
　············　中高時代に習った英語授業　―――　北原メソッド
　反転文字のリアクションペーパーは超優秀。

外国語学部ドイツ語学科

　今回の授業で、なぜ赤坂中学校の生徒が最初の授業で見たように生き生きと英語を話せていたのかがわかった。今までの授業でももちろんさまざまな要素があったが、あそこまで自然に英語が出てくるのはやはりスピーキング指導で「即興で発話すること」と「be authentic」を徹底しているからだと思う。私が中学生の時の英語の授業を思い出してみると、簡単な会話はほとんど例の通りにやっていたし、少し長い会話や発表などは何をするにも事前に何を言うか紙に記入することから始まっていた。その場で答えなくてはいけない活動はほとんどなかったし、内容もほとんど教科書に載っているものだった。そのため、あまり楽しいと思って積極的に取り組めたあるいは（ただ書いたものを読んだり考えたものを思い出して言ったりしているだけなので）自分の気持ちを込めて話した覚えがない。それに引き換え北原メソッドではまず活動の内容自体に生徒が楽しめる工夫がなされている。例えばスーパーペアワークが良い例だと思う。実際に授業でやってみたが思わず必死になって同じことを書いた人を探している自分がいた。生徒に人気のあるものだけを残して何度も改良されただけあって、本当にどの活動も楽しい。そして生徒が本当に伝えたいから話す活動になっている。クイックＱ＆Ａに関しては、私も中学生の時に同じような疑問文を用いてペアで質問しあう活動を帯活動としてやっていたが、全く違う活動に感じた。なぜなら私が中学校で行っていたのは、聞く側も答える側も紙を見ながら半分読み上げているだけの状態だったからだ。対して、北原メソッドではまずゲームの要素が入っている。競争することで、相手に勝ちたいという気持ちが出てくるため生徒が自主的に勉強するようになる。できるようになった頃に少しずつ課題が足され、自由度が増していく

229

ことで、結果的に authentic な会話ができている。生徒はゲームをやっているつもりでいて、気づいたら話せるようになる、というのはまさに理想的な活動だと感じた。また、それが帯活動でできるという手軽さが良いと思う。

　Picture Describing のワークショップに参加された方（高校教師）の感想に「（中学生に）これだけの潜在能力があるのに見逃していたり、できないと決めつけている自分を勿体ないと思った。できないことやわからないことを中学段階の指導不足となげくのではなく、自分の指導法を見直して生徒の良い所を伸ばしていきたい」と書かれていて、その通りだと感じた。生徒を良くも悪くも導くのが教師で、そこに迷いや諦めがあると生徒にも伝わってしまう。ただ、目の前にできない生徒がいるとその原因を自分（教師）以外に探してしまう人がほとんどだろう。しかし北原先生には全くそれがない。最初の授業で「どんな生徒も楽しく学べるように、そして落ちこぼれをつくらない」とおっしゃっていたが、これは生徒の力を信じているからこそできる発言なのだと思う。生徒を100％信じているから、生徒のことを考え、活動の内容を何度も改良し、活動自体も生徒に寄り添った楽しいものにできる。先生が自分たちを信じ、全力を尽くしてくれているとわかるから生徒もついてきて結果が出る。この生徒との信頼関係というのも北原メソッドの大事な要素なのではないかと、この感想を読んだことで考えることができた。

　パフォーマンステストに関しては、幹本に書かれているものを見る限り、評価基準が細かく設定されているように感じた。それに加えて何ができればどの評価をもらえるのかが具体的でわかりやすい。私の経験上、発表などをする際の評価は何を評価されているのかわかりにくいものが多かった。例えば、内容や発音と書かれていても、どのような内容や発音がＡ＋で、どのようなものがＣなのか明記されていないという具合だ。そうなると生徒の関心はそこに表記されるアルファベットのみで、自分が何を良くできていたのか、これから努力しなければならないのかなんて考えもしない。だから、評価基準を細かく設定し、生徒に提示することが大切だと思う。そしてそうすることで教師が評価する際にも生徒によって違いが出ることを防ぐことができる。テストは点数や評価の数字などに目が行きがちだが、本来は自分にどの程度学んでいる事柄が身についたかを確かめるための機会である。基準を細かく具体的に設定するという一見小さなことも、テストを本来の用途で行うためには必要なことなのだと学んだ。

　今回の講義においては、スピーキング指導に関して学習した。実に多くの種類の指導法に触れたが、スピーキングはそれだけ重要な要素であるということなのだろう。私が中学生であった10年前は、週に１度の英会話の時間くらいしかスピーキング練習の時間はなく、発音指導等も受けた経験はなかった。僅か10年の差であるが、スピーキング専門の副教材が存在するとは、隔世の感がある。

　副教材『スーパー・ペアワーク』については、まず演習量の多さが印象的であった。帯活動やオーラル・イントロダクションなど、他にも練習の機会は多々あるのだが、それらは普段の教科書指導の中における一部分、工夫といった形であった。それらに加え、１年で31課分の練習を実施すれば相当の練習量になる。内容も自己紹介のような課題から、実際の会話を模したもの、意見叙述までさまざまであり、生徒が飽きずに取り組めるような工夫がなされている。また、動物や食べ物の種類等の教科書ではカバーできない日常的な語彙も多く含まれており、３年間を通して演習に取り組めば、相当量の語彙も身につけることが可能である。ただ、本講義で扱ったデートに誘う課題は、学校内で扱えるかというとギリギリの内容であり、婚活ゲームは完全にアウトだろう。盛り上がる生徒も多いだろうが、そもそも内容的には自己紹介に近いものであり、タイトルを改めた方が良いのではと感じる。次に扱った「クイックＱ＆Ａ」もまた、興味深い教材であった。通常の対話練習で終わっていれば、そこまで特別感はなく、「教員－生徒」或いは「生徒－生徒」という形でどこでも実施されているだろう。北原先生の方法論ではそこで留まらずに、更に会話を継続させるという点が特徴的である。『スーパー・ペアワーク』と共通している点であるが、実際の会話状況を想定しているということである。「教員－生徒」の練習であっても、生徒が教員の質問に適切な返答をしたら、その段階で流してしまうことも多いが、そのような日常から改善の余地があるということである。この練習を継続していくと、即興性や作文能力も併せて身につけることが可能だろう。

　講義では『スーパー・ペアワーク』や「クイックＱ＆Ａ」に加え、生徒の皆さんのさまざまな発表の映像を視聴した。その中でも印象的であったのは、スキットや職場体験の紹介等の生徒が自ら作成・実演するパフォーマンスと、英語劇である。前者に関しては、生徒の皆さんが一から発表の内容を作成し、実演している点が素晴らしく感じられたためである。各学期にこのような課題があれば、英語力のみならず、問題解決能力やプレゼンの力を磨くこともできる。「英語授業の『幹』をつくる本」のテスト編 pp.234-235を参照すると、生徒への提示も評価の観点の説明のみで、殆ど構成を生徒に一任していることが読み取れる。『スーパー・ペアワーク』や「クイックＱ＆Ａ」の練習を積み重ねていくと、このような高レベルにまで到達することが可能

なのである。後者に関しては、毎年のように大会の場で発表していること、そしてそのレベルの高さが印象的であった。前回の英語の歌の指導の際に、英語のリズムの話題があったが、演劇という場であれば、リズムや即興性、文脈に沿った会話など、英語に関して得られるものは多いだろう。中高に限らず大学においても、よくネイティブに授業内で劇のような発表をさせたがる教員は多いが、その発展形ということである。実際に視聴した生徒の皆さんの発表"FRIENDS"も見事であった。先生は、最も成績が残せなかった年度であるとおっしゃられていたが、演劇において順位づけは気にすべき指標ではないだろう。大会という性質上避けられないものであるが、芸術と他者の評価は相容れないものである。特にお金が関係しない舞台であれば、最も重要なのは自己評価である。生徒の皆さんの充実した楽しそうな表情やその後の進路から、英語劇の発表の成果をうかがうことができる。

　「英語授業の『幹』をつくる本」のテスト編の当該項目を参照すると、前述した通り１年生への提示内容と２・３年生への提示内容の差異が目についた。特定の指示がない中であれだけの内容を実演できる生徒の方々は素晴らしい。また、英語劇や読み聞かせの発表について、案外授業内での練習時間が少ないことも印象的であった。大会や小学校での発表があるとなると、生徒も課程外で英語の練習をする良い動機づけになること間違いない。また、テスト案の中に１つ面白いものを見つけた。p.238の「スピーチ大会」である。その課題ではなんと教員も発表し、順位づけがなされるようである。これは、生徒の発表以上に盛り上がる可能性が高い。教員の夢は、聞きたいようで聞きたくない絶妙な課題設定である。

総合人科学部教育学科

　北原メソッドにおいて重要な立ち位置としてあるスピーキング指導について、今回の講義では学んだ。これまでの講義からも北原先生の指導は生徒ファーストであることは理解していたが、スピーキング指導においてはそれが特に顕著に表れていた。

　まず、スーパー・ペアワークが「生徒から支持されたものばかり」を集めたもので構成されていることに始まり、その内容の多くがゲーム性、予測不可能性に富んでおり飽きずに楽しめることと、新たな表現や自身の課題に挑戦することを両立させていた。ただ既習事項を復習するのではなく、単語の文法と接続の反復練習によって、会話に必要なチャンクの習得も助けているだろうところから、生徒が主体でありながら高い学習効果が望める教材、そして指導になっていたと感じた。

　スーパー・ペアワークで得た学びを活かしつつ、より日常会話を想定したクイックＱ＆Ａでもゲーム性、予測不可能性は残しつつ、「impromptu」と「communicative」というスピーキングで必要とされているにもかかわらず、現在一般的に行われている

指導では実践が難しいとされているポイントを含んでいた。実際にアクティビティを行っていて気づいたのが、リストアップされている答え方がリアルな受け答えであるという点だ。いわゆる日本語の教科書に載っている、ネイティブにとっては不自然な受け答えが全くないのだ。スキットを実際の場面を想定して外で行わせたり、小道具を用意しておいたり、という驚くべき点からもいえるが、北原先生がauthenticな指導を重要視していたことがここからも理解できた。

　ピクチャーカードを使ったQ＆Aでは、意見を多様な英語表現で可能にする「言い換え力」を、スピーキングとライティング2つの能力を伸ばすことで身につくことがわかった。この「言い換え力」も実際の会話で非常に必要とされることだが、決まった表現の反復練習しか行わない現行の指導法では獲得が非常に難しい能力であり、またスピーキングとライティングをどこか切り離して考えていた私にとって非常に驚きを感じた点でもあった。

　こうした指導を基に行われていたパフォーマンステストについて、テキストを読んでいくと生徒の立場からは深く共感でき、教師としての立場からは留意しなければいけないと思った点は、上巻に記載されている「生徒にとって初めてのパフォーマンステストになるので、一人でも失敗しないように留意したい」という文である。私の経験から、スピーキング指導といえば、長い時間をかけて作成した原稿を丸暗記し（暗記することだけに意識を注いで）、覚えた内容を教師の前で言うだけのものであった。北原先生のように評価の基準を明確に表記されるわけでも、結果がどうであるかもわからないまま、学期末の成績だけを見る、という流れのものだった。そこから得られたものはほぼ何もないに等しく、テキストの中の生徒からの声にあった「海外の人と関わろうと思えるようになった」という意見を見て驚いたほどだ。またテスト編に載っていた教材の中に「間違いは減点しない」という文言にも、学びを支える細やかな気遣いがあるように感じた。このように毎回のテストや指導を安心できる環境で行い、成功体験を積み重ねていくことは、生徒の学習に対するモチベーションと積極性を支え将来的な学習及び人格形成にも大きく貢献しているだろう。また1年生の教材の中にインタビューという形をとっているものもあった。TEAPのスピーキングで行われている形式と非常によく似ており、中学3年間で多様な問題形式を知ることで英検以外の外部検定試験への対応も、抵抗感なく行うことができるだろうと感じた。

　生徒ファーストでありながらも、4技能の効率的な育成を可能にしていた今回の講義も驚きの連続であった。教材の多様さだけでなく、生徒が安心し、自信を持って学習できる環境といった点からも学ぶことが多かった。知識の暗記だけでは、生活の中で活かせることはできない、しかしどのようにすれば実現可能かもわからない、という状態であった私にとっては学びの大きい講義であったと感じている。

外国語学部ロシア語学科

　本日の講義ではスピーキングの指導について学びました。スピーキングというとなんとなく４技能のうち最も難しい（高度な）イメージがあり、中１の段階からスピーチや読み聞かせ、紙芝居をできるのかということにとても驚きました。口から英語を話すためにはその内容を理解していることが前提であり、またそれと同時に語彙量もある程度ないと成り立ちません。北原メソッドでは音声面、話すことに重点を置いて指導を行っているとこれまで学んできましたが、音声面を伸ばすためには語彙も文法も必要になり、音声面が伸びればその分の言えたことはきちんと身についているという証拠・自信になります。そのように考えると、Reading, Listening, Speaking, Writingの４技能はきちんとつながっているのだなと強く実感しました。日本で行われている教育では、今もそれぞれの技能を独立させて学ばせているような印象を受けます。最初はReading, Listeningをメインにやって、その発展形としてWritingやSpeakingの活動が入るようになっているように感じます。もちろんそれぞれが異なる技能であり、必要になる技術も違うことは大前提ですが、それぞれをバラバラなものとして教えてしまうことは、生徒たちにとっても良くない指導なのではないでしょうか。本当の初歩の段階では文字を読めるようになることが必須であるため、アルファベットの導入が最初に来ることは外せません。しかし、ある程度英語のルールを身につけた後はどの技能だけ、と限定せずに活動を入れていく指導方法を取れば、生徒たちにも飽きずに楽しんで授業に参加してもらえることも見込めます。さらに耳、目、口、手などさまざまな方向から刺激し学んでいくことは覚えることにもとても効果的だと聞いたことがあります。そのような点でも書かれていることを読み、それを使ってコミュニケーションをし、そこで自分が言ったものを書いてみる、というスーパー・ペアワークの一連の指導方法は、考え抜かれたものだと感じました。

　帯活動のクイックＱ＆Ａで感じたことは、同じ材料でもこれほどバリエーションをつくることができるということです。この活動ではパート３・４では問題を出す側も知識を試されます。しかしあらかじめ用意された答えを相手が言ってくるとは限らないので、出題者も即興性のある活動ができます。またその即興性というものがコミュニケーションの要素でもあるため、ひな形しか言えないコミュニケーション能力ではなくきちんと「やり取りができる」コミュニケーション能力を養えます。ペアを毎回変えることで常に負け続けるという生徒をつくらないようにする工夫や、スコアをつけてゲーム性高めること、といった英語以外の点での工夫も、生徒たちの学習意欲を高めることに寄与しており、この活動が単に体裁だけの帯活動ではなく、きちんとウォームアップとしての意味もある学習活動になっている理由なのではないかと思いました。スピーキングの指導の活動として取り上げられている、スピーチ、スキット、

紙芝居や絵本の読み聞かせ、言語形式を自分で選択するスピーキング、即興スピーキング、英語劇などそのどれにも共通して見られたのは、生徒たちが楽しそうに英語を話している姿でした。1年生の動画ではまだ自信なさげにしている子もいましたが、それでも私のイメージする中1の英語よりもはるかに流暢で、はきはきと話せていました。中3になると自分の言葉として英語を話している姿が見られ、とても楽しそうでした。わからないものを無理やり覚えて発表することほど、つまらないものはありませんが、彼等の場合はそのようなことは全くないのだなと動画から感じました。話せるようになると楽しくなる、楽しくなるともっと他のことも話したくなる、というようにモチベーションも上がりどんどんと英語力も上がっていくのだと考えられます。小学生に紙芝居や読み聞かせをしに行く、ということをおっしゃっていましたが、このことも彼らがこれほど意欲的に英語に取り組んでいる背景の一つなのではないでしょうか。以前、英語劇や英語を話す時に恥ずかしがる子ややる気を出さない子が出ないか、と質問をさせていただいたのですが、その時に先生から「授業の文化」というご返信をいただき、それがどういう意味なのか十分理解できずにいました。しかし今日のこの小中連携の活動のことをお聞きして、そういう機会があるのならと、とても納得できました。こういった機会に恵まれている子どもたちであれば中学校に入ってからこういったスピーキング活動があってもなじんでいけるのは想像に難くありません。

　パフォーマンス編では1〜3年生までの実際に行われたテストの概要が取り上げられていました。同じ「スキットを作る」という活動でも、場面を指定して教科書の表現を用いた会話をつくるもの、現実的な日常の場面を想定したもの、劇仕立てのものなど、そのバリエーションも多く、3年間を通して課題に対して新鮮味を感じられるのではないかと思います。バリエーションを持たせることで、生徒たちの英語力の伸びに合わせることができます。また、暗記テストや教科書をもとにした会話をつくってペアで行うテストなどといったものを繰り返すのと比べ、さまざまな生徒が活躍できる場をつくることができます。暗記したものよりも即興性や実際に使える表現の訓練になるテストである点も特徴です。スピーキングテストではなく、「パフォーマンス」テストという名前であることも以上の特徴をよく表していて、これまで経験してきたものとは全く異なると感じました。

北原の返信

　リアクションペーパーをありがとうございました。抜群でした。過去4年間でトップ3に入ると思います。読んでいて嬉しかったです。

　今回の講義では、北原メソッドにおけるスピーキング指導に関する指導法や教授法を学び、さまざまな発見をすることができた。私には現在高校３年の弟がおり、英語を１つの得意科目であるとは言うものの、単にテストで点が取れるだけで、リスニング力や会話力は皆無に等しい状態だ。そのため現在の日本の英語教育では、スピーキング指導に力は入れつつあるものの、現状スピーキング指導に充てる時間が不十分であったり、適切な指導法が浸透していない状況である。実際講義内で生徒のスピーチやスピーキングテストの映像を見て、北原メソッドに基づく教授法であればこの現状を改善し、即興でコミュニケーションができる子の育成ができると強く感じた。即興性のある発話能力を涵養するためには、スーパー・ペアワークを用いた基本的な対話の型を理解し、その上でクイックＱ＆Ａを用いて会話で不可欠な疑問形と答え方を繰り返し練習する。この一連の主体的な活動を通して、実際に疑問文やその応答法などが身につけられると思った。特に驚いたのがＱ＆Ａの使い方である。実は中学時代に同じような教材を扱ったことがある。その時は「先生対生徒の片道」、「生徒対生徒の１往復」のみであった。しかし北原メソッドではやり取りを１往復半、２往復する。さらに時間制限も設けることで、基本文を応用させる必要性をつくり出し即興性が養われるのだと驚いた。Picture Describing では与えられた場面や状況を説明する力が養われる。その他にも絵本や紙芝居などのオーセンティックな教材を扱うため更なる表現力や発話力の涵養が期待される。特に興味深いと思った教材がスキットの作成である。理由としてスキットを取り上げる授業自体が少ないこともそうだが、スキットは既習表現や既習語彙を復習することが可能であり、北原メソッドで力を入れている音読・発音・語彙指導が活かされる場であるからだ。また役に徹することで感情表現をする必要性が生まれ、感情面における表現力も同時に養える。

　最後に先生が実際につくられたパフォーマンステスト（幹本テスト編７章）についての感想を述べたい。北原メソッドにおけるパフォーマンステストの特徴は、文法や表現、既習語彙や既習表現、発音・音読、クイックＱ＆Ａなど授業でインプットしたことをパフォーマンステストでアウトプットする活動を通して英語力を身につけるという点だ。上記したような日頃の帯活動が直結し活かされるものだ。現在の日本の英語教育がスピーキングを大きな課題にしているのは、パフォーマンステストのような学習した内容を自らアウトプットする機会が少ないからではないかと思う。そんな現状を打破するために、授業で扱った文法や表現、話法など授業で習ったことを正しくアウトプットされていることを確かめる北原メソッドのアイディアを用いることで、コミュニケーション手段としての英語力が磨かれ、課題克服に大いに貢献できると思う。発言がしやすいクラス雰囲気の中で、一貫性がある北原メソッドのスピーキング指導を用いられたから

こそ、教え子が私たちを大いに驚かす即興性に富んだ会話力を習得したのだと思った。

総合人間科学部教育学科

　今回のスピーキング映像でも、生徒さんたちのレベルの高さに改めて驚き、そして、そのレベルに持っていくためのスピーキング指導について、多くのことを学ばせていただきました。初めに、スーパー・ペアワークは、どの回も内容が非常に面白く、尚且つ、普段よく使う表現を徹底的に定着させることができるものだと感じました。まず、パターン・プラクティスにおいて、代入する Vocabulary がリアルな点も中学生が興味を持ちやすい要因の１つなのかなと思いました。例えば、デートの回は、Disneyland や Universal Studio Japan、Arashi's concert など、ちょうど中学生が行きたい場所が詰め込まれていて、Vocabulary を見ただけでも、スピーキングが楽しみになるのではないかと感じました。また、中学生が混乱するであろう、Shall I ～?/Shall we ～?/Will you ～? も、デートの誘い方の違いとしてワークをさせることで生徒が興味を持ちやすいだけでなく、現実世界で応用してどのシチュエーションでも適切に使用することができるようになっていると感じました。

　クイック Q ＆ A に関しては、即興会話の能力を身につけるクイック Q ＆ A の方法自体が勉強になったのですが、４週間ごとにグレードアップさせるという点も非常に勉強になりました。実際の会話では、１つの疑問文に答えて終わるわけではなく、そこから会話がどんどん発展するため、疑問文に答えられるようになることはもちろん、さらに、答えに適した反応をすることも求められます。だからこそ、疑問文に即座に答え、そこから会話を発展させる練習をするために、段階的に自由度が増すこのクイック Q ＆ A は、本当の意味での即興会話の能力が身につくのだと感じました。また、勝った人同士、負けた人同士と、ワークを行う相手を変えていくことで、中学生が持つ「勝ちたい！」という気持ちに火をつけ、向上心を持って英語のスピーキングに取り組むことができるようになると感じました。また、スキットの練習に関しても、驚くことがたくさんありました。まず、スキットをするシチュエーションに関してです。買い物や道案内など、外に出たりモノを用意したりと、実際のシチュエーションにすごく近いセットが用意されていて、これこそが "authentic" な学びであると感じました。私は "authentic" というと、実際の買い物の商品やチラシ、道案内の地図を黒板に貼ったり、教室内でお店や道のシチュエーションをつくったりすることだと思っていましたが、北原メソッドの "authentic" は、私の想像を遥かに超えていました。高校生の頃、外国人の方に道を聞かれたことがあったのですが、道案内のフレーズを中学生の頃に習ったはずなのに、言葉が全く出てこず、テストでは、言えたし書けたのに、現実ではどうしてこんなに話すことができないのかと自分に驚いたことがありまし

た。しかし、北原メソッドでは、実際のシチュエーションに限界まで近づけていること、習ったことを応用させることで、生徒が表現を自分のものとして、自由に使えるようになっているのだなと感じました。そして、テスト編を読みましたが、"テスト"であるにも関わらず、どれも内容がとても面白く、生徒さんたちもテストだと感じつつも、楽しいという感情の方が大きいのではないのかなと思いました。特に、3年生の完全オリジナルのスキットが興味深かったです。内容は何でもよい、そして、衣装、小道具、音楽、効果音、何を使ってもいいとされていました。実際に映像を見せていただきましたが、英語で"笑い"を生み出せるほどのレベルの高さに驚きました。英語を使ったスキットで笑いが起こるというのは、話している生徒のレベルが高いことはもちろんのこと、聞いている方もレベルが高く、お互いに楽しんでいるということだと思います。これこそが英語を話すこと、学ぶことを楽しんでいる、そして、英語が確実に身についている証拠だと感じました。テストでいい点数を取りたいからという理由ではなく、英語を使うことが楽しいから、英語を使って楽しませたいからという思いが、生徒さんたちの中に強く根づいているように感じ、その世界に入り込んでいるからこそ、用意する道具のクオリティーも上がり、ジェスチャーや表情も自然とついているように思いました。このように、生徒が英語を使うことを心から楽しんでいて、尚且つ、英語で面白さを演出できるクリエイティブさや応用力を身につけることができているのは、北原メソッドの日々のスピーキング指導にあるのだと感じました。次回も楽しみにしております。

参考文献

●教科書
『SUNSHINE ENGLISH COURSE』（2016）開隆堂出版

●学習指導要領
『中学校学習指導要領解説　外国語編』（2018）文部科学省
『小学校学習指導要領解説　外国語活動・外国語編』（2018）文部科学省

●教材など
北原延晃（2010）『英語授業の「幹」をつくる本（上下巻）』
　　　　　　　　　　　　　　　　　　　　ベネッセコーポレーション
北原延晃（2012）『英語授業の「幹」をつくる本（テスト編)』
　　　　　　　　　　　　　　　　　　　　ベネッセコーポレーション
北原延晃（2014）『英語授業の「幹」をつくる本（授業映像編)』
　　　　　　　　　　　　　　　　　　　　ベネッセコーポレーション
北原延晃 他（2001）『決定版！　授業で使える英語の歌20』開隆堂出版
北原延晃 他（2008）『決定版！　続・授業で使える英語の歌20』開隆堂出版
こうの史代（2009）『この世界の片隅に』コアミックス
ダグラス・ジャレル『じゃれマガ2022』浜島書店
橋本光郎 他（2011）『Challenge® 中学英和辞典』ベネッセコーポレーション

北原延晃 （きたはら のぶあき）

1955年東京都葛飾区生まれ。東京外国語大学ドイツ語学科卒業。在学中はESSに所属し英語劇に打ち込む。1977年から都内公立中学校6校での指導経験を経て、現在上智大学文学部英文学科・愛知淑徳大学交流文化学部非常勤講師。北原メソッドという指導法を開発・実践して教育実績を上げている。「英語基本指導技術研究会」（北研）を主宰し、全国の北研支部の先生を中心に講義や勉強会を行い、指導力の向上に力を入れている。

〈著書〉文部科学省検定教科書『SUNSHINE ENGLISH COURSE』、『決定版！　授業で使える英語の歌20（正・続）』（以上共著・開隆堂出版）、『チャレンジ中学英和辞典カラー版』（2021年）、『英語授業の「幹」をつくる本（上巻・下巻・テスト編・授業映像編）』（以上　ベネッセコーポレーション）、『読みトレ100』（2011年）、『Miki Notebook』（2012年）、『読みトレ50』（2014年）（以上　浜島書店）、『じゃれマガワークシート 2006-2020ベストセレクト200』（2021年）、『わくわくペアわーく　1年2年3年』（2022年）、『じゃれマガカルチャー』（2023年）、『わくわくナルホド英文法　1年2年3年』（2023年）、『Kitahara de essay 2020-2021』（2021年）、『Kitahara de essay 2021-2022』（2022年）、『ひと味違う教師の幹をつくる本』（2022年）、『Kitahara de essay 2022-2023』（2024年）（以上　On and On）

表紙デザイン・挿絵　中山けーしょー／本文デザイン　株式会社エディット／DTP　株式会社テックメイト／編集協力　株式会社エディット・田中知子

英語授業の『幹』をつくる本　大学教職課程授業編　上巻

令和6年（2024年）3月8日　初版第1刷発行
著　者　北原延晃
発行者　開隆堂出版株式会社　代表者　岩塚太郎
印刷所　株式会社光邦　〒102-0072 東京都千代田区飯田橋3-11-18 飯田橋MKビル
　　　　　　　　　　　　　　　　　　　　　　　　電話 03-3265-0611（代表）
発行所　開隆堂出版株式会社　〒113-8608 東京都文京区向丘1-13-1　電話 03-5684-6115（編集）
発売元　開隆館出版販売株式会社　〒113-8608 東京都文京区向丘1-13-1
　　　　電話 03-5684-6121（営業）、6118（販売）　https://www.kairyudo.co.jp/